新闻史论

杨青山　郑思礼　编著

科学出版社
北　京

内 容 简 介

本书囊括了人类自有新闻及新闻事业以来的主要方面，其间中外兼顾、史论相融，以“全景式”“一站式”展现世界新闻传播事业的全貌。全书笔法洗练，言简意赅，具有新闻学科的风格，简明扼要、质朴无华。

本书理论结合实际，实例丰富系统，可作为大中专院校新闻专业的初学者及攻读新闻传播硕士非本专业学生的入门读物，也可作为新闻爱好者、新闻从业人员的实践指导参考书。

图书在版编目(CIP)数据

新闻史论/杨青山，郑思礼编著. —北京：科学出版社，2015
ISBN 978-7-03-045079-1

Ⅰ.①新… Ⅱ.①杨…②郑… Ⅲ.①新闻事业史-研究-世界
Ⅳ.①G219.19

中国版本图书馆 CIP 数据核字（2015）第 132488 号

责任编辑：任俊红　张翠霞 / 责任校对：胡小洁
责任印制：徐晓晨 / 封面设计：华路天然工作室

科学出版社出版
北京东黄城根北街 16 号
邮政编码：100717
http://www.sciencep.com
北京京华虎彩印刷有限公司 印刷
科学出版社发行　各地新华书店经销
*
2015 年 8 月第 一 版　开本：787×1092 1/16
2016 年 10 月第二次印刷　印张：13
字数：333 000

定价：29.00 元

（如有印装质量问题，我社负责调换）

前　言

传播是人的基本属性，“凡有‘人性处’即有传播”。从口头传播到文字传播再到大众媒介的传播，一部人类史就是一部传播史。

很喜欢我的同学刘建华在人民日报出版社出版的《一本书学会新闻采写》系列丛书总序中开篇的一段话：

“传播是人类与生俱来的，而媒体却是一个历史性产物。

当号子、烽火狼烟、鱼肚尺素、鸿雁传书、招幌等古老媒体成为人们美好记忆的时候，当报刊、广播、电视等现代媒体让人颇为倾心的时候，数字技术与网络技术却把人们对新事物的欣喜若狂搅得天翻地覆了。微信、微博、MSN、ICQ、QQ、博客、播客、公民新闻网站等自媒体的层出不穷，大数据、大资源、云计算、物联网、数字宇宙等新概念的梦幻降生，令人们目不暇接。我们不得不说：媒介真的就是信息！”

是的，我们身处在一个急剧变革的时代，“媒介生活”似乎成了我们日常生活的一部分，而业界也在四处探讨着转型发展、全媒体融合发展等议题。人们常说，历史是一面镜子，我们不妨拨开历史的迷雾，把握时代脉搏，从中一探究竟。

“新闻史论”是高等院校新闻学专业的必修课，是高校新闻传播学科课程的重要组成部分。由于该课程涉及内容多、结构体系庞杂、涵盖面广等，绝大多数新闻院系将《新闻学概论》和《中外新闻史》分成两个学期（每学期3～4课时）来上，有的院系更将《中外新闻史》进一步拆分成《中国新闻史》和《外国新闻史》讲授。作为加强新生入学教育、引领学生进入“新闻世界”的基础课程，《新闻史论》通常在大学一年级开设，由于其理论性强，较为枯燥，是一门在学生看来“让人挠头的课程”。

任何一个学科，如不了解其史论，则无异于不了解该学科的前世今生，以及其在发展过程中面临的种种问题与挑战。《新闻史论》教学的当务之急是：在目前的教学环境下使之适应现实、更好地发挥古为今用的作用的关键，首先是转换观照模式、强化当代性、将文化史视角和社会史视角引入到教学中来；其次是增加教学手段的技术含量，实现课程逻辑性与趣味性的统一，从而让它从“让人挠头的课程”变为“受欢迎的课程”。

本书试图以大视野涵盖整个世界新闻传播事业的经纬，以史为经，以论为纬，梳理出适合学生学习的主线，打破目前教材分而治之的模式，编写反映新闻史论融合的教材，体现当下新闻专业改革的思路。

本书以史引论、论从史出，以口头新闻、手抄新闻、印刷新闻、电子新闻为主脉络，从科技、人物两条线入手，以“粗线条”的方式抽取新闻史论的骨干，系统梳理新闻传播事业发展的主线。内容涵盖不同历史时期的新闻传播特点、新闻事件、新闻理论成果、新闻工作、新闻政策、新闻制度、新闻伦理与法规、新闻教育、媒体经营，以及各时期有代表性的新闻媒体、著名的新闻工作者新闻实践的经验与教训等，以“全景式”“一站式”方式展现世界新闻传播事业的全貌。

因结构体系过于庞杂，加之能力有限，故而本书只做“粗线条”的梳理，不做“大部头”研究。“报纸与通讯社”发展的历史是整个新闻传播史上的重头戏，因此分为上下两章来谈；为与前述章节相衔接，书中第六章为“报人与新闻报道”，而其中的报人泛指新闻工作者；第七章“报社与新闻教育”中的报社亦泛指新闻媒体。

作　者

2015 年 3 月

目　　录

绪论　新闻与史论

第一节　新闻与新闻史

一、新闻

（一）“新闻”的“失位”

传媒大国美国的困惑：今日的新闻已经面目全非，新闻正在损害“为大多数公众利益服务”的宗旨。公众越来越不信任记者，甚至痛恨他们，这种情况愈演愈烈。

《费城问询者报》的编辑比尔·考瓦奇认为：“在编辑室里我们不再谈论新闻”“我们想着的只是商业压力和赢利问题”。

在美国，新闻正逐渐成为娱乐，而娱乐变成新闻，记者的奖金与新闻业的利润挂钩，而不需要他们具有精湛的新闻素质。广告、娱乐、电子商务与种种宣传的混合物正在侵蚀独立、可信、精确、全面的资讯，新闻成了记者对商业利益的判断。

罗森斯蒂尔一针见血地说：“在美国，新闻被简化成一套套逻辑——记者说什么是新闻，什么就是新闻。”

新时代的编辑室已大不同于从前，新的技术创造了新的新闻秩序，新闻规范也被修改和重新界定。由此产生了荒谬的判断：“新闻的定义已因新科技的出现而不再适用了，现在什么都可以说是新闻。”

新闻的本质原则正在消失，大众越来越搞不清世界发生了什么，以及究竟什么东西才是新闻。

据新华网的报道，美国盖洛普咨询公司 2014 年 9 月 17 日发布的一份调查结果显示，美国人对于新闻媒体的信任程度降至新低，大部分人抱怨媒体“太保守”或“太开放”。调查显示，仅 40%受访者认为新闻媒体有能力做出“全面、准确和公平”的报道。44%的调查对象认为媒体行业整体而言“过于自由”，而 19%的人认为媒体业“过于保守”。另外，仅 34%受访者认为媒体的报道“恰到好处”。而大约 10 年前，大部分美国人还认为媒体值得信赖。

（二）新闻的最基本特点

新闻有两个与生俱来的最基本特点：一是真实，二是新鲜（“新鲜”的事实要具备两个基本因素：它是人们未知的事实；它是人们欲知的事实）。

新闻的最基本特点决定了新闻工作的方向，塑造了新闻媒介以及新闻工作者的品格，决定了媒介的形式和技术的采用。

(三)“新闻”一词的由来及含义

“新闻”一词，我国最早出现于唐朝。《新唐书》（宋祁、欧阳修撰）中记载，唐中宗神龙年间，文士孙处玄说：“恨天下无书以广新闻。”稍后，段成式著《锦里新闻》一书中记，唐末尉迟枢写过一本书，为《南楚新闻》，专记南方一带的奇闻轶事、风俗民情，其中有关于黄巢造反的故事。

宋代赵升的《朝野类要》记载：“朝报，日出事宜也。每日门下后省编定，请给事判报，方行下都进奏院，报行天下。其有所谓内探、省探、衙探者，皆衷私小报，率有漏泄之禁，故隐而号之曰新闻。”

明代《安得长者言》一书在记载吴楚民情时说：“吴俗坐定，辄问新闻。”

清代，“新闻”一词已有了现代意义，多指“新鲜消息”。曹雪芹《红楼梦》中“新闻”一词出现的频率更多，仅第一回、第二回中就有四处：①贾雨村见到甄士隐，施礼赔笑道：“老先生倚门伫望，敢问街市上有什么新闻么?”②甄士隐跟随疯疯道人漂泊而去，“当下轰动街坊，众人当作一件新闻传说”。③贾雨村遇见冷子兴问：“近日都中可有新闻没有?”子兴道：“倒没有什么新闻，倒是老先生同宗家里出了一件小小的异事。”④冷子兴讲述了贾宝玉衔玉而生的奇异事后说：“你道是新闻不是?”

在欧洲，“新闻”一词最早出现在德国。“新闻”一词来源于德国北部俗语“报道”，而“报道”又源于“旅行”。15 世纪前后演化为“新闻”，其义为“在时间上绝对新颖的事物”。在 16 世纪德国出版的《三十行书翰》中，“新闻”已具有“新闻纸”即报纸的含义。

英语词汇中最通行的“新闻”一词是 news。该词的构词法有两种说法：一是由英语中北（north）东（east）西（west）南（south）四个方位名词的第一个字母组合而成，意为“来自四面八方的”；二是由 new（新的）和复数后缀 s 组成，意为“许多新东西”。将新闻理解为“新闻报道”，是 1423 年苏格兰国王詹姆士一世在敕书中首次运用的。

不难看出，不论中外，“新闻”一词的内涵均有类似含义：新颖的、最近的、奇异的、多方面的新闻。

东西方“新闻”一词含义基本相同，且从古至今并无太大变化，它主要指新鲜事物、新鲜报道。

(四)“新闻”一词的含义：众多的新闻定义

1. 性质说

这些定义主要是在资本主义社会大众化报纸兴起时期，一些资产阶级报人根据他们的经验对新闻所作的解释。他们把办报作为一种有利可图的事去做，把新闻作为一种可以自由销售的商品，他们往往从盈利的观点出发，以新闻的可售性为标准来说明新闻的特性，追求新闻对读者的刺激和轰动效应。这种解释比较接近于新闻的原始意义，即求的是新奇。例如：

“狗咬人不是新闻，人咬狗才是新闻。”（约翰·博加特，美国记者，《太阳报》采访主任）

“新闻就是三个 W，women（女人）、wampum（金钱）、wrongdoing（坏事）。”（斯坦利·瓦利克尔，《美国时报》记者）

“能让女人喊一声‘哎呀，我的天呀!’的东西，就是新闻。”（爱德华·贺，美国堪萨斯州《阿契生市环球报》主编）

2. 客观说

“新闻是……的事实。”这种说法着重于新闻的本源，强调新闻事实的客观性。例如：

“新闻是广大群众欲知、应知而未知的重要事实。”（范长江，著名记者，原新华社总编辑，人民日报社社长）

“新闻者，乃多数阅者所关注之最近事实也。”（徐宝璜，著名新闻教育家）

“社会上发生的、为大多数人们所关心的、有意义的事实，就是新闻。”（徐铸成，著名记者、评论员，复旦大学新闻系教授）

“新闻是新近发生的能引人兴味的事实。”（布莱尔，美国威斯康星大学新闻系教授）

“新闻是一种新的重要的事实。”（胡乔木，中国著名政治家、理论家）

“新闻就是经报道（或传播）的新近事实信息。”（宁树藩，著名新闻史学家，复旦大学新闻系教授）

3. 主观说

一种是片面地夸大新闻工作者的主观意志，否定了事实的决定作用。例如：

“新闻是编辑说是就是的一切事物。”（威廉·梅茨，美国新闻学者）

“东西一进入报业就是新闻，其他未进入的就不是新闻。”（麦克卢汉，加拿大传播学者）

“新闻是某种事情，是按我的标准，是让它值得被人知道的某种事情。”（大卫·布莱克林，美国广播节目主持人）

另一种是强调媒体的报道、传播。“新闻是……的报道。”例如：

“新闻是新近发生的事实的报道”据说是陆定一于 1943 年在《我们对于新闻学的基本观点》一文中提出的。实际上，这个定义是美国报人韦伯斯特提出的，韦伯斯特说：“新闻是最近的事件报道。”

“新闻是新近变动的事实的传播。”（王中，复旦大学新闻系教授）

“新闻是已经发生或正在发生的事情的报道。”（约斯特，美国报人，新闻学教授）

目前国内流行最广、学界普遍采用的是陆定一的说法，即“新闻是新近发生的事实的报道”。这一定义简洁明了地揭示了新闻的本质特征，但也存在有失偏颇之处。

来看两则新闻：

美国总统布什在白宫看球吃饼干噎着　晕倒在地

中新网北京 2002 年 1 月 14 日消息：当地时间星期天，美国总统布什在白宫居住时边看全美橄榄球联赛夺标决赛的电视转播，边吃一种德式椒盐脆饼。他在吞咽一块脆饼时被噎着，以致心律骤然下降而晕倒，从沙发上摔到地上。白宫医生塔布证实了这一消息。

白宫的内科医生空军上校理查德·塔布说，布什很快就从昏厥中苏醒过来，现在总统的情况良好。

塔布说："我搞不清楚怎么会发生这种事情。他在吞吃脆饼干时，因为心率短时间减弱而昏厥过去。"

塔布说，布什的左脸颊有一块半张美元大小的擦伤，下嘴唇也有淤伤。显然他是在从沙发摔倒在地板上时受伤的。

布什当时一个人在房间里看电视，而他的妻子劳拉·布什正在不远的另一个房间里打电话。

塔布说，布什本人相信自己只是昏迷了几秒钟的时间。他在醒来时发现，两只爱犬还待在原来的地方。塔布说："他（布什）说，饼干没有咽好。"

普京练柔道胳膊受伤 赤裸上身接受治疗

据德国《世界报》2011年8月25日报道，俄罗斯总理普京近日因练柔道胳膊受伤，在接受医生治疗时，普京毫不避讳地向媒体展示他赤裸上身的形象。

据俄罗斯通讯社报道，在斯摩棱斯克市（Smolensk）一家医院，面对记者摄像机，普京脱掉上衣接受检查。普京对医生说："我的膀子被扭伤了。"医生便给他开了软药膏。有媒体评价称："普京又有了向公众展示赤裸上身的机会。"

普京过去在锻炼和运动时多次公开展示"光膀子"的形象，这些照片被舆论认为是普京展示男子汉刚毅果敢的个性，为参加2012年总统竞选做宣传。

美、俄均为当今重要国家，美、俄领导人在世界上影响巨大，他们的一举一动都广受关注，网友就曾戏言：美国领导人打个喷嚏，世界就会跟着颤一颤。试想如果普通人晕倒、扭伤会引起那么大的关注吗？故而，仅从时效性和真实性方面界定新闻远远不够，必须在此基础上引入新闻价值方面的分析与确认。因此，新闻的定义应为：**新闻是新近发生的有影响的事实报道。**

注意区分：①新闻≠事实（事物的客观存在）；新闻→客观事物在运动中释放出来的最新信息。②新闻报道≠新闻；新闻报道→传播者对于新闻信息经过选择之后的传播。

新闻的本源是事实，先有事实，后有新闻，事实是第一性的，新闻是第二性的，这是新闻界对新闻本源的普遍表述。

坚持新闻的本源是客观事实，这对我们坚持新闻的真实性，反对凭空捏造新闻具有重要意义。

陆定一在《我们对于新闻学的基本观点》一文中指出："唯物论者认为，新闻的本源乃是物质的东西，乃是事实，就是人类在与自然斗争中和在社会斗争中所发生的事实。因此，新闻的定义，就是新近发生的事实的报道。新闻的本源是事实，新闻是事实的报道，事实是第一性的，新闻是第二性的。事实在前，新闻（报道）在后。"

"事实"是新闻学的基本概念，有人称之为新闻学研究的逻辑起点。事实是发生于世界各个角落的最新发展，它客观存在而不以人们的意志为转移，人们发现它而传播它，便成为了新闻。

（五）新闻要素——拉斯韦尔的"5W"模式

新闻五要素：发生新闻的主角（谁）、发生的事情（什么）、发生的时间、发生的地点、发生的原因，即新闻5W：who、what、when、where、why。

美国政治学家拉斯韦尔在其1948年发表的《传播在社会中的结构与功能》一文中，最早以建立模式的方法对人类社会的传播活动进行了分析，这便是著名的“5W”模式。“5W”模式界定了传播学的研究范围和基本内容，影响极为深远。“5W”模式是：

谁（who）→说什么（says what）→通过什么渠道（in which channel）→对谁（to whom）→取得什么效果（with what effects）

“谁”就是传播者，在传播过程中担负着信息的收集、加工和传递的任务。传播者既可以是单个的人，也可以是集体或专门的机构。

“说什么”是指传播的信息内容，它是由一组有意义的符号组成的信息组合。符号包括语言符号和非语言符号。

“渠道”是信息传递所必须经过的中介或借助的物质载体。它可以是诸如信件、电话等人与人之间的媒介，也可以是报纸、广播、电视等大众传播媒介。

“对谁”就是受传者或受众。受众是所有受传者如读者、听众、观众等的总称，它是传播的最终对象和目的地。

“效果”是信息到达受众后在其认知、情感、行为各层面所引起的反应。它是检验传播活动是否成功的重要尺度。

拉斯韦尔的“5W”模式是线性模式，即信息的流动是直线的、单向的。该模式把人类传播活动明确概括为由五个环节和要素构成的过程，是传播研究史上的一大创举，为后来研究大众传播过程的结构和特性提供了具体的出发点。而大众传播学的五个主要研究领域——“控制研究”“内容分析”“媒介研究”“受众研究”和“效果分析”也是由这一模式发展而来的，但它没能注意到反馈这个要素，忽视了传播的双向性。

（六）新闻分类

新闻有各种分类方法，常见的分类角度有：按内容分，按发生地分，按时间性分，按新闻与读者的关系分。

以新闻与读者的关系来分类：硬新闻（关系到国计民生以及人们切身利益的新闻）、软新闻（富有人情味、纯知识、纯趣味的新闻）。

以新闻内容来分类：政法新闻、经济新闻、文教卫生新闻、体育新闻、社会新闻。

以新闻发生地来分类：国际新闻、全国新闻、地方新闻。

以新闻的时间性来分类：突发性新闻、延缓性新闻。

通过下面两则报道，我们重点理解一下硬新闻和软新闻。

21国签约决定成立亚投行　搭建亚洲互联互通新平台

新华网北京2014年10月24日电（记者韩洁　何雨欣　熊争艳）包括中国、印度、新加坡等在内21个首批意向创始成员国的财长和授权代表24日上午在北京人民大会堂签约，共同决定成立亚洲基础设施投资银行，这也标志着中国倡议设立的亚洲区域新多边开发机构的筹建工作将进入新阶段。

亚投行是中方倡导的，专为亚洲量身打造的基础设施开发性机构，是一个政府间性质的亚洲区域多边开发机构，按照多边开发银行的模式和原则运营，重点支持基础设施建设，总部将设在北京。

当天，正式签署《筹建亚投行备忘录》的国家包括孟加拉国、文莱、柬埔寨、中国、印度、哈萨克斯坦、科威特、老挝、马来西亚、蒙古国、缅甸、尼泊尔、阿曼、巴基斯坦、菲律宾、卡塔尔、新加坡、斯里兰卡、泰国、乌兹别克斯坦和越南。

近年来，作为当今世界最具发展活力和潜力的地区之一，亚洲经济总体较快发展，区域合作不断深入。但发展亦面临诸多挑战，特别是新兴市场和发展中国家的基础设施还不发达，融资需求巨大。

亚洲开发银行曾预测，2010 年到 2020 年，亚太地区约有 8 万亿美元的基础设施建设资金需求。巨大需求面前，仅靠现有多边开发机构很难满足，因此如何破解建设资金短缺难题、促进亚太区域互联互通，也成为今年 APEC 会议关注的焦点议题。

“亚投行是国际发展领域的新成员、新伙伴，在亚洲基础设施融资需求巨大的情况下，由于定位和业务重点不同，亚投行与现有世界银行、亚洲开发银行等多边开发银行是互补而非竞争关系。”中国财政部部长楼继伟说，亚投行侧重于亚洲基础设施建设，而现有的世界银行、亚洲开发银行等多边开发银行则强调以减贫为主要宗旨。

“这是一个非常重要的创新。”参加签约的新加坡副总理兼财长尚达曼对记者说，筹建亚投行不仅有助于加快亚洲基础设施建设，而且也在促进亚太区域互联互通方面迈出了重要一步。

“世界银行欢迎亚投行的筹建，也愿意加强合作并分享世行在项目框架、管理运作等方面的经验。”来华出席 APEC 财长会的世界银行常务副行长英卓华对记者说。

《筹建亚投行备忘录》明确，亚投行的法定资本为 1000 亿美元。初始认缴资本目标为 500 亿美元左右。实缴资本为认缴资本的 20%。目前各意向创始成员同意将以国内生产总值（GDP）衡量的经济权重作为各国股份分配的基础，因此，中国将持有最大股份。

楼继伟说，此前中国对外表示可出资到 50%，是表明中国对亚投行的强有力支持。但中国在亚投行并不刻意寻求“一股独大”，也不一定非要占到 50%，随着亚投行成员的增多，中国的占股比例会相应下降。

针对外界关于未来项目执行标准的担忧，楼继伟指出，亚投行将充分尊重和借鉴现有多边开发银行的有关标准和好的做法，制订严格并切实可行的高标准保障条款。

不过，他也表示，现有多边开发银行在项目保障政策中也有一些过于繁琐、不切实际及与业务关联度不高的做法，亚投行将避免重复这些问题，以降低成本和提高运营效率。

此次签约的不少意向创始成员国表示，吸引他们参加筹建亚投行的原因，除了来自各国的资金投入，还有这一平台倡导政府与私营部门合作的创新模式。

“这无疑将给亚洲投资者带来更多商机。”尚达曼表示，亚投行能有效激活私营部门的资金，与政府公共资金一起为亚洲区域经济发展注入新活力，也将为新加坡更多企业和投资者带来更多发展机遇，从而推动亚洲经济健康可持续发展。

中国社科院世界经济与政治研究所副所长姚枝仲测算，亚投行资本金 1000 亿美金，通过金融杠杆放大 5 至 10 倍，意味着能撬动 5000 亿到 1 万亿的资金支持规模。“这对于破解亚洲基础设施融资难无疑是很大力度的支持。”

据悉，备忘录签署以后，域内意向创始成员国将启动章程谈判和磋商。楼继伟表示，亚投行筹建将遵循开放包容的原则，欢迎其他感兴趣的国家和经济体加入筹建进程。按照目前工作计划，预计各国在2015年内完成章程谈判和签署工作，使亚投行在2015年年底前投入运作。

给焦躁时间留白　朱丹每月必给自己放假

在众多主持人中，朱丹的长相算不上惊艳，却很有味道。尤其是她笑起来的样子，如同冬日的暖阳，洋溢着温暖人心的热量。

很多人因为这份灿烂而喜欢朱丹，喜欢这样一个坦荡的女子。她给人的感觉是随性、率真，和她聊天，丝毫没有明星的架子，也看不到半点的骄傲和伪装，对那些敏感问题来者不拒。大大咧咧、男孩子气的性格，在端庄甜美的主流女主持群中的确显得有些“异类”。

就是这样一个狮子座女人，凭着满腔热情与执着，从默默无闻到“当家花旦”。十年历练，她多了份沉稳，少了些固执与自我；学着放缓奔跑的速度，也学着聆听别人的声音。

“每个月给自己放个假，独自旅行。走走停停，沿途思考，一转身，一抬头，会突然有种豁然开朗的感觉。再一看，发现原来处处都是最美的风景。”

……

“放慢，给自己焦躁的时间留白”

女强人是朱丹有些惧怕的词。

她知道，事业上的成就，意味着失去，比如失去家人、朋友和爱人。“每次别人问我这段时间过得怎么样，我都会流眼泪。其实很多时候压力很大，想要跟朋友诉苦，却不知道该找谁。可能我太忙，和他们疏于联络，他们不知道我在做什么，我说的他们也无法理解，那时候其实我是很孤独的。我最怕的就是灯光灭掉之后的那种孤独，我不想这样。”

度过了人生的发奋期与青涩期，步入半成熟期的朱丹学着将重心转移到生活里，阅读、旅行成为她放慢生活节奏的最佳方式。

“这种慢，不是停止，而是反复咀嚼、反复消化以及反复尝试的过程。放慢，不是停止，而是一种淡定的生活态度，给自己焦躁的时间留白。”

她每个月必须给自己放个假，“想到哪就去哪，背上包，漫无目的地旅行”。独自在路上，她也会因为陌生感而手足无措，“一直往下走，越走心里就越慌。自己跟自己对话，发现自己，寻找自己，其实是很好玩的一件事情”。看似坚强又阳光的她，有时候居然胆小到连向人问路都不敢，“还挺鄙视自己的，回到酒店就会觉得特别好笑”。

朱丹说，在匆忙的人生道路上，有太多的事物值得她去品味、发现、抓住，而那些或哭过或笑过的曾经，或许都会成为自己完整人生的幸福体验。“人有时候很奇怪，总会在年龄中的某个节点，因为某件事情而突然明白了、彻悟了、升华了。这个节点，便是他生命中的一个分水岭，再往前走，又是‘柳暗花明又一村’。人生正是由这样一个个节点拼接起来，每经过一个节点，生命就会多一份积累，多一份财富，然后一步一步走向成熟的。”

在还不确定的未来，波折与平坦在朱丹看来都是美好的。如今的她，最渴望的便是在人生的旅途中遇到那个对的人，能在孤独的深夜为疲惫不堪的自己点亮玄关那盏灯。

“下一站的名字，叫做幸福。”

（来源：《芒果画报》，2013年5月9日，聂薇撰文）

硬新闻是关系国计民生的，关系公众切身利益的，重大的，有的是突发性的（如非典、地震、海啸等）。硬新闻的每一要素、任何细节都要绝对真实，容不得疏忽大意，有强烈的时间性，就像易碎品，须特别小心。用最精确的语言（包括数字语言）说话，如在《21国签约决定成立亚投行　搭建亚洲互联互通新平台》这篇报道中有大量的数字、百分比等。

软新闻是茶余饭后的谈资、风土人情、奇闻逸事等，跟自己没有切身关系。软新闻可以写得诙谐、优美，用散文笔调，如《给焦躁时间留白　朱丹每月必给自己放假》这篇报道，文笔优美，为大众在紧张的工作之余提供了娱乐消遣。

软新闻和硬新闻相互搭配，形成了媒体报道中的节奏感。

二、新闻与历史

今天的新闻便是明天的历史。历史与新闻之间不过隔了一天的距离。有今天就有昨天和明天，昨天的新闻即今日的旧闻，今日的新闻也会成为来日的回忆。所以历史是过去的新闻，新闻是将来的历史。两者的不同，就记事的角度而言，仅在“时差”而已。

为什么新闻与历史有如此的血缘关系？很简单，不管是记载历史或是采访新闻，条分缕析，都不过着眼一个“事”字。记事之书曰史，“史，记事者也”（《说文解字》），史和事分不开；凡人类所作为所遭逢皆曰事，故新闻和事也分不开。

新闻用事实说话不在话下，而历史以史实传示千秋万代，似乎也不会有异议。古之所谓“司记载之官”，即古之二史，左史记言，右史记事。其实这里的“言”，也非纯粹的议论，而是着眼于事的“言”。这个言和我们现在的言是很贴近的。报纸上发一通议论，泛谈道理的，不能叫新闻；必须有事实，没有事实不能叫新闻。

史和论是有明显区别的，正如报道和评论不一样。春秋三传（《左传》《公羊传》《谷梁传》）为什么有那么大的区别？这首先在于记事本身。“传者，传也（传播的‘传’）。”《左传》是为论本事而作传的，主要的目的当然在记事，而且事见因果，究其所穷，《春秋》所没有的，左氏作了补充；更重要的是“传事不传义”，所以叫“史学”。而《公羊传》和《谷梁传》不同，它们为《春秋》作说明，目的是为了诂经，“传义不传事”，所以《春秋》没有的自然不便随心所欲，只受传指而作索引，“微言大义”而已，因此它们被称为“经学”。为什么同出于记太丁时事的《春秋》，前者是史后者曰经呢？关键在传“事”与传“义”之别，用这个道理反证于新闻实践，似也有其通达之处。

新闻与历史具有十分密切的关系。它们在客体方面都涉及“事实”（fact），在主体方面都涉及“叙事”（narrative）。英国史学家屈维廉（George Macaulay Trevelyen，1876—1962）说过：“就历史的不变的本质来说，它乃是‘一个故事’……历史的艺术始终是叙述的艺术，这是最基本的原则。”

古今中外不少杰出的记者，同时也是优秀的史家，如《第三帝国的兴亡》的作者威廉·夏伊勒、《光荣与梦想》的作者威廉·曼彻斯特、《长征：闻所未闻的故事》的作者哈里森·索尔兹伯里等。

新闻与历史的关联，在中国古代表现得尤为突出。许多史传，都存在历史与新闻边界模糊的现象。章学诚甚至认为，“六经皆史”（《文史通议·易教上》）。许多史学家的素质、操守与行为，同样适用于新闻记者，如“秉笔直书”“春秋笔法”等，刘知几的“才、学、识”，以及章学诚的“才、学、识、德”等。从古代优秀的历史学家身上，至少可汲取两点有益的内容：一是秉笔直书、无所忌惮的勇气；二是活灵活现、栩栩如生的文笔——特别是那种讲故事的才能。

“新闻者，史之流裔耳。”——蔡元培

“报是现在的史，史是过去的报。”——李大钊

“新闻是历史的初稿，历史是新闻的定稿。”——董桥

中国人民大学甘惜分教授认为，新闻专业应放在“历史”学科而非“文学”学科，新闻专业的学生应授“史学”学位而非“文学”学位。

新闻与历史的同，在于“事”；不同者，在于“时”。所谓事过境迁，正是因为时过境迁。有人做过比较，说《南京半日记》（日军在南京大屠杀的新闻报道）和《扬州十日记》（清兵在扬州大屠杀的历史记载）没什么两样，“台儿庄”“平型关”的报道与《资治通鉴》上的“赤壁之战”“淝水之战”也无甚差异。这恐怕是写作目的一样，“因事命篇”使然。

总的来看，新闻和历史的渊源，有两条线索可以考虑：第一条线是事态和时态相联系，时间的因素很重要，所以纪实离不开“时间性”。上面说到的“时差”，正是指记事的时态而言。换言之，有今天、明天和昨天之分，于是情报—新闻—历史三者就联成一线。估计到将要发生的事苗或者未便立即报道的新闻属于情报范围；已经发生并及时报道的时事，便是新闻；事过境迁日后载入史册的，就成了历史。

第二条线是新闻报道要求质朴无华，但又要有自己的文采，不能满足于平平无味的叙事。我国古代文史不分家，所以治史的人大多数是大作家。从写作的角度看，文笔—史笔—记者之笔又很自然地联成一线。因之，新闻工作者多读点历史著作，不仅能学会知人论世，像史家那样尊重客观事实，而且能学到翔实之中寓文情的笔法，使报道写得生动感人，情见乎词又言简意赅。曾有人提倡过新闻“散文化”，其实并非标新立异，目的是为了更好地继承和发扬传统，从古典散文中吸取营养以打破新闻报道老一套的框框罢了。那么，史家名篇那种笔端带感情的章法，仍值得今日新闻记者学习。

正如林帆所言：“总而言之一句话，新闻、历史原是本家！”

三、历史与新闻史

“新闻史”是一个很难定义的领域。因为凡是涉及新闻的，必然有采集者、传播者、阅听者这样一个三角关系，因此可以依据不同侧重点写出记者史、编辑史、报史、发行史、受众史等。这个三角之间还须臾离不了媒介，所以也必然涉及左右着媒介的技术、制度与文化。如果略有雄心，深一些、细一些、广一些，写新闻思想史、新闻法制史、新闻政治经济史、新闻社会史、新闻文体发展史、新闻场域变迁史，也都可行。以一管之见，经验学派较重事业史、社会史，批判学派崇尚政治史、思想史，环境学派推崇技术史、媒介史，差不多就是新闻传播学院内部三大学派的分野在新闻传播史领域的折射。

史学的通则是，研究者有什么样的工具与视野，笔下就有什么样的世界。倘若架设着天文望远镜，就写一部信息的宇宙史？没问题！若是有部望远镜，那就写世界史、全球史、总体史，这样的人才比较稀有，传播学之父施拉姆的最后一部著作，倒是一部《人类

传播史》。若是有近视镜——这个品种比较多，大家写写断代史、物质生活史、社会史、新文化史也好，伊尼斯媒介变迁史角度的《传播与帝国》算是一流杰作，舒德森的《发掘新闻》从社会史角度写，亦是典范。掌握了显微镜的，可以写时髦的微观史、畅销的人物传记，普利策和亨利·卢斯就各有很多传记作品。自以为有高科技X光镜的，可以写思想史、心态史、观念史，比如新闻自由思想的溯源、法国大革命时期报人的心态、“看门狗”观念的演变，都可以。海阔天空，各行其是吧。

正因为新闻史铺展得如此繁复，写一部简明扼要的通史性著作，往往倒成了一种挑战。

一种“不言而喻”的史观：历史就是已经过去的事情，已经僵死的事物，不以人的意志为转移的客观存在；历史研究就是想方设法趋近这一客观存在，以尽可能详尽的史料展现其本原的面貌，复现其本真的情景[①]。而20世纪以来的现代史学（历史科学和历史哲学）的要义，就在于对历史是一种定型的存在而史学就是对这种存在的准确描绘等常识观的突破。遗憾的是新闻传播史研究对这种变革似乎反应迟钝，甚至不无隔膜。即使西方的一些经典的新闻传播史著述也同样滞后，如埃默里父子的《美国新闻史》。

当代史学研究的新动向和新发展以20世纪为起点，尤以第二次世界大战结束为标志，概而言之为三个命题：“一切历史都是当代史”（真），“一切历史都是思想史”（善），“一切历史都是文学史”（美）[①]。

它们的共同特征一言以蔽之，就是将历史从鸡零狗碎的“断烂朝报”或编年史的“木乃伊”，变成洋溢着青春、生命与活力的“有机体”，变成司马迁所说的“究天人之际，通古今之变，成一家之言”的活生生图景，从而为人生在世提供富有意义的价值参照。history可以分解为hi和story，虽然历史绝不等同于故事，可是强调故事性的历史叙述一定更能得到读者的厚爱，这也是“人类天性使然”。

需要说明的是，以上的概括难免存在简化倾向有时甚至挂一漏万，如法国年鉴学派主张“总体史”。

从含义上讲，新闻传播史同样可以分为两个层面：一个层面指人们在新闻传播领域所从事的一切活动，另一个层面指人们对这些活动的回忆与思考。其中，前者可称为新闻传播史本体，后者可称为新闻传播史认识。就本体而言，新闻传播史是客观的、外在的，是独立于人的意志和行为的；就认识而言，新闻传播史又是主观的、内在的，并且只存在于人的精神世界中，只取决于人的所知所识、所思所想。

新闻传播史这一概念说来说去仅指新闻传播史认识，至于新闻传播史本体则如“无限大”等概念，只在理论上成立而在实际中不存在。既然新闻传播史只是流变不居、与时俯仰的认识，而非一去不返、永恒不变的本体，那么新闻传播史与当代的关联便顺理成章，新闻传播史不属于消亡的过去而归于生成的现实便成为显而易见的结论。

与此相应，新闻传播史对新闻传播实践也起着类似个人记忆的作用。诚然，并非每个新闻从业者都学过新闻传播史，都读过新闻传播史的书籍，但只要他们不“出局”，就会在潜移默化、点点滴滴的专业活动中，随时随地获得这种必不可少的记忆，并且在实践中

① 李彬.2009.全球新闻传播史（公元1500—2000年）.2版.北京：清华大学出版社.

自觉不自觉地保持这种记忆。

研究人类传播历程的意义在于，这是一种渐进兼突变的进程，这是一种习焉人察的变迁，其中蕴含着许多发人深省的哲理，其中流传着无数可歌可泣的传说。极而言之，不参透传播衍变的奥秘，便难以把握人类历史的脉搏；不缕清这张无形网络的经纬，就无法揭示它所维系的社会。

第二节 新闻与信息、宣传、舆论

1998 年 5 月 22 日，北京大学国际关系研究所主持了一次有关新闻和记者的对话。美国《时代》周刊驻北京首席记者吉米（Janme Flor Crue）、新华社高级记者李希光、《华盛顿邮报》驻京首席记者马棣文（Steven Mufson）、美国有线电视新闻网（CNN）驻京首席记者麦白柯（Rebecca Mac Kinnon）、日本资深报纸记者千可子等参加了对话。

美国记者吉米谈到了中外新闻观的不同："许多中国人把我们这些外国记者看成是我们国家政府或是我们国家新闻机构的代表或代言人。这是因为很多中国记者被视为政府的发言人，如《人民日报》被描绘为'党的喉舌'。一些中国记者认为他自己是代表或者为中国人民的利益而写作的。而外国记者不为我们的政府而写作，我们信奉'政教分离'、新闻编辑与新闻机构分开的原则。作为记者，我们与新闻机构的商业运作保持一定的距离。"

新华社高级记者李希光说："大部分中国记者在报道中国问题时有一个道义上的责任，就是要帮中国人说话。要让自己的新闻作品有助于中国人民过上幸福的生活和国家的富强。"

《华盛顿邮报》记者马棣文说："中美两国记者在报道中国问题上的不同，部分原因是因为我们的立场不同。自 1949 年以来，中国记者一直是党和政府的宣传工具，他们有道义上的责任为中国的繁荣富强服务。美国记者没有为这个国家的利益服务的责任感，我们的目的就是解开事实的真相，让人民自己作出正确的选择。所以，两国记者的新闻观完全不同。我认为，今天越来越多的中国记者在新闻观上认同美国记者的新闻观，即揭露阴暗面。如我今天在外交学院讲课，有人问：'你为增进中美友谊做了些什么?'我回答：'那是你的问题，因为你是外交官。我是记者，记者的使命是揭露美中关系中出现的问题，而这些问题将由你们去解决。'"

日本记者千可子说："我们必须认识到记者的工作是个性化非常强的工作，我们不为任何人工作，更多的是为自己的好奇心工作，因为，我们想知道到底发生了什么。所以，我们相信，无论美国媒体、西方媒体、日本媒体还是中国媒体，考虑的首要问题是我们的读者对象是谁，谁是我们的读者。尽管我们大家都追求客观和尽量减少偏见，但我们大家的报道都或多或少地被我们的读者偏见所左右。我认为，报纸的编辑们比前方采访的记者更强烈地被读者的偏见所摆布。比如我在采访中发现了一件很有新闻价值的东西，我打电话给编辑，说这是一个新鲜事物，要报道它。可是编辑会认为这不是新闻，他根据读者的需求，认为不应该报道。所以，记者和编辑之间有一个小小的沟壑。"

一、新闻与信息

新闻最主要的功能是传递信息。新闻本身是一种信息，但新闻与信息又有区别。

（一）信息

信息论者（香农，Shannon）："凡是在一种情况下能减少不确定性的任何事物都叫做信息。"比如交通路口的红绿灯，它通过红光波和绿光波表达出禁止或通行的意义，消除了变动事态的不确定性，它就是一种信息（如汽车行驶在路上，当路况拥挤时，司机会鸣号示警，喇叭声可能会很短，那说明司机不是很急，提醒大家"注意啦，车来啦"，喇叭声急促、拉长，则表示司机很急，要求大家"让一让，让开"）。

系统论者：把所有可以储存、传递并用以减少事物的模糊程度、增加系统的有序性的东西都看作是信息。

控制论学者研究信息在人类社会中的作用，他们认为人们获取信息是为了调整自己的知识状态，消除自己认识上的不确定性，以使自己在社会环境中更"有效地生活"。

传播学的集大成者威尔伯·施拉姆认为：信息是一种传播材料，而人是一种"能处理信息的动物"，人们谋求信息、贮存与传播信息"有助于他们作出决定"，减少他们认识上的"不确定性"。

以上虽从不同角度解释，但其中共同点是：信息是一种接受者预先未知的，能消除人们认识上不确定性的东西。

由此凡一切能消除人们认识上的不确定性的消息、指令、代码、数据、信号、符号（包括文字）等都是信息。

给信息下一个简单的定义："信息是事物存在方式和运动状态的表述，对接受者来说，它是预先未知的事理，具有消除人们认识上的不确定性的功能。"

新闻所要传递的就是能消除受信者随机不确定性信息。

从消除公众认识上的不确定性这一点来说，新闻实质上就是一种信息，但并非一切信息都可以成为新闻。不应该让没有新闻价值的信息登上新闻阵地。

（二）新闻信息的特征

（1）新闻信息共享。信息具有共享性，对所有未知者都具有使之知的作用。新闻信息具有此特征，新闻媒介发表一条消息可供它的最大量的受众共享，同一新闻信息可供不同媒体共享。

（2）新闻信息扩缩。新闻在制作和传播过程中可以扩张，也可以压缩。以同一条新闻信息既可以发一条百八十字的简讯，也可以发一篇几千字的通讯，二者各有千秋，既可相互替代，也可互补映衬。这种特性使新闻报道充满了多样化个性特点，不同媒体和受众可根据自己的喜好和条件扩缩新闻信息。

（3）新闻信息组合。两则信息可以通过组合手段（类似蒙太奇）而产生出新的信息。中唐时，白居易、韦庄、司空图三人在一起喝酒，喝到兴头上，有人提出赋诗比赛，就以眼前的秋夜和孤灯为题，但不准使用"悲秋""老病""凄苦"之类的词汇，结果，司空图的“雨中黄叶树，灯下白头人”获胜。因为他使用两组特写信息，经过巧妙的组合，非常贴切地表现出悲秋与凄凉的情境，却不涉及相应的符号载体。同样两则新闻信息的有机组合也可产生第三信息。例如，面对同一新闻事实，比较不同媒体的报道，从中可以看出所报道信息之外的更多信息，即新闻信息的组合及信息增值。

(4) 新闻信息多义。由于受众对符号、代码及指令的解读不同，同样的报道可能产生迥然不同的解读效果。

(5) 新闻信息不对称。信息不对称理论是英国剑桥大学教授莫里斯 (James Mirlees) 和美国哥伦比亚大学教授威廉·瑞克提出的，他们以此获得 1996 年诺贝尔经济学奖。不对称信息论原指经济活动中，一些人拥有较多信息而另一些人却是信息不足，导致经济行为和交易活动的不公平竞争。这种情况在社会生活中同样存在，由于新闻信息质量的不对称，导致相关各方可供选择判断的信息不平衡，其决策必然大受影响。由于信息资源的不同，信息对称是暂时的，不对称是必然的，因此，新闻信息不对称是社会常态，其中总有些人掌握较多信息，总有些人掌握较少信息。

大众传媒的责任就是尽可能保持全社会信息量的平衡，打破信息论断和信息专断。当今社会是信息社会，信息就是资源，信息就是知识和财富，信息不对称就是实力不对称。各种优势与劣势的对比，在很大程度上是信息量拥有的对比；许多竞争，归根结底是信息和知识的竞争，所以，尽可能减少不对称的当量，广泛实现公众的知情权，是保证市场经济公平竞争的必要前提。

(6) 新闻信息流动。信息如水，天生具有流动性，它总是从信息多的地方流向信息少的地方，这就是所谓的“不胫而走”。这种流动首先是由传播者的需求造成的，因为信息短缺，人们就千方百计地获取信息。一旦信息饱和，其消除不确定性的功能已消失，人们自然对它失去兴趣，新闻信息流动即告结束。然而不排除它由新闻领域流向历史领域，“今天的新闻，是明天的历史”说的就是这个意思。而一旦有新的发现，人们则旧事重提，从历史中又发掘出新闻。

(三) 决定新闻信息量大小的主要因素

(1) 事物变动的强度和阈限：事物变动的强度越大，阈限越小，冲击力和影响力就越大。同理，9·11 世贸大厦被撞、哥伦比亚航天飞机爆炸等，之所以成为轰动世界的大新闻，就是因为它们的影响力非同凡响。事件变动的强度震撼了世界，其变动的阈限值极小，影响力波及全球。

(2) 事物变动的规模与空间：事物变动的影响力与规模和空间成正比，规模越大、空间越广，信息的总体效应越是强化。一件地方性新闻，以其接近性而言，在当地可能是大新闻，拿到全国范围就成了小新闻，放到全球范围可能根本不称其为新闻。

二、新闻与宣传

(一) 宣传

“宣传”，《现代汉语词典》的解释为：“对群众说明讲解，使群众相信并跟着行动。”

美国传播学者拉斯韦尔:“宣传是个人或集团有意识地表达的意见和行动，旨在影响人们的心理以达到预期的目的。”

中国的甘惜分教授认为:“宣传是传播思想，是用一种思想去影响别人的思想。”

王中教授认为:“宣传是灌输一种主义或主张。”

宣传是有目的地传播某种事理以影响他人意识和行为的一种社会活动。

(二) 宣传的特点

(1) 既定的主观意图和观点。在宣传开始以前，宣传者已经成竹在胸。本次宣传欲传播什么观点、表现何种态度，是预先策划确定了的。宣传活动一旦开始，必须有条不紊、按部就班地展开。

(2) 反复多次高频率再现。为了达到宣传目的，必须加深受众的印象。宣传活动得反复多次地进行，无论是广告宣传还是政治宣传，最好的模式是“年年讲、月月讲、天天讲、时时讲”。以“灌输”的形式不断地向受众输入某种观念，从而达到说服、改变受众的目的。

(3) 宣传没有时效性。宣传的观点、理念通常具有同一性、一贯性等特点，因此其不具有时效性。但是，借以宣传观点的事实却要求带有时代性；宣传的侧重点要具有时宜性。

(4) 不宣传对自己不利的事实与观点。宣传者的立场是自身利益，宣传要有利于自身的存在和发展。基于这个出发点，宣传者一般不宣传对自己不利的观点，不宣传自己对立面的观点，不宣传对自己不利的事实。缘此，“报喜不报忧”和“半波整流”是所有宣传的基本模式。

(5) 宣传与反宣传。在宣传己方观点的时候，最佳状态是封杀与禁绝异端宣传，如西汉之“罢黜百家，独尊儒术”。如果做不到这一点，那就得展开反宣传，即揭露异端宣传观点的谬误，批判对立面宣传中的种种不实之处，从而达到打击敌人、保卫自己的目的。

(6) 宣传是传播者的需求。在传播过程链中，传播者为自身需要展开宣传活动，影响和操控受众，为此，宣传者必须投入相应的资金、人力和技术以追逐受众。

新闻具有宣传的社会属性，它可以进行宣传，为宣传者服务；宣传也可以以新闻的形式出现，成为新闻的组成部分。

(三) 新闻与宣传的不同点

(1) 出发点不同。宣传的出发点是出于宣传者自身的需要。他们把一定的观念传播出去，让受众了解、理解、接受，从而争取受众的信任和支持。而新闻的出发点是出于受众的需要，因为信息是消除人们认知上的不确定性，是人们一切行动决策的前提。充分的信息是人类社会有理智的生活的必备条件。人们为了求得生存、求得发展，必须千方百计地追逐信息，甚至不惜花费巨大的人力、物力、财力去获取信息。宣传活动是宣传者出于自身的生存、发展的需要去追逐受众；新闻活动却是受众出于自身的生存、发展需要而追逐信息。宣传追逐受众，受众追逐信息。这就是为什么宣传者自己花钱、花精力从事宣传，而受众自己花钱、花精力、花时间打听新闻的原因。

(2) 归宿点不同。宣传者传播一定的理念，其最终目的是要人们理解、接受、支持它。宣传者在宣传之前，有自己的主观意图，通过宣传，力图影响人们的思想，让受众自觉自愿地按照宣传的意图去行动。如果用一句最直率的话说，宣传是为了“收买人心”。“美国之音”一年投资几亿美金，那就是为了让全世界对美国产生好感。而新闻发布者（如果他没有宣传意图的话）发布新闻，除了以新闻谋利益外，对新闻本身没有自己的主观意图，任凭新闻接受者自己去分析、判断、做出决策。

（3）传播的方式不同。信息是消除人们随机不确定性的东西。对受众来说，信息总包含着新的原先人们不知道的东西：新的事实、新的问题、新的情况、新的思想、新的知识等等。一条信息的传播从来是一次性的，第二次、第三次都成了明日黄花，它可以证实第一次传播的可靠性，但已不是信息（但在广播电视中，有一些新闻内容要重播，主要考虑不同人的收听、收视的规律和习惯不同）。宣传却常常需要重复，无论是意识形态，还是商品广告，为了加深人们的印象，利于人们了解和理解，往往用同一种形式或不同形式向人们重复地宣传一种观念。

（4）传播的要求不同。信息沟通要求定量的准确，具体要求：真实、全面、客观、公正、及时、准确。而宣传要求定性准确，即观点和材料的统一。观点要求正确、鲜明；材料要求真实、典型，能够恰到好处地说明观点的正确。在宣传上，凡是能够证实观点的所有材料，只要是真实的典型的都可以用，不管是新近的还是历史的、是新鲜的还是人们所熟知的、是国内的还是国外的。

尽管新闻与宣传有如此区别，但在实际生活中，特别是在实际的新闻工作中，两者之间的关系又错综复杂，出现一定的特殊的复合现象。即媒介所有者（包括私人、集团、阶级、政党）或新闻工作者自身出于某种目的，自觉或不自觉地利用新闻报道宣传一定的思想、观念，表达自己对新闻事实的理解与评价。必须强调的是：当人们把新闻与宣传结合在一起或者利用新闻做宣传时，一定要尊重新闻传播信息的基本要求，不能把新闻当作宣传品——只有宣传味，没有新闻味。

对此，最经典的阐述莫过于胡乔木同志在《人人要学会写新闻》中的观点：“最有力量的意见，是一种无形的意见——从文字看上去，说话的人只是客观朴素地叙述他所见所闻的事实（而每个叙述总是根据一定的观点的），这样，人们就觉得只是从他那里接受事实而不是从他那里接受意见（而每个有自尊心的人一般都是不愿相信意见，而宁愿相信事实的）。新闻就是这种无形的意见，愈是好的新闻，就愈善于在内容上贯彻自己的意见，也愈善于在形式上隐藏自己的意见。”这就是所谓的“用事实说话”，既有受众所需要的事实（信息），又有编者的观点。例如，伊拉克战争中，CNN的信号是联军的装备精良，进展神速，打击有力，而半岛电视台中则多次出现联军伤亡、平民的伤亡等。又如，在抗击非典的斗争中，我们一直在报道医护人员的责任感、勇往直前的精神，以及患者良好的精神状态。

（四）如何做好宣传

（1）正确认识新闻的宣传功能，有效发挥新闻的宣传作用。

宣传的功能主要包括：宣达功能；导向功能；论战功能。

世界上一切阶级及其政党都把新闻媒介作为实现其政治与经济目标的舆论宣传工具，

不管是资产阶级还是无产阶级。

美国前总统艾森豪威尔说："在宣传上使用一个美元，等于在国防上使用五个美元。"

美国《基督教科学箴言报》："美国为改善国家安全所拨的款子，不需要全部拨给国防部。一小部分拨给'自由欧洲电台'、'自由电台'、'美国之音'和国际交流署。语言和思想对维护美国的地位和促进美国的目的会同大炮、潜艇和飞机一样重要。"

（2）讲究宣传艺术，尊重新闻规律，努力实现新闻传播的最佳效果：①努力实现新闻与宣传的双重价值；②讲究宣传艺术，善于用事实说话；③坚持对上负责与对下负责的结合。

三、新闻与舆论

人们常把新闻界称作舆论界，把新闻媒介称为舆论工具。的确两者有密切的关系。

新闻媒介与舆论相生相灭互为依托。新闻媒介从舆论中吸取力量，在西方各国号称除立法、司法、行政以外的"第四权力"（或"第四势力"），舆论借助新闻媒介作为公开展示力量的舞台。2008 年，在 22 岁林松岭致死案中，媒体及公众从"六警察当街打死大学生"到"六提督拳打林衙内"，展现了新闻与舆论的紧密关系；2014 年，中国北京 APEC 会议期间，中日关系、"中国高铁"和"墨西哥政府"又站在了舆论的风口浪尖上。

（一）舆论

舆论是在特定的时间空间里，公众对于特定的社会公共事务公开表达的基本一致的意见或态度。

舆论作为公共意见，是社会评论的一种，是社会心理的反映，它以公众利益为基础，以公共事务为指向。

舆论作为公开的社会评价，它所实现的社会功能是以公开表达的集合式公众意见直接或间接干预社会生活，这是由其"民意表达和民众力量的显示"的本质特性所规定的。正是"民意表达和民众力量的显示"的本质特点，成为舆论巨大力量的源泉：人是社会的产物，每个人都生活在广泛的社会生活中，一旦被社会孤立将很难立足，人们出自社会生存的本能都会很自然的追求广泛的社会支持，寻求广泛的社会认同，从而产生自发的从众心理。一般情况下，人们都会畏惧、顾忌违逆、背离民意，也就是所谓的民意难违，众怒难犯。"得民心者得天下，失民心者失天下"等都可以看作是民众力量的最大显示。

德国学者伊丽莎白·诺埃勒-诺依曼提出了著名的"沉默的螺旋理论"：在舆论形成过程中，分散的公众成员在发表意见时会受到从众心理的很大制约，出于避免被孤立的很自然的想法，会自觉或不自觉地受到占优势地位的多数意见的影响或左右。这种对于外界占优势的多数意见的感知，主要来自人际传播和大众传播，在现代社会，则尤其来自是面向大众的新闻媒介。由于新闻媒介常以公众代言人的姿态出现，它的意见传播公开、广泛，持续时间长，声势浩大，在社会意见中具有独特的权威感，这是媒体意见独有的、很难被超越的优势，也因此很容易使之成为主流意见。公众感知外界意见时也往往将其视为多数意见。如果自己与媒介意见相同就大胆发表，如果不一致就保持沉默或干脆改变原有想法，顺从媒体意见，如此发表的结果，主流意见吸引越来越多公众的依附，少数意见则会越来越弱，好像一个上大下小的“螺旋”。

（二）舆论的特点

舆论的特点包括公开性、公共性、急迫性、广泛性（随机性）、评价性等。根据舆论主体的不同和涉及范围的不同，有政党舆论、社会舆论、公共舆论、阶级舆论等。

由于公众认识水平等自身条件的限制和客观条件的制约，这种集合的意见并不是任何时候都是正确的。

（三）舆论的社会功能（作用）

1. 对国家政权、政府行为的监督和制约

舆论监督的范围主要涉及：决策出台过程，决策执行过程，决策者、管理者的行为。

2. 对公众行为的鼓舞或约束

舆论监督的范围主要涉及：值得关注的社会现象，一般社会成员的不良行为等。

新闻媒介与舆论导向：①反映并代表舆论；②引发舆论；③引导舆论；④舆论监督；⑤调节社会。

舆论引导是宣传，舆论监督是批评。监督可以是群众之间的，但更主要是对政府、执政者。资产阶级启蒙学者卢梭说过，“没有一届政府敢在舆论面前走得太远”，即民意不可违。

（四）议程设置

媒介新闻报道的议程设置（agenda setting）是媒介的一种功能与活动，即通过反复多次地报道某类新闻，引起公众关注并强化该话题在公众心目中的印象。

1. 新闻议程设置的建构过程

新闻议程设置的建构过程包括以下几方面。

（1）突出报道某些事件和活动，吸引人们眼球，引起受众关注。

（2）分流分量报道，引起不同人群的注意和反响。这点与新闻接近性有关，社会受众按不同的阶级、阶层和群体划分，不同人群的利益不同，关注点也不同。分流分量报道以适应不同社会人群的导向需求。

（3）对所设议程赋予意义，让受众沿某一既定方向和范围理解它。只有理解它，才能更好地感知它。因此，媒体常常在新闻报道的同时，配之以新闻评论或新闻述评，对事件做出某种解释，赋予新闻事件某种意义。

（4）对事件意义做出定位。记者报道的倾向性及报道用语对事件性质定位有至关重要的作用。

（5）对事件的背景做出识别。媒介将引起关注的事件与人们已有的背景认知联系起来，从人们的认知基础中，找到对应的层面和象征，如此，受众能更主动地认知新闻事件并做出自己的解释。这叫“帮助人们采取立场”。

（6）议程设置的名人效应。当知名且可信的人开始谈论某一议题时，议程建构的速度会加快，波及面会扩大。

2. 新闻与信息、宣传、舆论之间的关系

关于新闻与信息、宣传、舆论之间的关系，美国记者认为，美国的“新闻”定位在信息。信息的本质是传播事实，包括事件的现状、过程、发展、演变和起因等。信息传播者基于受众的需求，通过大众传媒真实、及时地报道各种信息，以市场交换形式服务于受众（赢得受众，扩大传播面）和商家（广告回报并赢得自身的生存和发展）。

（1）已经确定的事实和正在演进的事实。信息传播的主要对象是事实，当变动事态发展到一定阶段时，其不确定性逐渐减少，当事态轮廓端倪逐渐显现的时候，新闻就产生了。此刻，记者就要不失时机地将信息发布出去，满足受众对信息的需求。新闻事件的发生不能预设，新闻机构须跟踪各类信息的变化、追逐信息。

（2）新闻是一次性的。新闻一经展示，变动事态的不定性即刻消失，本次信息的核心价值随之烟消云散。新闻以“新”为限。

（3）新闻讲求时效性。为了让受众得到最新信息，传媒要力争第一时间报道，时效性便成为新闻的第一属性。

（4）新闻报道须遵循客观性原则，记者不得在报道中发议论，不得表现出明显的个人倾向及媒体倾向。新闻报道只提供事实，对事实的观点、倾向和态度，留给新闻解读者自己去判断。因此，全面展示事实的不同侧面，至少展示事实的正反两面，就成为新闻报道的基本要求，而“用事实说话”便是新闻基本的特征之一。

（5）新闻报道无禁区亦无专断。任何媒体均可从不同角度对同一事件进行报道，任何人也不能禁止其他媒体报道新闻和发表言论的自由。

（6）新闻提供读者生活必需的信息。在瞬息万变的现代社会中，这种信息对人们的生存和发展起到至关重要的作用。因此，人们为追逐信息而主动花钱买新闻。新闻媒体通过出售信息而赢得受众，再通过所拥有的读者群赢得广告，以此赢得媒体赖以生存发展的经济利益和社会效应。

第三节　新闻事业

一、何谓新闻事业

“事业”，《现代汉语词典》的解释为，“人所从事的，具有一定目标、规模和系统而对社会发展产生影响的经常活动”。

新闻事业，指人类运用已经形成一定规模和系统的新闻媒介，有组织地采集、报道、评述和传播新闻以影响舆论、服务社会的经常活动。

所谓新闻事业，就是通过诸如小册子、新闻信、报纸、杂志、广播、电影、电视和书籍等媒介，对新闻以及相关的评论和特稿材料进行采集（collection）、编写（preparation）与播发（distribution）（《不列颠百科全书》）。

新闻事业包括报社、新闻杂志社、广播电台、电视台、新闻通讯社、新闻图片社、新闻电影制片厂、互联网新闻网站等新闻媒介机构，也包括新闻教育和新闻科研机构。

人类的传播活动早已有之，但人类的新闻事业的产生则是近代的事情。新闻事业区别于人际新闻传播活动，它有以下特征：①有合法的新闻传播机构；②采用各种新闻传播手段；③拥有以传播新闻为职业的专业人员；④面向社会，具有广泛的社会影响。

二、新闻事业的形成

新闻事业经历了口头媒介（含最原始的信号、符号）—手抄媒介—印刷媒介—电子媒介这样一个从低级到高级的长期发展过程。

人类在共同的社会生活和生产劳动中形成了互相依赖的社会关系，产生了彼此交流情况和沟通信息的要求。原始的信息传播活动借助符号、手势、口语进行。随着社会的发展，新情况、新信息传播的要求越来越高。14～15世纪，欧洲的一些城市利用“新闻信件”互通信息。15～16世纪，为了适应商业往来的需要，地中海沿岸的意大利威尼斯城产生了最早的手抄报纸，有一批人专门从事这项工作。这是新闻事业的萌芽。17世纪，德国、英国、法国等资本主义生产关系形成较早的国家陆续出版定期印刷的报纸，新闻传播作为一种经常性、社会性的活动开始形成。19世纪30年代出现通讯社，20世纪20～30年代广播、电视先后问世。中国近代新闻事业孕育于19世纪初，形成于第一次鸦片战争（1840～1842年）后，19世纪90年代出现第一次办报高潮，20世纪初出现第一家通讯社，20世纪20年代广播电台问世，20世纪50年代有了电视。

一般认为，新闻事业是社会发展到一定历史阶段的产物。新闻事业的产生有以下因素：①资本主义商品经济的发展，促使人们需要及时了解原料产地和商品销售市场的经济、交通、政治、军事等各方面的新情况；②一定的物质技术条件，主要是铅字活版印刷术的发明；③一定的社会政治民主和有一定文化的读者群。

三、不同社会形态的新闻事业

新闻事业最初表现形式的报刊，是有资本主义色彩的中世纪市民为了沟通商情、便利买卖而创办的。这种新兴的事业问世后，受到不同阶级阶层的关注，用它作为传播新闻、宣传政治主张的喉舌。

（一）封建社会的新闻事业

中世纪市民报刊的发展，对封建社会的秩序形成了威胁。17世纪的欧洲，几乎所有的封建王朝都对报纸实行集权主义的政策，颁布严格的书报检查法令，限制市民报刊对社会事件的报道，并有计划地收买市民报刊为封建统治效劳，同时出版直接由王朝控制的报刊，报刊的言论由官方的书报检查官审定。资产阶级在各国取得革命胜利后，这类反映封建统治者意志的报刊日趋没落。

（二）资产阶级新闻事业

资产阶级新闻事业在资本主义发展的不同阶段有不同的类型。

（1）革命时期的新闻事业。18世纪初，资产阶级思想家运用社会上已经出现的报刊，作为同封建统治者斗争的手段。18世纪中期，随着资产阶级哲学、政治学思想体系的形成，出现了党派，创办了政党报刊。早期的资产阶级政党报刊大都为政治家和思想家所办，目的是宣传革命，新闻报道和言论服从资产阶级的整体利益。

(2) 以商品化为特征的新闻事业。报刊和后来出现的通讯社作为盈利的企业经营，宣称经济独立，标榜言论和报道的自主、客观、公正、不受政党和政府的控制。为了吸引更多的读者，获取更大的利润，以刺激性、煽动性为特征的黄色新闻在一些资本主义国家的报刊上泛滥。商品化的新闻事业并没有割断和政党的联系，大多数商品化的新闻企业都依附于一定的财团，新闻事业仍然反映和维护资产阶级的阶级或集团的利益。

(3) 垄断时期的新闻事业。垄断不仅表现在新闻企业的兼并上（一个报团拥有几十家甚至上百家报纸或广播、电视台），更明显地表现在对报道和言论的垄断上。新闻事业使用最新的技术传播新闻和信息，影响舆论，提供娱乐，实行大众教育，左右人们的政治思想和日常生活。它既使资本主义的经济、金融、技术情报不断地流传，也使资产阶级的政治、哲学、思想和道德观念在各个角落不断地传播。在国际范围内，垄断化的新闻事业倚仗强大的资本、超越国界的电波发射能力及庞大的通讯网络，将地球划分为代表各自利益的采集新闻和传播观念的垄断区，向各国人民进行思想渗透。与此对应的是，第三世界国家的人民强烈要求建立世界性的新闻传播新秩序。

(4) 法西斯主义新闻事业。其特征是由法西斯政府对新闻事业强行控制。它的新闻理论核心是“新闻就是政治性本身”。为了政治斗争的需要，甚至会捏造假新闻。

(三) 无产阶级新闻事业

无产阶级新闻事业按其发展阶段有以下类型。

(1) 萌芽状态的无产阶级报刊。19 世纪初，欧美一些国家的少数工人和手工业者组成的秘密团体或小型工会开始创办报刊。由于当时无产阶级还处于自在阶级的阶段，这些报刊反映了无产者对资本主义制度的不合理性只具有直观意识，不具有成熟的思想。

(2) 作为阶级事业的无产阶级报刊。19 世纪 30 年代以后，无产阶级在欧洲各国先后登上历史舞台。伴随着无产阶级为争取自由、平等的政治斗争，诞生了为无产阶级利益而呐喊的报刊，其中最著名的是《北极星报》(1837 年)。11 年后，马克思和恩格斯创办了《新莱茵报》。经过与无产阶级内部不同派别报刊的合作与斗争，并与资产阶级报刊反复较量，到国际工人协会（1864～1876 年）和德国社会民主工党（1869～1875 年）活动的末期，马克思主义报刊在无产阶级报刊中占据了主导地位。无产阶级报刊的主要形式是无产阶级政党的报刊，办报目的是为了宣传鼓动和组织群众，把报刊作为组织阶级队伍的中心，作为“建立我们所希望的组织的第 1 个实际步骤”(列宁)。

(3) 社会主义新闻事业。社会主义新闻事业是无产阶级执政后的新闻事业。由于经济、文化传统和民族心理不同，社会主义国家在新闻体制、新闻政策方面有各自不同的形式。社会主义新闻事业包括属于国家的报刊、广播电台、电视台、通讯社，以及属于政党的报刊、人民团体的报刊和企业报刊。党和政府的新闻事业，也是人民的新闻事业。社会主义新闻事业和政党、政府、人民群众根本利益一致，这是区别于资产阶级新闻事业的根本标志。

四、新闻事业的属性

(1) 新闻性。采集、制作、传播新闻是新闻事业同其他事业相区别的主要特征。

(2) 舆论性。这是就新闻事业产生的影响而言。新闻事业的创办者通过新闻的传播和评论活动，影响社会舆论，影响人们的思想和行动。

(3) 倾向性。倾向性在阶级社会里又常常表现为阶级性。人们在选择事实、报道事实和评论事实的过程中，表现出自己的倾向性，赞成什么，反对什么，十分鲜明。这是新闻事业创办者的阶级利益、政治立场、价值观念在新闻活动中的反映。同一阶级的各个新闻机构，由于观察事物的立足点、方法不同，对待某些事物的观点、评价不同，在新闻报道和言论中也会表现出各自的倾向。

(4) 社会性。新闻事业面向社会，面向群众，即使政治色彩鲜明的政党新闻事业，也不是为政党、集团的少数人办的，而是面向本阶级的广大群众和同盟者，以至敌对阶级的人们。

(5) 商品性。资本主义国家把新闻事业当作企业，通过广告费和报费等项收入获得利润。同时，在思想上、行动上影响受众。这是一种特殊商品。资本主义国家的新闻事业兼有宣传和盈利的双重目的。其政党的新闻事业则重宣传而不重盈利。社会主义中国的情况有所不同，报纸重宣传，重社会效益，同时也注重经济核算，收报费。中国的广播、电视属于全民所有的文化事业，不向听众、观众收费，由国家拨给事业经费，也有一定数量的广告收入。中国报纸具有商品的形式或商品的某种属性，但不等同于商品。

五、新闻事业的职能

(1) 发播新闻。发播新闻是新闻事业的基本职能。客观世界不断变化，新情况、新问题层出不穷。为了满足人们多方面的需求，新闻报道要多种多样，但不可能“有闻必录”，而是对客观事实进行有选择的报道。

(2) 进行宣传。通过新闻，体现某种思想，宣传某种主张，影响人们的思想、行动，是新闻事业的重要职能。在社会主义中国，通过新闻，要宣传马克思主义思想，宣传党和政府的纲领、路线、方针、政策，反映人民群众的意见，促进社会主义事业的发展。

(3) 引导舆论。对于新闻机构来说，社会舆论也是一种客观事实，可以有选择地进行报道。在反映舆论、评介舆论的过程中，对社会舆论起影响、引导作用。因此，新闻机构通常也被称为舆论机关。

(4) 传授知识。新闻传播工具传授的知识包含在新闻和评论之中，大多是新的活的知识。新闻传播工具由于普及率大，接触面广，在传授知识方面有特殊功效。电台和电视台举办的各种知识竞赛是传授知识的大课堂。

(5) 提供娱乐。中国报纸的副刊是提供娱乐的最初形式。副刊上刊登的诗词、笔记、掌故统称为消遣文字。娱乐性节目是广播的重要组成部分。电视具有声图并茂的优点，把世界各地举行的演出、比赛的现场，通过卫星及时转播到有接收工具的居民家庭，构成空间的大剧场、大体育场。

(6) 传播广告。资本主义商品经济的发展，使广告在新闻传播工具上所占的分量很大。在西方国家，有些报纸、电台主要是为传播商业性广告而办的。广告收入是很多新闻传播工具最大的财源。经理和广告商常常左右新闻机构。报纸版面的 2/3 是广告。广播和电视的广告更是五花八门。中国在 20 世纪 80 年代以后发展社会主义有计划的商品经济，开始重视利用新闻传播工具刊登或播出广告，以沟通产销，指导消费。广告在中国新闻活动中不占主要地位，它要符合社会主义新闻工作总的原则，遵守国家关于广告宣传的法规和条例。

六、新闻事业的发展

现代新闻事业经历了文艺复兴—工业革命—现代文明的发展。

新闻事业是“第二次浪潮的产物”：第二次浪潮始于 18 世纪，以工业革命为契机，离开农场，涌向大城市寻找生机。[①]

传播就像血液流经人的心血管系统一样流过社会系统，为整个有机体服务，根据需要有时集中在这一部分，有时集中在另一部分，保持接触和平衡以及健康。我们已经习惯于生活在传播的汪洋大海中，以至于很难设想如果没有传播，我们将怎样生活。

（一）多种媒体传播局面的形成

在 20 世纪 20 年代之前，新闻传播领域只有报刊在唱独角戏；

广播的出现，延伸了人们的听觉，打破了时空限制新闻传播的第一道屏障；

20 世纪 50 年代，电视的出现，又延伸了人们的视觉，打破了时空限制的第二道屏障；

20 世纪八九十年代，互联网把人们引入了更加广阔、自如的传播天地中。

多种媒体共存的传播，为人们提供了全方位、立体式、多样化的传播。

（二）世界传媒竞争的态势及特点

21 世纪，世界新闻事业面临全球化竞争的全新的局面：争受众，争广告，争市场，争生存的空间，争发展的速度，争整体的实力。

在信息时代，在全球化浪潮中，西方发达国家在传播领域拥有明显的优势：一是它们在新闻资源的占有上拥有绝对优势，如资金、设备、技术、人才等。二是它们在新闻传播的手段和能力上占有优势，如新闻信息的数量、质量，以及新闻传播的技巧、方法等。三是它们在新闻事业的经营和管理上占有优势，如长期积累的经营管理经验、在市场经济条件下成熟的运作机制等。四是它们在综合实力上占有绝对优势，西方发达国家传媒集团的营业额都远远超过我国传媒。

当前的传媒竞争，一方面是表现在本国内部的行业竞争，另一方面则是表现在国际的全球化竞争。前者的竞争主要是靠媒体自身的条件和基础，而后者的竞争除了媒体自身条件外，还要靠国家的整体经济实力以及本国传媒的综合实力与水平。

发展中国家要尽可能利用现有的条件，抓住机遇，寻求发展，以求在全球化竞争中争得一席生存之地。

---

① 阿尔文·托夫勒 . 2006. 第三次浪潮 . 黄明坚译 . 北京：中信出版社 .

第一章　口头新闻

卡尔·塞根（Carl Sagan）有句名言：宇宙很古老，人却很年轻。他将宇宙从“一声巨响”开始到今天的150亿年，比作一个只有365天的“宇宙年”。大约在2亿年前地球上出现了恐龙，那么它应是宇宙年历的12月24日，而人类则“诞生”于宇宙年历的最后一天——12月31日。

著名的传播学家威尔伯·施拉姆和威廉·波特模仿卡尔·塞根教授的“宇宙年”的假设，将人类出现在地球上的历史假定为100万年，而后比作只有24小时的1天来计算，从而描绘了人类传播发展轨迹的时刻表。在这个“传播学时钟”上，1小时等于41 666年，1分钟等于694年，1秒钟等于11.6年。人类传播史上的第一次革命，创造了语言，发生在10万年前，相当于这一天的21:36;人类在公元前3500年的第二次传播革命中发明了文字，在“时钟”上大约为23:52;在第三次传播革命中，中国人在唐朝初期（约620年）首先发明了印刷术，此时约为23:59;1844年，当人类进行第四次传播革命——迎来电子传播的曙光时，离午夜只差13秒；1946年，电脑在第五次传播革命中出现，这时离午夜仅4秒钟。对此，我们套用卡尔·塞根教授的话说：“人类很古老，传播很年轻。”

信息的传播，是流经人类全部历史的水流，不断延伸着人类的感觉。口头传播覆盖了整个人类传播史，是人类社会产生最早、延续时间最长的传播方式。在学术界的定义中，口头新闻传播时代主要包括原始社会和奴隶社会早期，即从大约10万年前人类语言的产生，直到文字的出现。换言之，口头新闻时代是从人类学会说话直到学会写字的漫长时期，这段时间大约占了人类新闻传播史的5/6长度。口语新闻时代是人类的新闻传播历史上的第一个发展阶段。这个时代以口语为新闻传播主要媒介，以声带、嘴巴等发音器官为新闻传播主要工具。当然，在这个时代也有除了语言以外的其他非语言新闻传播手段作为辅助。

第一节　交流的渴望

今天，人们借助微博、微信等平台进行大量的互动。互动是迷人的，甚至能激发人们再述写的欲望。人本质上就是一个群居动物，从此意义上说，渴望交流与互动乃是一种本能。

一、语言的需要来源于交流的需要

《圣经·旧约》记载：大洪水劫后，天下人都讲一样的语言，都有一样的口音。诺亚的子孙越来越多，遍布地面，于是向东迁移。在示拿地（古巴比伦附近），他们遇见一片平原，定居下来。由于平原上用作建筑的石料很不易得到，他们彼此商量说：“来吧，我们要做砖，把砖烧透了。”于是他们拿砖当石头，又拿石漆当灰泥。他们又说：“来吧，我们要建造一座城，和一座塔，塔顶通天，为要传扬我们的名，免得我们分散在全地上。”由于大家语言相通，同心协力，建成的巴比伦城繁华而美丽，高塔直插云霄，似乎要与天公一比高低。没想到此举惊动了上帝，为了阻止计划，上帝要人类说不同的语言，使人类相互不能沟通，计划因此告吹，人类自此各散东西。此故事试图为世上出现不同语言和种族提供解释。

语言与社会同时出现，人作为一种群居动物，生活在社会这个大群体中，语言的需要来源于交流的需要。语言和社会的关系正如影子和实体一样，不可分割。由于交流的需要，语言产生于人类社会的进化过程中，而后便成为人类社会化以及整个社会复杂化与扩大化的催化剂，也成为人类交流的工具，是人类传播史上一个重要的里程碑。

16 世纪的英国人对新闻如饥似渴。1548 年一本报道军队远征的新闻书自称是为了满足“对新闻的普遍饥渴”。但英国人还不是最早渴望新闻的。公元前 4 世纪中期，德摩斯梯尼（Demosthenes）曾形容雅典人热衷于新闻交换：“于是所有人都四处搜罗消息。”

交换时事、缓解新闻饥渴的愿望也出现在没有文字的文化中。人类学家经常提到，初民或半开化民族强烈渴求新闻。在 1857 年，一位传教士发现，南非祖鲁（Zulu）人与德摩斯梯尼笔下的雅典人有着类似的行为：“人们，尤其是闲来无事之人，大部分时间都在散布和收集新闻。”1921 年，一位研究者发现：“蒙古人见面，相互间的第一个问题是：有新闻吗？接着，双方会毫无保留地分享全部新闻。”①

人类从动物中分离出来的时候，社会生产力极为低下，只有依靠音讯传播、协调人类行动，共同与大自然作斗争，以能求得人类的生存和延续，这一时期，人们使用以口语为主，以标志、声光、图式等为辅的原始、简单的手段来传播音讯。人们之间交流新情况、新信息的社会活动，是一种普遍的社会现象。

二、新闻传播活动的起源

关于新闻传播活动的起源，普遍存在以下几种典型的说法。

1. 好奇说

“好奇说”认为人类对外部世界的好奇心是新闻活动产生的源泉。美国新闻学者约斯特指出：“人一生下来就有一个传播消息的说话的器官和一个接受消息的听觉器官。这两个不仅是生着而已，而且永远在想发挥它们自己的作用。人类同时又被赋予无尽的好奇心，它创造了一种对事物不断的兴趣，关于别人的举动行为，对于自然所发生的程序和事情，对于不论远近每一个人物的情况，都有无限的兴趣。”

2. 新闻欲

“新闻欲”认为新闻的产生是由于人类自身具有“新闻欲”，即了解未知世界的本能。欲知道、欲使人知道、欲被人知道，这是任何时代任何国家任何人们的共同欲望，由这种愿望才产生新闻纸。由欲知道的愿望产生了读者，由欲使人知道的愿望产生了新闻纸，由

---

① 米切尔·斯蒂芬斯．2014．新闻的历史．3 版．陈继静译．北京：北京大学出版社．

欲被人知道的愿望产生了新闻广告。

3. 群居说

“群居说”认为新闻传播活动起源于人类的群居生活的需要。按照心理学者的说法，交往是基于群居本能的反应而产生的一种派生过程。也就是说，在群居本能和心灵交流之间形成了因果关系，而提供经验正是基于群居的本能的产物。所以群居本能和好奇本能有同样价值。

4. 劳动需要起源论

新闻传播行为起源于人类社会化的生产劳动和生活活动的需求。恩格斯说过：“随着手的发展，随着劳动而开始的人对自然的统治，在每一个新的进展中扩展了人的眼界。”另外，劳动的发展必然促使社会成员更加紧密地互相结合起来，因为它使互相帮助和共同协作的场合增多了，并且使每个人都清楚地意识到这种共同协作的好处。一句话，这些正在进化中的人，已经到了彼此间有些什么非说不可的地步了。是劳动生产的需要，促使人与人之间要“说”，要“交流”，要“传播”。劳动需要产生了新闻传播活动。

“好奇说”“新闻欲”“群居说”三种观点，从心理和生理的不同角度探讨了新闻传播活动的起源。只是从现象上分析新闻传播的行为，过于片面，没有深入到本质层面，不能准确、彻底地解释新闻传播起源，而且带有浓厚的唯心主义色彩。事实上，“劳动需要起源论”较为客观、全面地概括了新闻传播活动的起源。

第二节 原始新闻散播方式

人类原始社会时期，由于生产力低下，技术落后，新闻散播缺乏先进的渠道和工具，新闻散播效果和范围有限。部落群居现象较为严重，新闻大多也是通过部落口口相传，逐渐散开，但是人类还是尝试着通过各种途径来散播新闻。

一、口头传播

口头传播，也可称为有声语言传播、口语传播，是传播学专业术语。口头传播是指传播者（说话人）通过口腔发声并运用特定的语词和语法结构及各种辅助手段向受传者（听话人）进行的一种信息交流。

1. 口头传播的典型时代特征——神话传说

远古时代的口头新闻传播，在不同的民族、不同的文明和不同的地区，有许多不同的表现形式。它包括个人与个人的交谈，众人在一起的议论，氏族公社、血缘家族和部落的各种行政会议，广泛流传的民谣、说唱，以及田边地头的传闻等。这些交流所传播的，固然不全是新闻性内容，但是可以肯定，新闻题材占有相当的比重。

除了上述形式外，在东西方不同的国家，还有一些特殊的传播方式。例如，古代雅利安部族中的行吟诗人，他们是口语发展的产物，又是促进口语发展的因素。他们向人们弹唱或背诵以往史事和在世的头人及其人民的事迹；他们还讲述自己编撰的故事。就其承担的职责和使命而言，他们是活的书本，是活的人物史，是历史学家，同时也是最早报道现实变化的新闻记者。古希腊著名的史诗《伊利亚特》和《奥德赛》，就是这些行吟诗人历代累积的成果。古希腊还有一次著名的口头新闻传播。在公元前490年5月，波斯帝国重兵侵犯希腊城邦，在雅典东北部的马拉松平原登陆。希腊人奋起抗击，以弱敌强，终于取得了辉煌的胜利。士兵菲迪皮茨奉命从40多千米外的马拉松战场以最快的速度不停地跑回雅典，向聚集在中央广场的人群激动地宣布："我们胜利了，雅典得救了！"一报道完这一重大消息，他就倒地牺牲了。为了纪念菲迪皮茨，人们创立了马拉松长跑比赛。

2. 口头新闻传播优势源于其传播媒介——语言的特性

语言的产生是人类传播史上第一个重要里程碑，同时，语言是人类最早也是最重要的思想和信息传媒。在语言产生之前，人类只能发出一些最简单的、来源于其身体结构的声音和姿势，从而决定了人们的思想很少超越实际经验的范围。因为语言是思想的手段，正如簿记是商业的手段一样。它把思想记录下来和固定下来，使得思想能发展成为越来越复杂的观念。

语言的起源是人类将声音与实际事物联系起来所使用的符号，在使用过程中渐渐发展成熟，成为一种能够表达复杂含义的声音符号系统。口头新闻的优势在于其基础性、实用性和灵活性。

3. 口头新闻传播的劣势是其传播工具——嘴巴造成的

口语作为一种声音符号，在空间和时间上受到了很大的限制。在空间上，口语作为一种声音来自人类身体自身的发音器官——声带，其功率有限导致口头新闻的传播距离很短。在时间上，声音符号无法被保存。口头新闻的保存只能够依赖人脑的记忆。因此，口头新闻由于其自身的劣势只能够在小规模、近距离内传播。口头新闻的缺点有如下几点。

第一，口头新闻主要靠口语传播，而口语是靠人体的发声功能传递信息的，由于人体能量的限制，口语只能在很近的距离内传递和交流。

第二，由于口语是种转瞬即逝的事物，记录性较差，口头新闻的保存和积累只能依赖于人脑的记忆力。因此，口头新闻受到了空间和时间的巨大限制。在没有诸如电话等口语媒介的情况下，口头新闻只能适用于较小规模的近距离社会群体或部落内部的新闻传播。

口头传播作为人类交流的主要手段，对于社会的发展产生过很大的作用。但是由于人类生理和口头传播本身性质的局限，口头传播的影响受到了很大的限制。一方面，人们的声音传播范围有限，一旦超过有效的范围，传播的内容将无法为其他的人类所知晓；另一方面，口口相传、语言接力式的传播，往往会导致信息失真，天长日久，最后的受众所听到的内容，与传播者最初发布的消息相比，难免面目全非。因此还存在着其他非语言新闻传播手段作为辅助散播新闻。

二、绘画传播

原始绘画是原始人最初传递信息的手段，原始绘画中的各类图形，可以说是一种原始文字，又称图画文字。原始绘画的意义首先在于传播，而不在于欣赏。

普列汉诺夫在《没有地址的信》中，用不少事例证明：绘画在原始人那里首先服务于纯粹实际的、功利的目的——向同伴传递信息。在澳大利亚内地，水源奇缺，原始人在水溪周围一带的岩石上画上袋鼠和人的胳膊，告诉经过此地的同伴：附近有水源，人和动物在此饮过水。巴西的原始人在一条河岸的岩石上画了一条鱼，以此向同伴通报：此河有鱼。这是借助于一定的符号从事新闻活动的例证。

三、烽烟和旗鼓

烽烟和旗鼓曾是古代远距离传播的重要媒介，主要用于传递军事号令。烽烟用于示警，旗鼓用于指挥进退。正如《孙子兵法》所说的“言不相闻，故为金鼓；视不相见，故为旌旗”，文字出现前，人类超越面对面的能力还是极为有限的，视力、听力和气象条件限制了他们远距离传播的能力。有诗云“战火连三处，烽烟照五京”便指于此。爱琴海的由来就是一次失败的旗鼓传播案例，烽火戏诸侯是一次失败的烽烟传播案例，这种有组织的传递方式，对防守边疆曾起过一定的作用，直到明清时期，还有地方在使用。但烽火产生的烟雾只能在天气状况较好的情况下能够看见，具有一定的局限性。

四、木铎

木铎是铎的一种。古代汉族用以警众的响器，流行于全国大部分地区。铎大约起源于夏商，是一种以金属为框的响器，也可以说就是一种铜质的铃铛，形如铙、钲，体腔内有舌可摇击发声（图 1.1）。

“每岁孟春，遒人以木铎徇于路。”（《术·胤征》）夏商周时期，一种被称为遒人的行政官员摇动木铎，巡行于各地，既宣达政令，又进行必要的采风。木铎成为中国早期新闻事业的象征。它是中国古代新闻传播活动中独有的一种特殊的媒介。朱熹曾云“木铎，金口木舌，施教时所振，以警众者平”。《周礼·秋官》还曾提及有司烜氏“中春以木铎修火禁于国中”，即振木铎提醒民众谨慎火烛，宣传消防禁令。中国古代早期信息的传递很大程度上依赖于口耳相传，“以简策传事者少，以口舌传事者多；以目治事者少，以口耳治事者多”，这种方式对言语修辞的选择有一定约束：“是必寡其词，协其音，以文其言，使人易于记忆，无能增改，且无方言俗语杂于其间，始能达意，始能行远。”因此，伴随木铎一起发布的，应大多是富含节奏感、音乐性的辞谣，这使得木铎这个曾经使用频繁、官员百姓皆熟知的器物蒙上了一层特殊的艺术色彩。

图 1.1　元代府学龙纹铜铎

五、置邮传命

驿传是古代政府设置的一种供使臣出行、官吏往来和传递诏令、文书等的交通通信组织。孟子有云“德之流行，速于置邮而传命”，清代“邮政”之设，以“置邮传命”为根本宗旨，同时具有传递政令舆情、维系朝政运转、宣上德以敦教化、整饬吏治等多种重要的政治功能，曾为清朝统一广阔疆域和管理逾亿人口发挥过重要作用。通过对“邮政”的强调，朝廷不仅训谕官员如何不逾规制地使用资源紧缺的驿站，更使其成为肃清吏治、培养能员的重要途径。故传统“邮政”的含义，重心在“政”，唯有政通人和，方能国泰民安。清代驿传体系因政而通邮，故以传递军报朝令为主旨，并不为平民，多用于朝廷官员，此方式较为正式，但普及程度低。

六、士人游说与清谈

在中国古代说客、行人等一些活跃的传播者也充当了传播媒介。他们穿梭于社会各阶层之间，游说天下，牵动时局，为当时的传播活动平添了几分波澜，这种方式以春秋战国时期的士人游说最为典型。《左传》中委婉平实的行人辞令及《战国策》中纵横飞扬的游说辞都说明了当时新闻传播活动的发达。西汉刘向在为《战国策》所作的序言中对此有过点评："生纵横短长之说，左右倾倒。苏秦为纵，张仪为横；横则秦帝，纵则楚王；所在国重，所去国轻。"西方古代社会的信使、喊叫者和游吟诗人也使新闻扩散能力日益增强，使新闻传播得更远、更快、更准确。

七、民谣

在古代，民间虽然缺乏成体系的信息通道和高级文化形态辐射，但街谈巷议倒成为一种最普遍的传播方式。从通都大邑到穷乡僻壤，从集市街道到田间地头，谚语、歌谣、寓言、典故、口诀、要领、奇闻轶事等，在人们的口耳相传中广为流行，像空气一样渗透在日常生活中，记录着特定时期里生动的画面。夏朝末，夏桀荒淫无道，人民恨之入骨，谣曰："时日曷丧，吾与汝偕亡。"后人读此，不难想象当时民怨沸腾的情景。《诗经》和《左传》中也曾收录盛于民间的歌谣，如《左传·僖公五年》中的童谣"丙之晨，龙尾伏辰，均服振振，取虢之旂，鹑之贲贲，天策焞焞，火中成军，虢公其奔"记述了发生于晋国与虢国之间的一场战事新闻。民谣表现形式优美，便于传诵，传播范围广泛，影响力也较大。将民谣作为生动的传播方式，承载与传递百姓心声的作用表现得淋漓尽致。明末农民大起义，有歌谣颂李自成"朝求升，暮求合，近来贫汉难存活；早早开门迎闯王，管教大小都欢悦"，反映了下层人民欢迎义军的深刻原因。

第三节 新闻价值

新闻价值这个概念最早形成于美国。1833 年 9 月 3 日美国大众化报纸《纽约太阳报》创刊，推动了面向全社会的"便士报"的迅速发展。在报业竞争中，各报社老板和主编为扩大报纸发行量，十分重视对新闻事实的选择。美国著名报人普利策要求记者采访"与众不同的、有特色的、戏剧性的、浪漫的、动人心魄的、独一无二的、奇妙的、幽默的、别出心裁的"新闻，认为符合上述要求的，是有价值的新闻。20 世纪初，美国、日本的一些新闻学者，把新闻事实的选择标准，统一到新闻价值这一概念上。1903 年出版的美国新闻学专著《实用新闻学》(休曼，美国新闻记者)，提出"新闻必是以动社会全体之兴趣者，当注意新闻价值"。到 20 世纪 20 年代，美国和日本的新闻学著作对新闻价值已有较完整的论述。

在中国新闻界，新闻价值这一概念由徐宝璜从美国、邵飘萍从日本引进。1918 年，他们在北京大学新闻学研究会上各自讲述了新闻价值问题。从 20 世纪 30 年代起，这一概念在中国新闻界得到普遍应用。1957 年，新闻价值曾被认为是资产阶级新闻学观点遭到批判。1978 年中国共产党第十一届三中全会以后，中国新闻界重新讨论新闻价值问题，并确认按新闻价值来选择新闻事实是新闻工作的客观规律。传统认为新闻价值作为选择报道事实的标准，有下列要素：时新性、重要性、接近性、显著性、趣味性。

口头新闻传播作为最早的新闻散播方式，正因为其具有新闻价值的要素才被称为“口头新闻”。

一、传统新闻价值理论的起源

传统新闻价值说产生于报刊商业化时期，人们为了争夺每个发行份额，不能不把新闻的卖点视为“命门”，强调“读者兴趣是新闻价值的试金石”。希伯特和麦道格尔两人几乎一致提出的所谓“读者兴趣因素”就是“个人关心的、同情、反常、进步、斗争、悬宕、两性关系与年纪、动物，死亡、暴力行为、犯罪、冲突、仇恨、愤怒与恐惧的感情和状态，以及奇特古怪的爱好”，以此招揽读者。这种新闻价值说从 19 世纪中期开始注入大多数记者的神髓，梦魇般的报道相继猖獗起来，使西方许多媒体充满了凶杀、性爱和恐怖的内容，引起许多学者的批评。20 世纪 40 年代产生的社会责任理论是向这种新闻价值观挑战的开始，但由于商业利润的命脉地位，它对新闻界的诱惑越来越难以挣脱。

19 世纪 30 年代，欧美进入大众化报刊时期，一方面，新闻价值理论是大众化报纸时代新闻商品化的产物；另一方面，新闻价值理论是资本主义经济关系和先进科学技术用于报业的产物。

从严格含义上看，新闻价值是指新闻与受众、社会之间的需求关系，表现为对受众和社会需要的满足。既然新闻价值是一种关系范畴，那么，研究新闻价值就得从剖析新闻与受众及社会关系入手，从新闻事实满足受众和社会需要的程度去考察。这样，人们会发现，新闻本身的重要、新鲜、有趣或接近性，不过是新闻事实的一些属性，而不是满足受众需要的获益性。这些事实的品类属性，能够派生出新闻价值，但不是新闻价值本身，它们不具有直接的价值效用。说人们需要重要、有趣或接近性，不仅在语义上不通，而且在逻辑上根本不会发生人们对重要性、接近性、趣味性的需要。我们只能说人们需要重要的新闻、有趣的新闻或有接近性的新闻，等等。在这种语境中，“重要、新鲜、相关、显著等种种的‘性’，恰恰是事实的特征，而不是价值”。传统新闻价值的目标背离了价值的内涵，谈的根本不是价值问题。

二、传统新闻价值说的代表观点

西方新闻价值理论是由美国威斯康星大学新闻学教授格兰特·赫德首先建立的框架。他认为，感兴趣的新闻最有价值，其次是时机适当的新闻，再其次是发生在本地或附近的事件和市井消息。

赫德教授还提出辨别新闻价值的四种方法：死伤者多、有名人出现、稀有珍闻、非常可笑或可悲的事件。

1899 年日本新闻学者松本君平出版了《新闻学》一书，也提出新闻价值的概念，不过他称之为“新闻纸之价值”。

1903 年美国学者休曼出版的《实用新闻学》一书多处谈到新闻价值问题，该书使用的新闻价值（news value）一词，是我们见到的这一概念最早的出处。

20 世纪 30 年代，美国的华连提出了新闻价值的 10 要素说，增加了时间性、空间性、重要性、独特性等因素，极度扩展了新闻价值的范畴。

第二次世界大战以后，新闻价值理论经过近一个世纪的“狂想期”，逐渐形成体系，其代表人物是美国学者佛莱德·希伯特。他在《现代大众传播媒介》这本知名的著作中对复杂的新闻价值理论进行了整理，将其归纳为及时性、接近性、显著性、重要性和人情味 5 个要素。至此，新闻价值学说及其要素被固定下来，中外新闻界与新闻学界一直沿用至今。

对新闻价值的内涵如何界定？新闻界许多人都陷入“语差误读”，把新闻价值、新闻价值的要素和新闻价值的标准视作同一个对象。如果说要素是指事件构成新闻的因素，标准是记者对新闻事件选择的依据，那么把标准当作“决定事件或观念具备新闻价值的因素”，就极为荒谬了。

三、新闻价值要素分析

新闻价值要素是指新闻事实自身具备传播价值的主要因素，也叫新闻价值标准，它是新闻传播者对新闻事件进行选择的主要依据。

然而，每到事关价值的时候，无穷的歧见便蜂拥而至。中国古话说得好“情人眼里出西施”，你心目中的美人，别人可能认为丑陋不堪。某报置于头条的重大新闻，其他报纸却放到末版边角的位置。在当今时代，价值观的分歧不仅司空见惯而且视之必然。

一般说来，构成新闻价值的要素包括：时新性、重要性、接近性、显著性和趣味性。各要素之间的关系并不是并列均等的。真实是第一位的，是新闻的生命，它包含在各个要素之中，有的新闻时新性强，有的新闻接近性强，还有的趣味性强。当各要素都很丰富都很强时，这个新闻的新闻价值就越大。无论哪个要素或强或弱，真实性和时新性是必须具备的。新闻价值所包含的要素有时新性、重要性、接近性、显著性、趣味性。

1. 时新性

时间上要及时，内容上要有新意。所谓有新意，是指新闻事实所包含的内容具有新颖性，是以前没有出现过的，或者事情发生了变动。周而复始、司空见惯的事情，就没有新意。比如，很多大学搬到大学城以后，由于周边配套设施不完善，经常会出现停电现象，起初人们就打电话、发短信，告诉新校区的师生，这里停电了。这就是新闻。后来，人们渐渐不打电话、不发短信了，因为这已经是周而复始、司空见惯的事情。再后来，供电有了保障，人们又打电话告诉新校区，这里不停电了。这又是新闻，为啥？因为事情有了变动。请注意“变动”一词。

2. 重要性

新闻事件和当前的生活和广大群众的切身利益有密切关系，那些对当前社会发生重大影响，关系政治、经济、军事、外交、科技等的重大问题都是人们关注的焦点。还是以停电为例。停电到底是不是新闻？那要看影响范围有多大、时间有多长。如果只是某一栋楼停电，那就不是什么新闻。如果全校停电，就成了新闻，校园广播得提前发通知。如果纽约全城停电一小时，那就是大新闻，全世界的媒体都会报道。

3. 接近性

事实与受众接近程度越高，新闻价值越大，越能受到受众的关注。接近性具体分为地理接近性、心理接近性、情趣接近性、年龄接近性、性别接近性、职业接近性等。

地理上的接近，是指新闻事件发生地与读者所处的地理位置比较接近，因为人们总是首先关心自己身边发生的事情。2014 年 9 月 26 日，昆明市盘龙区明通小学发生踩踏事件，同样的事件，在其他城市也有发生，如 2013 年 3 月 28 日，西安市的西北工业大学附属小学也发生过踩踏事件，但关注度是不一样的，昆明市民对明通小学踩踏事件的关注度更高。所谓心理上的接近，是指新闻事件在心理上能够引起读者的共鸣。例如，《2015 年昆明小升初摇号：学生摇号条件有限制》这条新闻，大学生就不怎么关注，而家长的关注度则极高。

4. 显著性

著名人物的一举一动都容易引起关注，人物、地点的知名度高，用中国民间话说，叫“挡眼”。这里有一组公式：名人＋寻常事＝新闻；普通人＋不寻常事＝新闻；名人＋不寻常事＝大新闻；普通人＋寻常事≠新闻。故宫、长城、埃菲尔铁塔这样的名胜，杨振宁、姚明、章子怡这样的科学家、体育明星、著名演员经常成为报道的对象。结婚是不是新闻？那要看谁结婚，普通人结婚就不是新闻，姚明结婚就是新闻，因为他是名人。

5. 趣味性

奇闻趣事。报纸、网络、电视等发表的新闻，不一定都是国家大事，如“海市蜃楼”等能提起人们兴味的趣事，容易引起关注。富有人情味、能引起人们情感共鸣或震撼的事都属趣事。现在，趣味性的新闻价值量越来越大，以至于有人提出“趣味就是新闻”。“神奇小狗会唱歌”“1 分钟完成 36 个后空翻”等，这些奇趣的动物、人的超强能力等，总常常见诸报端、电视。这绝不是猎奇、雷人、哗众取宠，因为，这样的新闻能够给人以精神抚慰，使人心情愉快，或者使人感到生活的美好。

此外，在新闻价值的评价标准中，还有“反常性”。反常现象表现出极大的变化，及时消除其变化的不动性，体现出很大的信息量，具有较大新闻价值。反常性可以表现为整个事实的反常，也可以表现为部分事实的反常，比如萨达姆被捕时没有抵抗也没有自杀，这与事前人们的推测反差极大。

第四节　口头新闻在当代的演化

口头传播是最早的信息传播方式。人类在生产生活中，信息交流必不可少。最早期的原始人，就出现了举手、投足之类的体态语言传播形式，随之出现了召唤、呼叫之类的口头语言传播形式。口头语言传播形式经历了原始人由生存本能反应，到主动自觉行为的渐进式演变过程。口头传播是最早、最大众化的新闻信息传播形式。

进入原始社会后，获取新闻信息、交流新闻信息逐渐成为人类的普遍需求和自觉行为，口头新闻传播成为人类族群之中、族群之间普遍存在的一种独特的社会现象。

一、口头新闻传播的发展历程

远古时代，人类从灵长目到早期猿人的进化过程中，由于生产力水平极其落后，生产工具也只有一些简单的石器，正在向猿人进化的人类祖先每天都处于抵御野兽、与恶劣的自然环境的斗争中，他们要为生存而奔波、战斗。为此，他们群居生活，并随时需要互相进行沟通，交流信息。而由于当时人类大脑还无法进行复杂的思维，喉、舌、唇等也还不具备发出人语的功能，于是出于遗传、本能及生存的需要，他们只好运用彼此可以理解的尖叫、呼喊及手势、面部表情和肢体语言来表达自己的想法和意见。这种原始的个体间传播代表了人类特定时期传播需要，信息传播处于一种接近于物质性和动物性的本能传播阶段，传播也属于人类生存的本能需要。

在距今 4 万前左右，人类语言基本形成，带有人类思维色彩的主观传播行为开始产生，并逐步发展。人类传播开始从简单的口耳、体态向以语言为传播媒介的群体性传播发展。有了语言，人类就可以更加方便地记忆、传递、接受和理解信息，也就可以准确地表达要传播的内容，任何个体也就可以向集团群体传播信息。而氏族公社的产生和发展使人类社会性的群体性传播开始盛行。这一时期，信息传播的内容得到了拓展。人类的生活、生产经验、习俗文化等也可以传递给后代。歌谣、谚语等语言形式把四季变化规律、种植农作物经验等信息也以口口相传的方式一代代传承下去，从而成为这一时代的典型的新闻信息产品。

在中国，口头传播起源于“元谋人”。“元谋人”是目前发现的最早直立行走的人，这是人类最重要的有声语言形成时期，此时的“元谋人”已经有了比较完善的体态语言。

口头传播成熟于“北京人”。距今 70 万～23 万年的“北京人”，已有了清晰、固定的口头语言，口头传播新闻信息的形式也基本成熟。

口头传播发展于“山顶洞人”。距今约 1.8 万年的“山顶洞人”，已经能够比较充分地运用口头传播形式，相互交流狩猎、避险、采食、生活、传情、达意等十分复杂的各类信息，能够运用口头语言进行及时、到位的信息交流和沟通。这一时期，口头传播形式得到了空前的发展与完善，为人类的生存提供了保障，为文明的发展奠定了基础。

三皇五帝赋予了口头传播的政治使命。三皇五帝时代，口头传播形式的功能被大大拓展，口头传播不仅被用来保障人类的基本生存需要，而且被一些政治集团用作增强内部凝聚力、扩大自己的影响、扩充集团实力的有效工具。口头新闻传播形式被赋予了政治使命，成为实施统治的重要工具。

《史记·五帝列传》中，关于舜帝开展口头“新闻传播宣传”的记载，至少有两处。一是舜帝“谋于四岳，辟四门，明通四方耳目，命十二牧论帝德，行德厚，远佞人，则蛮夷服”。大意是说，舜帝注重运用口头传播的形式开展“新闻宣传”，教育了民众，大大提高了自己的威望，促进了边远民众的臣服。二是“舜曰：龙，朕畏忌谗说殄伪，震惊朕众，命汝为纳言，夙夜出入朕命，惟信”。大意是说，舜帝为了防止被谗言和虚假的“新闻信息”欺骗导致灭亡，专门设置了“纳言”这一官职，确保上下沟通顺畅。西汉学者孔国安诠释：“纳言，喉舌之官也。听下言纳于上，受上言宣于下，必信也。”

二、口头新闻在当今的演化形式

人类经过了口头传播阶段、文字传播阶段、印刷传播阶段、电子传播阶段的发展，人类新闻传播的历史不是取代的历史，而是不断发展和演化的历史，因此，最原始的口头传播仍然是生活中不可缺少的传播方式之一。可以说，在网络传播时代的今天，口头新闻仍是应用最广泛的，它在生活中随处可见，具体表现为以下几种形式。

1. 日常接待

老舍的《茶馆》中展现了北京城的一个茶馆：人来人往，汇聚了各色人物、三教九流，一个大茶馆就是一个小社会。在这个小社会里，人们口口相传，通过日常的闲聊，传递着身边发生的新鲜事。在一些非正式的场合下，如茶馆、餐厅、小区，我们通常都会通过口头方式与他人沟通。在日常的接待中，大家都非常乐于分享所见、所闻，所以与不同的人接触，从不同的人口中总会获得一些新的讯息，这也是口头新闻演化后的一种新形式。

2. 新闻发布

新闻发布是组织的一种常见的新闻传播方式。大到国家，小到企业、学校、单位，都会通过新闻发布会的形式将重大事项、决定、新闻告知受众。发布会上，新闻发言人就是信息的传播者，新闻发言人的选择往往都是地位较高的人物，这样可以使信息更加真实、权威、可靠。采取新闻发布会的形式让信息传播的覆盖面更加广泛，影响力更加大。

3. 演讲

美国总统奥巴马的入职演讲（图 1.2），令人心生敬仰，值得学习。演讲中，他为美国民众展现了他的治国理念，宣扬“自由”“民主”“平等”，强调健全法律法规，介绍了他入职后的一些具体治国措施……奥巴马总统通过生动的语言和强烈的表现力征服了美国民众，深得民心。

图 1.2 奥巴马入职演讲

4. 沟通性会议

无论是平级还是上下级，在召开沟通性会议时，都是希望通过口头交流的方式，获得对方对于某事项和决议的看法和意见，以免因为对某些特殊情况或者新情况的不了解，而做出错误的决策。在管理学中，沟通性会议的运用十分广泛，同时也起到了十分重要的作用。每逢年底，很多企业都会召开沟通性的会议，效果显著。

5. 公务谈判

在组织与组织确定合作以前，甲乙双方往往都会展开公务谈判。针对合同条款，甲乙双方代表都会分别发言，提出自己的看法和意见，对合同有争议的地方提出疑问，做出修改后最终才有可能达成一致。最终的合作往往都是建立在反复的公务谈判上，在商业运作中，它应用较为广泛。

第二章　手抄新闻

公元前3000年左右的文字发明，是文明发展中的根本性的重大事件。它使人们能够把行政文献保存下来，把消息传递到遥远的地方，也就使中央政府能够把大量的人口组织起来。它还提供了记载知识并使之世代相传的手段。

——巴勒克拉夫主编《泰晤士世界历史地图集》

通过文字递传的新闻，可以通称为手抄新闻或书写新闻。

——李彬《全球新闻传播史》

有了文字就产生了超出语言时空范围的信息传播。

——陈力丹《中国新闻传播学评论》

语言的产生开辟了口头传播的纪元，而文字的发明拉开了手写传播的帏幕。大约5000年前，在古代埃及、两河流域和中国的一些地方开始产生图形文字。公元前4000年，在古埃及出现了世界上最早的象形文字。公元前3500年左右，我国殷商时代出现了中国最早的文字——甲骨文（图2.1）。最初的文字刻在竹简、兽骨、青铜器或布帛上，但文字载体的笨重、昂贵限制了文字的传播。公元105年，我国东汉宦官蔡伦（图2.2）发明的造纸术使文字传播速度和广度得到了提升。到唐朝，我国产生了官场手抄报纸——邸报。到公元15世纪中期，德国工匠约翰·古登堡发明了金属活字印刷术，从而人类开始把文字印刷在书籍、刊物、公报上向社会群体传播，知识与信息也就以前所未有的速度在普通民众中传播开来。同时，信息与知识也得到最大限度的保存。报纸的发行，使文字为媒介的新闻信息传播广度得到了前所未有的拓展。1609年德国出版了世界上现存最早的周报《报道与新闻》；1660年，德国出版了世界上最早的日报《莱比锡新闻》。19世纪末20世纪初，正当世界上主要资本主义国家从自由资本主义向垄断资本主义过渡的时候，产生了19世纪30年代的“大众化”报纸。1833年，《纽约太阳报》在美国纽约街头低价销售，成为世界上第一份成功的大众廉价报纸。人类从读书识字的技术中获取生活、生产能力和达

图2.1　刻有文字的兽骨

图2.2　蔡伦画像

到娱乐的目的并达到了交流经验、积累和学习知识的需求。书籍和报纸逐步融入人们的生活，并成为人类传播新闻信息的主要工具，促使以文字为媒介的平面传播逐步走向繁荣和成熟。但这一时代的社会传播仍然局限于有文字阅读能力的群体中。

第一节 新闻产生的条件

新闻和新闻传播是自人类社会诞生以来，基于人类社会生产和生活的需要而产生的，并随着社会生产力的发展和时代的变化而不断发展变化。

人类出于何种动机，激发了新闻传播行为，这涉及新闻起源的问题。新闻起源回答了新闻传播活动发生和发展的最初动因。

一、新闻起源于人类的生产劳动实践

唯物论者认为：新闻是一种信息传播，它是在人类的生产劳动实践中为适应人们的需要而产生的。

原始社会的新闻传播活动是就其广义而言的，由于当时还没有产生专门采集新闻的机构，新闻传播活动确切地说，只是人与人之间简单的信息传递，这就是最早的新闻现象。

新闻传播活动的发展，取决于两个最基本的条件：第一是社会对信息的客观需求；第二是生产力发展水平能为新闻传播活动提供什么样的物质手段。两者都是受生产力发展水平制约的。

生产的发展、产品的交换，使人们的联系和交往进一步密切起来，人们对信息的需求量也随之增多，传播的内容逐渐丰富充实，传播的范围日益扩大。

通过上面的简单分析，我们可以认识到，新闻是一种信息传播，它起源于人类社会性的生产劳动实践，是适应当时人们的需要而产生的。当人类学会自觉地进行信息交流的时候，就有了原始的新闻传播活动，它是长期的劳动实践使人类进化的必然结果。

资产阶级新闻学也谈论新闻的起源，但观点和我们不同。他们单纯从人类的好奇心理甚至生理需要出发，认为人总是对外界充满了好奇心，人长着两只耳朵，就爱打听新闻；长着一张嘴巴，就爱传播新闻，新闻传播活动就是在这种好奇心的驱使下出现的。这样，他们就把产生新闻这样一种社会现象归结为生理现象、心理现象；把新闻是适应社会需要而产生的说成是为了本能的需要。他们脱离物质生产实践去分析新闻的起源，颠倒了社会存在和社会意识、物质与精神的关系，混淆了人们与动物的本质区别，这是唯心主义思想在新闻起源观上的反映。

二、人类早期新闻信息传播方式

根据人类学家的调查研究，人们在早期的社会实践中创造和使用了：口头传播、信号传播、符号传播、文字传播四种传播新闻信息的方式。

口头传播。通过口头语言传递新闻，是人类早期传播信息最基本的方式。口头新闻的特点是口耳相传、直接、简明、快捷。

信号传播。通过传受双方事前约定的信号快速地传递某种信息。中国古代的烽烟报警

和非洲土著的鼓语就属此类。

符号传播。通过图画或者某种实物的暗示传递信息。普列汉诺夫在《没有地址的信》中，就有关于原始人用绘画方式进行信息传播活动的记录。

文字传播。信息的文字传播几千年以前就有了。公元前200年前后，中国封建王朝开始使用各种传播媒介发布政令、文告。公元前59年，罗马议事厅外逐日公布元老院议事情况，后人称这种书写会议信息的涂了石膏的木板布告牌为“每日纪闻”。考古发现，公元前50年中国已开始造纸，公元105年中国人蔡伦已制成质量较好的纸。约在7世纪，中国人又发明了雕版印刷术，从而为原始报纸的产生准备了条件。中国唐代的“报状”“进奏院状”，是官方颁发的以记载皇帝谕旨、臣僚奏章和朝廷政事为主要内容的官报，后人通称之为“邸报”。邸报是古代中国对世界文明的一个贡献。

以文字作为传递信息手段的文字传播，它的产生极大地促进了社会文明的进步与发展。无论是在时间上，还是在空间上，都扩展了语言传递信息的功能。不仅在当时，直到今天，文字传播仍然是新闻传播活动最基本的方式。

三、新闻事业产生与发展的条件

近代报刊业的产生和发展是资本主义取代封建主义的伴生物，新闻传播对社会发展的重要意义开始显示出来。科学技术的进步使铅字活版印刷很快普及，从而有可能大量印刷报纸。最早的印刷报纸是意大利1566年出版的单张印刷出售的《威尼斯公报》。17世纪初，不定期报纸已在欧洲各国普遍发行。从那时起，越来越多的人专门从事新闻传播活动，逐渐形成了近代意义上的新闻事业。

新闻事业的发展与体制、生产力水平、社会需求、物质技术发展水平关系密切 。

(1) 体制决定新闻。新闻体制就是新闻事业所有制性质，它决定媒介管理的方式、与政府的关系，以及媒介的运转方式等。

(2) 生产力水平提高的需要。生产力的提高，整个社会的经济规模越来越大，人们对信息需求日益迫切，从而刺激了新闻事业的发展；整个社会的教育面扩大，文化水平不断提高，读者群越来越大；广告越来越多，新闻事业日益成为国民经济中获利丰富的企业，刺激了投资和扩大再生产；社会经济的发展也为新闻事业提供了发展所必需的物质技术手段。

(3) 社会对新闻的需求程度是新闻事业产生与发展的首要因素。首先，社会生产力和生产方式的变革决定着社会对新闻需求量的多少。这是新闻事业从无到有、从小到大的根本原因。其次，社会新闻需求的变动决定了新闻事业的发展变化。最后，在阶级社会里，统治阶级的需要，决定了社会政治民主程度，影响新闻事业的兴衰。

(4) 物质技术发展水平是新闻事业产生与发展的必要物质条件。新闻是一种信息传播，它起源于人类社会性的生产劳动实践。新闻事业的产生与发展与一定社会的生产力和生产关系紧密联系。新闻事业总是一定的社会内容和阶级意志的反映。

第二节 新闻与帝国

封建社会新闻传播的实质是为巩固帝国统治的组织传播，因而，新闻与政治关系密切，可以说人类大规模的新闻传播活动从一开始就打上了政治烙印。

一、文字传播与中央集权

文字传播主要是指倚重记录在介质上的记录，作为信息传播的主要媒介的一种传播。通常情况下，在人类社会文明的最初阶段通常是以语言传播、人际交流为主的口头传播。而随着民族的扩张壮大，其传播必然改变，从口头传播向文字传播的演化是必然的趋势。当国家的领土扩大后，帝国的统治者所要求的是能够在最大范围内巩固自己的统治，通常情况下大帝国所拥有的广阔领土，难以凭借语言间的交流来完成了，虽然口语交流具有表达感情丰富、易于理解等优势，但是它不可保存，易于在传播过程中失真，缺乏稳定性的问题是在非现代化设备的条件下无法克服的。而书面词，所书写下来的文件，便于保存，并且不易失真，可有效地克服帝国传播在空间上的缺陷。

文字传播所要依靠的是中央集权的官僚体制。这样的帝国可以集中行政管理军队、领土扩张和法律，但是却要牺牲贸易和国际经济。比如，中国有着悠久的文字传播历史，在中国历史上的中央集权官僚体制一直担任着至关重要的国家统治工具的角色，我们的帝国在体制上实施中央集权，其精神上的支柱为道德，管理的方法则依靠文牍。帝国在统治时通常采用文官制度。罗马奥古斯都时期建立了文官制度。恺撒曾经任命获得自由的能够识文断字的希腊奴隶充当罗马的铸币官员。

我们不能否认的是，文字传播与口头传播不同的一点是口头传播重视时间，重视个人的价值，强调人与人的交流，而文字传播则重视各类规则、体制，它所重视的是稳定，它忽略了个人的需求。文字传播注重古代圣贤人的教育而忽略了变化发展，创新求异；它往往重视体制的安定，而不计较一人一事的绝对公允。在文字传播的帝国往往忽视了思辨，时代的差别在书面传播国家看来并非主要问题，对辽阔国土的稳定统治才是最为重要的事情，因此新生事物往往得不到重视，而人类的个性，至乎于人权等概念与广阔的空间比起来也变得微不足道了。

二、政治权力与社会信息

古代中国把文字作为面向群众的新闻传播是从秦代开始的：“廿六年，皇帝尽并兼天下诸侯，黔首大安，立号为皇帝。乃诏丞相状、绾，法度量制，不壹、歉疑者，皆明壹之。”

秦始皇四十字诏书，是中国历史上第一次以文字形式向全国发布的新闻。两汉时期进入了以文字传播为主的时代，所谓筑“双阙”悬“旧章”以传新闻：“宫门双阙，旧章悬焉，使民观之，因谓之观。”（东汉·孙炎，《尔雅·释宫》）

两汉时期，中国古代报刊的萌芽已经开始出现并逐渐成熟了。

在我国古代的封建主义专制体制下，君主既是政治权力的主宰，同时又是全社会信息的总源和总汇，君主的话“一言九鼎”，只能顺受，不得违逆，表现为至高无上的意志。君主是社会最权威的信息发布者，君主的圣谕借助驿站、邸报可迅速到达各级官府，君主又是社会信息最权威的裁断者。从秦始皇的“焚书坑儒”，到汉武帝的“罢黜百家，独尊儒术”，再到明清的“文字狱”“海禁”（肉体消灭—思想禁锢—限制交通）等都清楚地说明了这一点。尽管历代朝廷也有注意民意、舆论的机构和制度，如皇帝召集大臣讨论问题的集议制、驳还皇帝“诏令”的封驳制等，在一定程度上起到了避免专断、广开言路的作用，但是，这些制度又都取决于皇帝本人的意志，他可以认真执行，也可以根本不执行，因此这些制度本身很难真正起到对皇权的制衡作用。传播学者阿耶尔则更明确地指出：传播在广义上指的是信息的传递，它不仅包括接触新闻，而且包括表达感情、期待、命令、愿望或其他任何什么。

三、帝国传播与“沉默的螺旋”“把关人”

（一）沉默的螺旋

“沉默的螺旋”（The Spiral of Silence）最早见于诺埃勒-诺依曼 1974 年在《传播学刊》上发表的一篇论文，1980 年以德文出版的《沉默的螺旋：舆论——我们的社会皮肤》（*The Spiral of Silence：Public Opinion—Our Social Skin*）一书，对这个理论进行了全面的概括。“沉默的螺旋”来源于这样一个事实：1965 年德国阿兰斯拔（Allensbach）研究所对即将到来的德国大选进行了研究。在研究过程中，两个政党在竞选中总是处于并驾齐驱的状况，第一次估计的结果出来，两党均有获胜的机会。然而 6 个月后，即在大选前的 2 个月，基督教民主党与另一个党获胜的可能性是 4∶1，对基督教民主党在政治上的胜利期望升高有很大的帮助。在大选前的最后两周，基督教民主党赢得了 4%的选票，社会民主党失去了 5%的选票。在 1965 年的大选中，基督教民主党以领先 9%的优势赢得了大选。这一年大选带来的困惑和对它的解释逐渐发展成为“沉默的螺旋”的概念。

“沉默的螺旋”理论基于这样一个假设（德国社会学家伊丽莎白内尔·纽曼教授认为）：大多数个人会力图避免由于单独持有某些态度和信念而产生的孤立。因为害怕孤立，他便不太愿意把自己的观点说出来。

伊丽莎白内尔·纽曼教授抓住这一现象不放，提出了假设：占支配地位的或日益得到支持的意见就会愈加得势，另一方则越来越失去支持的声音。这样，一方表述而另一方沉默的倾向便开始了一个螺旋过程，这个过程不断把一种意见确立为主要意见。如果这个过程有大众媒介参与，螺旋往往形成得更快，也更明显。

诺埃勒-诺依曼认为，大众观念并不是在 18 世纪才被人们认识的，它实际上在人类社会已经存在了数千年，并且不断创造和保持着社会运作必须的和谐和一致。因此，大众的意见可以认为是一种社会控制，客观上是为了“促进社会一体化，保障基本行为和观念达到足够的一致水平”。

这一理论建立在人的社会从众心理和趋同行为的分析基础之上，观念的力量来源于社会的本质，来源于社会对被禁止的观点和行为的严刑，来源于个人对孤立的恐惧。恐惧的个人在社会中赞成的呼声不断升高的时候表达自己的赞成的观点，在赞成的呼声下降的时候保持沉默，沉默进一步使得原有的观点失去了民心。

（二）把关人

“把关人”理论是由美国社会心理学家、传播学四大先驱之一的卢因率先提出的。他在《群体生活的渠道》(1947年）一文中，首先提出“把关”（gatekeeping）一词。他指出：“信息总是沿着含有门区的某些渠道流动，在那里，或是根据公正无私的规定，或是根据‘守门人’的个人意见，对信息或商品是否被允许进入渠道或继续在渠道里流动做出决定。”“把关人”既可以指个人，如信源、记者、编辑等，也可以指媒介组织。

“把关人”这一概念，现在已得到大众传播学者的普遍承认，“把关人”的作用、性质也随之成为大众传播学的重要课题。

在传播学中，“把关人”是一种普遍存在的现象。在传播者与受众之间，“把关人”起着决定继续或中止信息传递的作用。“把关人”可以是个人，也可以是集体。从整个社会的角度来看，传播媒介是全社会信息流通的“把关人”；从传媒内部来看，不同的媒介具有不同的“把关人”；从报纸、广播、电视等传统大众媒介来看，在新闻信息的提供、采集、写作、编辑和报道的全过程中存在着许多的“把关人”，其中，编辑对新闻信息的取舍是最重要的。

“把关人”的把关行为可以分为疏导与抑制。前者是指“把关人”准予某些新闻信息流通的行为，后者则是指禁止一些新闻信息流通或将其暂时搁置的行为。

“把关人”把关的标准主要是来自作为自身原有经验、看法、兴趣等的总和的预存立场。同时，也受到周围环境如上级、同僚及受众反馈等的影响。一句话，“把关人”是根据自己对受众需要与兴趣的理解在众多的新闻信息中加以选择的。任何一个传播过程中都存在着“把关人”的把关行为，不管这些行为是自觉的还是不自觉的。

（三）帝国传播中的运用

封建统治阶级认为，“一”是维护中央集权及统治者根基的有力武器。“一”也就意味着整个社会只能有一种声音（只能来自统治阶级内部)，一种思想。如果不“一”，人心就会涣散，不利于统治。西周时期周王占取普天之下的王臣王土，对他们有绝对的占有权和统辖权。东周礼崩乐坏，礼乐征伐自诸侯出，周天子的威权被诸侯分享。专制主义的秦王朝建立以后，天子重新获得了神圣的、至高无上的领有权。“有”的实现，就是对所领有的人民、土地及其财富施加现实的统治和占取。所谓“普天之下，莫非王土；率土之滨，莫非王臣”，“天子”奉天的命令执行任何刑罚、颁布任何举措都是理所应当、不容置疑的。因而也拥有了无上的权力，可以肆意对统辖内的人民加以“管制”和“约束”。

秦始皇统一六国后，利用强大的国家机器，有军队、酷吏、监狱作后盾，李斯在物质（含肉体）上、董仲舒在精神上彻底反对一切非国家组织传播，只要能维护统治者利益，不惜采取任何形式和手段。在这一时期，统治阶级紧紧控制着整个社会的舆论，以有利于他们的统治。而此时的民众也无形中形成了“沉默的螺旋”。因为舆论在政治学上的观点是“共同体”的最高意志，而在我国封建社会，“共同体”即为统治阶级的意志，属于绝对强势者的声音。而在“沉默的螺旋”理论中一个重要的前提就是个人“对社会孤立的恐惧”，以及有这种“恐惧”所产生的对“多数”或“优势”（这里指的是封建统治阶级的思想）意见的趋同行为。因为统治阶级实行的“礼仪”上的思想控制和“诛杀”的暴力控制，个人不得不去趋同这些强势群体，很难发出自己的声音。在这种情况下，统治阶级是绝对的强势力量，由他们来进行组织传播是轻而易举的事。在单一的民族国家，在传统、保守的社会，在社会秩序、价值的安定时期，“多数意见”的压力通常是强大的，整个社会也只有一种声音。而这个时候，单个社会人的力量是微乎其微的，他们会对“优势”意见产生趋同，因而也就没有太大的力量进行反抗。白鲁恂在 *China: Erratic State, Frustrated Society* 中说，“中国不只是众多民族国家中的另一个民族国家”，更是“一种以国家出现的文明”，“中国的奇迹就在其令人惊人的统一”。而同时整个统治阶级充当“把关人”的角色，他们决定着什么让普通民众知道，什么不让他们知道。

第三节 手抄新闻

手抄新闻，又叫做手抄小报，最早出现在意大利境内的威尼斯，盛行于14～17世纪，内容主要是商品行情、船期和交通信息，以及政局变化、战争消息等。

由于意大利处于与近东贸易有利的地理位置上，在14～15世纪意大利成为欧洲资本主义经济最发达的地区。世界各地的政客、商人对了解威尼斯的情况有强烈的需求，这就促使威尼斯逐步产生了一批以供应新闻谋生的人。这些人自己收集新闻，自己抄写，自己发行。这些新闻大多是手抄的，因此被称为“手抄新闻”，也是欧洲的一种初级新闻传播媒体。

手抄新闻不定期，沿街兜售，每份一个铜币（即格塞塔）。手抄新闻是近代报刊的雏形，它的出现扩大了新闻传播的规模和范围。

一、手抄新闻的起源

手抄新闻是手工抄发或抄售的新闻报道，国内有据考证，最早起源于唐朝。

早在我国唐朝时期，就有各地驻京官邸负责抄发的官方文件和政治消息。例如，现存英国大不列颠图书馆的《进奏院状》（公元887年唐僖宗时），就是当时的进奏官从进奏院的官报上抄写的六十行新闻，报告当时的沙州节度使张淮深派遣使团到唐王驻地交涉为他任职正式下旌节的事情。这一类抄件称为“邸抄”“阁抄”“状”“杂报”等。自宋朝起有人抄卖“邸报”牟利，后又发展为手抄出版物。

欧洲的手抄新闻可能最早出现在十六世纪意大利的威尼斯，也称为《威尼斯公报》，是一种公开出售的手书报纸。威尼斯位于地中海北岸，早在10世纪末就是个富庶的商业共和国，是东西方的交通枢纽和贸易中心。15世纪时，资本主义生产方式开始在这里萌芽，造船、纺织、玻璃等行业相当发达，手工工场林立，工人达19万人之多。这里的手工业主、商人、航海界人士十分关心商品的销路、各地的物价、来往的船期，于是有人专门打听这些消息，抄写后出售。后来，需要相同消息的人多了，他们就抄写多份，谁需要就卖给谁，这就是手抄新闻。

有资料认为，1536年威尼斯已有专门采集消息的机构和贩卖手抄新闻的人。1563年同土耳其发生战争期间，威尼斯政府也曾发行手写的小报。1566 年这里又出现定名的小报，叫做“手抄新闻”。以上各种小报的内容主要是商品行情、船期和交通信息，间或也报道政局变化、战争消息和灾祸事件，因为这些都会影响贸易和交通。小报不定期，沿街兜售，每份一个铜币（一说张贴在公共场所，凡入内阅读须付一个铜币）。当时的铜币叫做“格塞塔”(Gazzetta)，后来这种小报流传到罗马及欧洲各国，就称为《威尼斯小报》(*Venice Gazzetta*)。而 Gazzetta 一词也就成为欧洲各国早期报纸的名称。

二、手抄新闻的表现形式

手抄新闻的表现形主要有两种：一种是公告式的，即原始形态的官方公报，如《每日纪闻》(*Acta Diurna*)；另一种是书信式的，即新闻信。新闻信指的是传递新闻、交流信息的书信，是西方古代历史上流传最久的手写新闻传播形式。

小普林尼致塔西佗的信中记述了公元 79 年 8 月维苏威火山爆发的情景：

一朵形状像松树似的黑云出现在火山口，过了一段时间，这朵黑云沿着山坡滚下来，将周围的一切都覆盖了，包括附近的海面。在赫库兰尼姆，火山口喷发出的重的和轻的物质全部被水搅和成了近乎凝固的泥浆，泥浆瀑布般地顺山坡下泻，停留在流经的房舍中，将城市沿海地区变成了沼泽，继而，火山喷发物的巨大堆积变成了坚固嶙峋的山脚。

三、手抄新闻的发行方式

(1) 张贴在公共场所，用绳子或栏杆围起来，凡走近阅读的人须付一枚铜币。

(2) 张贴在屋内的墙上，进屋的阅读者同样收取一个铜币。这种屋子被称为“新闻房”。

(3) 手抄多份，沿街叫卖、兜售。

(4) 接受加工订货，谁需要什么新闻，这些从业者就代为打听，收费也较高。

(5) 定期寄给订阅者。

现存的手抄新闻文本共两本，收藏在梵蒂冈图书馆中，都是当时威尼斯一位银行家收集的，大致年代在 1554～1586 年。

随着资本主义商品经济的发展从意大利向西欧其他国家扩及，手抄新闻这种信息传播方式也很快从威尼斯向其他地区流行开来。罗马、巴黎、里斯本、里昂、布鲁塞尔、伦敦等地都有手抄新闻发行。17 世纪初这种传播方式达到高潮，17 世纪末逐渐消亡。

手抄新闻集编、写、发行于一人，这些人是名副其实的个体劳动者，也是世界上第一批真正靠新闻维生的职业新闻工作者。

第四节 新 闻 信

新闻信是古代统治者采用的传播方式之一，它是指传递、交流信息的公私信件，是西方古代历史上流传最广的手写传播形式。新闻信产生和发展于罗马帝国时代。因为这个奴隶制国家幅员广阔，是欧洲的政治经济文化中心，所以无论官方还是私人，都需要罗马的消息，于是有人就抄录了政府公报，分送各地并领取薪金。

新闻信主要流行于上层社会。有些记述了当时许多重大事件和人物，记录了罗马的生活、乡村情况及民间习俗等。新闻信的诞生，标志着世界上第一批职业新闻工作者的诞生，“新闻信”也成为世界上第一批新闻商品。

早期的“新闻信”主要有古罗马《每日纪闻》《威尼斯小报》《富格尔通讯》《波士顿新闻信》。

一、古罗马《每日纪闻》

《每日纪闻》，公元前59年的古罗马，尤利乌斯·恺撒当选执政官后下令创设。当时的名称是“阿尔布”，后来人们称之为《每日纪闻》，是古代罗马统治者采用的重要传播方式之一。

《每日纪闻》是一种公告式的官方公报，将每日公布元老院及公民大会的议事纪录，用尖笔书写在罗马议事厅外一块涂有石膏的特质木板上。书写内容多为政府要事，具有很强的政治性。

尤利乌斯·恺撒创设《每日纪闻》的目的就是争取舆论支持，扩大政治影响。传播当时已经成为政治斗争的工具。

公元前27年，尤利乌斯·恺撒的养子屋大维成为罗马最高的主宰者。公元前6年，屋大维恢复《每日纪闻》，从此该手写公报时断时续刊布会议记录、帝国故事、战争消息等，一直到公元330年迁都君士坦丁堡为止。

有学者认为，罗马帝国之所以能统治辽阔疆域，至少有一部分原因是它有一个发达的、包括《每日纪闻》在内的传播系统。而其灭亡，部分原因是由于《每日纪闻》的停办，传播组织远落后于军事、商业、行政等社会组织的发展，无法协调复杂的活动。

西方人一直认为世界上最早的报纸是罗马共和国在公元前60年创建的《每日纪闻》，它最早是一块树立在罗马元老院门口的木牌，用于向广大罗马市民发布元老院的最新决策，相当于现在的公告栏。后来，随着罗马的版图不断扩大，已经远远不局限于意大利，为了使广大疆域上的各部落臣民都能“沐浴”到共和国的恩泽，共和国最后一任执行官恺撒责专人，将《每日纪闻》的内容书写在布匹上，带到各个行政省的首府，并在那里翻译成各种语言，再通过公告栏的形式发布给民众。这一信息传播的方式对西方后世影响甚重。

二、《威尼斯小报》

《威尼斯小报》起源于威尼斯的手抄小报。16世纪威尼斯政府和私人都出现了专门采集新闻和贩卖小报的活动，内容主要是商品行情、船期和交通信息，间或也报道政局变化、战争消息和灾祸事件。这些小报不定期，没有报头和名字，沿街兜售，每份一个铜币。后来这种小报流传到罗马及欧洲各国，就称为《威尼斯小报》。

三、《富格尔通讯》

《富格尔通讯》是16世纪手抄小报流行期间，德国富商富格尔家族开设的富格尔金融贸易所编集而成的商业通讯，用于传递商业新闻。当时欧洲各国有些大的商行或银行，在总行与分支机构之间常有互通消息的信件，为了方便业务开展，把当时手抄小报和互通消息的信件汇集成《富格尔通讯》出版。同时也有会选择地摘抄一些售与外人阅读。

《富格尔通讯》沟通了业务信息，扩大了该所的影响，一度成为当时较为著名的手抄小报。据悉，现在维也纳图书馆里还收藏有他们1588～1605年编的商业通讯27册。

四、《波士顿新闻信》

《波士顿新闻信》（*Boston News-Letter*）（图2.3）于1704年2月24日清晨，诞生于波士顿纽伯里街的格林印刷所，那时处于北美的殖民地时期。该报由当时的跨殖民系统的邮政局局长之一的约翰·坎贝尔（John Campbell）创办。它是第一份真正连续出版的美国报纸，持续出版了72年，是当时殖民地三大报之一（其他两个为《波士顿公报》和《新英格兰报》）。

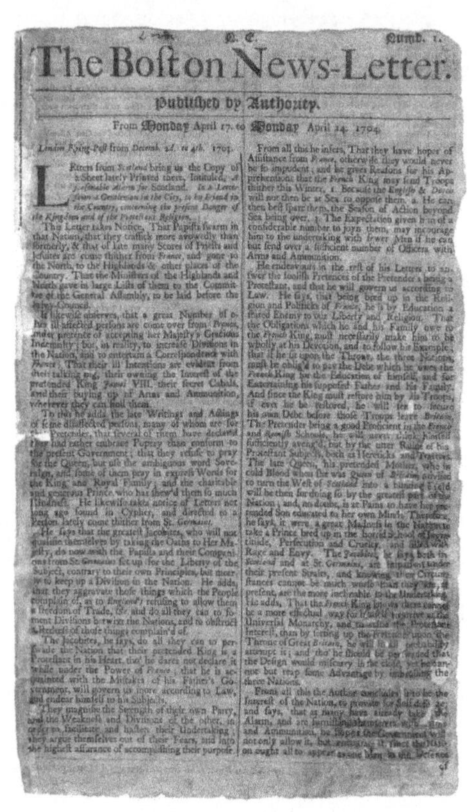

The Boston News-Letter.

Published by Authority.

From Monday April 17. to Monday April 24. 1704.

图2.3 《波士顿新闻信》

被英国女王任命为新建的跨殖民地邮政系统的邮政局长之一约翰·坎贝尔于1700年接管波士顿邮局。上任伊始，他就利用邮政服务之便，向其他殖民地的特派通讯员提供信息。他的这种消息是以新闻信的形式发出的，即那种原始的、手写的报道，在发明印刷术之前，这曾是欧洲通用的通信手段。坎贝尔发出去的大部分信息涉及商业和政府事务。当时，波士顿是各殖民地最重要的城市，所以这位邮政局长的信息与大西洋沿岸地区息息相关。诸如各种会议、各类公告、法律诉讼、法律通告、法庭判决、货船仓位，以及遥远大亨们的抵达等，为坎贝尔提供了丰富的材料。这样，各地对其新闻信的需求量越来越大，于是坎贝尔决定联合印刷商出版连续的新闻信。

首次印刷的新闻信是双面印刷的单张报纸，比一张打字纸稍大。第一期上刊登的新闻并不怎么惊人。坎贝尔集发行人、编辑、邮局局长于一身，至于内容一般是将伦敦来的已时隔数周的报纸剪剪裁裁，作为外国消息来发表，内容涉及英国的政治、宫廷新闻和欧洲战争新闻。其余的则为本地新闻，及时、简练并且内容丰富，内容涉及船舶到达、官员任命、传教士活动、天灾人祸，最后还有一栏广告。例如，在1718年，它曾报道过的最耸人听闻的消息之一是黑胡子海盗在一场肉搏中被打死。

每次出版前，坎贝尔会把每一篇新闻稿都送到总督或他的秘书那里审批，使他的报纸做到不怕诽谤罪、不怕检查。而坎贝尔却从未赢得足够多的订户使他的报社盈利，该报的发行量很少超过300份。

坎贝尔的报道选材和写作方式反映了新英格兰报刊的宗教根基。有关研究表明，有关神谴的观念使现实中发生的事情——无论是普通的还是有规律的——都被认为是上苍有目的的安排。

1722 年，坎贝尔将报纸交给了巴萨络缪·格林，这位编辑则更加关注殖民地内的新闻。1732 年，报纸转而由约翰·德雷帕负责。他把报纸扩充到 4 页，报道内容涉及整个殖民地。

显然，《波士顿新闻信》没有给人留下深刻的印象，但它却像《圣经》中的一粒芥子种。美国伟大的第四等级（欧洲封建时代根据政治地位把社会成员分为僧侣、贵族、平民三个等级，后因新闻界的舆论力量，一般被谑称为第四等级）这支不容任何人忽视的力量就是由这颗种子发芽长大的。

第五节 邸　报

一、邸报的起源

邸报，被认为是中国最古老的报纸。关于邸报的起源，迄今有三种代表性观点：一是汉代说，以戈公振先生为代表；二是宋代说，以朱传誉先生为代表；三是唐代说，以方汉奇先生为代表。

1. 汉代说

1927 年，戈公振在《中国报学史》里提出了邸报起源于汉代的观点。依据是《西汉会要》里的一段话，其中说到当时郡国在京师所设的办事处——邸。邸的日常工作是“通奏报，待朝宿”，即所谓“下情上达”。

2. 宋代说

1967 年，台湾新闻学者朱传誉先生出版了一部史料翔实、考辨精细的《宋代新闻史》。在这部书里，他对宋代的邸报，包括其内容、形式、发行机构、编辑程序等一系列事项做了充分论述，令人信服地确立宋代已有邸报的结论。

3. 唐代说

1983 年 1 月，著名新闻史专家方汉奇教授在《新闻学论文集》第 5 期上发表了《从不列颠图书馆藏唐归义军“进奏院状”看中国古代的报纸》一文，将我国报纸起源的时间，非常确凿地提前到了唐代。

在该文开篇，方教授写有这样一段话：前不久，根据已故向达教授提供的线索，在新华社伦敦分社记者孙文芳同志的协助下，我高兴地得到了唐归义军“进奏院状”（图 2.4）的抄件。这是孙文芳同志应我的请求，亲自到伦敦不列颠图书馆根据该馆所藏原件誊录过来的。唐归义军“进奏院状”是斯坦因 20 世纪初从敦煌石窟窃走的珍贵文物之一。这份“进奏院状”发报于唐僖宗光启三年，即公元 887 年，距今约 1100 年。在举世闻名的《开元杂报》已经杳不可寻的今天，它已经成为世界上现有的最古老的一份报纸了……孙文芳同志这次代我查看了原件，并在给我的信中作了以下的补充：“原件是一张长九十七公分、宽二十八点五公分的横条卷，纸张是白色的宣纸，比较坚韧，文字是自右至左上下书写的，字写得相当不错。仅存60行，后一部分已佚。”

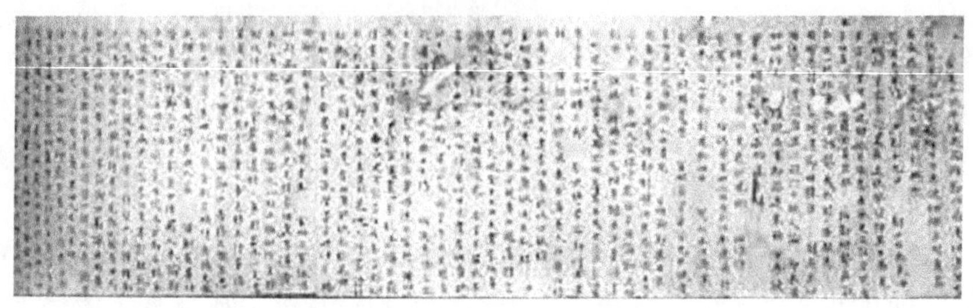

图2.4 唐归义军“进奏院状”

1983年，方汉奇先生在影响广泛的一篇论文里，通过研究唐代进奏院及其传发的进奏院状报，得出了邸报源于唐代的观点。

《从不列颠图书馆藏唐归义军“进奏院状”看中国古代的报纸》这篇文章，可谓一石激起千层浪。

现存最早的“进奏院状”，是归义军节度使张淮深派往京城的进奏官给张淮深写的一份关于“三般专使”为他向朝廷“论旌节”一事的专题汇报。

从唐代邸报看我国早期报纸的形态：一种原始状态的报纸。

内容：朝廷的政事活动。

发行：不定期。

主要读者：各地的藩镇长官。

版式：无报头、无固定名称，按照时间顺序依次纪录。

新闻来源：进奏官们自行采集。

二、邸报的发展

“邸报”又称“邸抄”（亦作邸钞），并有“朝报”“条报”“杂报”之称，四者皆用“报”字，可见它是用于通报的一种公告性新闻，是专门用于朝廷传知朝政的文书和政治情报的新闻文抄。

《邸报》是世界上最早的报纸。西方有不少学者认为最早的报纸是罗马帝国恺撒大帝在公元前59年所创建的《每日纪闻》，这是一种传递紧急军情的官报，但是这种报纸的寿命不长，不久就停办了。就办报年代而言，我国的《邸报》出现在西汉初年公元前2世纪左右，比罗马帝国的《每日纪闻》大约要早一个世纪。

自汉、唐、宋、元、明直到清代，《邸报》的名称虽屡有改变，但发行却一直没有中断过，其性质和内容也没有多大变动。随着造纸的发明和发展，东汉年间，我国用植物纤维造了纸，《邸报》已用纸来抄写，从而使《邸报》得到进一步发展，更便于发行和传递。到了唐代，由于驿道的改善，《邸报》的传送就更快了。

据历史记载，汉代的郡国和唐代的藩镇，都曾在京师设“邸”，其作用相当于现今的驻京新闻机构，重在传达朝政消息，凡皇帝谕旨、臣僚奏议，以及有关官员任免调迁等都是邸吏们所需收集抄录的内容。“邸报”最初是由朝廷内部传抄，后遂张贴于宫门，公诸传抄，故又称“宫门抄”“辕门抄”，这实际上就是最早的一种新闻发布方式。

唐玄宗时（公元 713～755 年）《邸报》又称《开元杂报》（图 2.5），采用雕版印刷。记载着某日京僚行大射礼于安福楼南；某日皇帝亲耕籍田，行九推礼；某日皇帝自东封还，赏赐有差等等。《邸报》已成为全国新闻刊物了。

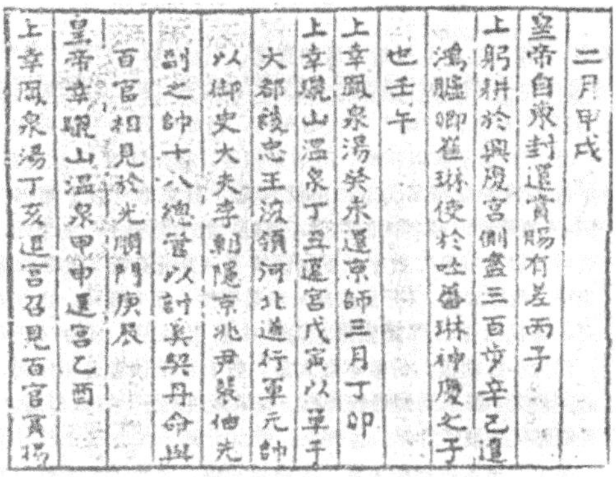
二月甲戌
皇帝自東封還賞賜有差丙子
上躬耕於興慶宮側盡三百步辛巳還
鴻臚卿崔琳使於吐蕃琳神慶之子
也壬午
上幸鳳泉湯癸未還京師三月丁卯
上幸驪山溫泉丁丑還宮戊寅以單于
大都護忠王浚領河北道行軍元帥
以御史大夫李朝隱京兆尹裴伷先
副之帥十八總管以討奚契丹命與
百官相見於光順門庚辰
皇帝幸驪山溫泉甲申還宮乙酉
上幸鳳泉湯丁亥還宮召見百官賞揚

图 2.5 《开元杂报》仿制图

宋代，出现了专门抄录邸报以售卖的牟利商人。官员们为求省事，都乐于花些钱去购买。大概后来由于花钱即能购到，无需再去缮抄。宋朝《邸报》的发行时间趋向固定，明代设立专门出《邸报》的通政司，专门管理《邸报》的出版发行。到了明末崇祯年间，《邸报》从手抄或木刻印刷改为活字印刷，规模也就更大了。

清朝时代《邸报》发行量更多了，后来改名为《京报》，成为广大官吏、学者甚至平民都能阅读的报纸了。《京报》已有了专门的报房来管理经营，成为具有一定规模的发行部门，开始有了初步的报纸的雏形。

根据史料记载，清朝内阁在北京的东华门外设有一个专门的机构名谓“抄写房”，每天由报房派人去那里抄取当天发布的新闻，称“宫文书”。除被称为“宫门抄”的朝廷政事、动态的报道和谕旨全部照登外，奏折的数量因较多则加以选用。这种被印刷成单页不加封皮的“新闻纸”就叫《宫门抄》，多在傍晚发行，派人送阅，在时间上很像现代的晚报，从性质和级别上又很像供高级干部阅读的《大参考》和《内参》。而《京报》则由《宫门抄》、谕旨和奏折三部分组成，由于奏折的字数较多，排印费时，需要在晚间才能完成其印刷装订，在次日发行，这种印成对折双页装在一起的《京报》很像现在发行的日报。清代《邸报》具有以下发行环节：①《邸报》信息源运转的第一站——通政使司；②奏章进入内阁；③六科传抄；④《邸报》讯息社会化的关键——提塘官。

“掌受各省题本，校阅送阅，稽覈程限，违式劾之。”

——《清史稿·职官志》卷一一五

“初沿明制，六科自为一署，给事中无员限，并置汉军副理事官。顺治十八年，定满、汉都给事中，左、右给事中，各一人。”

——《清史稿·职官志》卷一一五

1912 年《邸报》或《京报》一直出版到清朝皇帝退位，才停止了刊行。

第三章　印刷新闻

在印刷术发明之前，由于媒介笨重、符号复杂、复制困难和传播垄断，书本知识只掌握在少数人手里，竹简、帛书等书写媒介也只在上流社会流传，印刷术的产生和流传打破了少数人对知识的垄断和在传播上的特权，推动了文艺复兴与思想启蒙运动。

随着印刷术的产生、印刷业的飞速发展，在 15 世纪末和 16 世纪初，整个欧洲的主要城市几乎都有了印刷所。印刷传播业日益兴旺，印刷品的大量出现，大大激发了人们的求知欲望，社会对新闻信息的广泛需求，结束了人类手书新闻时代的历史。1566 年，世界近代史上的第一张正式的报纸——《威尼斯政府公报》诞生。1615 年，德国的《法兰克福新闻报》问世。从此，以报刊为标志的印刷新闻逐步取代手抄新闻，并从欧洲大陆向世界传播开来，人类社会发生翻天覆地的变化，进入到大众传播时代。

从口头传播、手抄传播进入到印刷传播，人类的传播开始迈入一个新的征程。印刷媒介的诞生使新闻传播活动产生了意义重大的飞跃，人类的新闻传播便开始从无序走上有序，其中占据主导地位的就是新闻事业——组织化、规模化、专业化的新闻传播。

第一节　印刷与印刷新闻

一、印刷术的产生与发展

大约在唐朝初年（627～649 年），中国人发明了雕版印刷术。唐长庆年间，白居易的作品即常被“缮写模勒（刊刻），炫卖于市井”。雕版印刷虽然在一定程度上节省了文字作品的复制时间，但是雕版印刷毕竟费时费力，而且大量雕版的保存也成问题。宋朝年间（1041～1049 年），毕昇发明了胶泥活字排版印刷术。只需要雕制一副活字，则可排印任何书籍，活字可以反复使用，提供了印刷的便利。14 世纪初，中国又出现了木活字印刷。之后不久，朝鲜人创造了铜活字及字模铸造技术。元朝后期，我国印刷术连同其他发明随着蒙古军队传向西方。在此基础上，1450 年，德国人古登堡（图 3.1）经过摸索和钻研，发明了金属活字印刷技术，并于 1456 年首次印成了 42 行本的《圣经》。这一发明奠定了机械化印刷技术的基础，使文字信息的快速、大量复制成为可能。

图 3.1　约翰·古登堡画像

我国唐咸通九年（868 年）印刷的佛典《金刚经》是世界上现存的第一本印刷品。这件由 7 个印张黏接而成、长约 1 丈 6 尺的《金刚经》卷子，图文风格凝重，印刷墨色清晰，雕刻刀法纯熟，经卷最后题有“咸通九年四月十五日”字样，此经原藏敦煌第17窟藏经洞中，它于1900年被人们发现，1907年被英国人斯坦因盗骗，现珍藏在英国大不列颠图书馆。

二、印刷新闻

印刷新闻是指借助印刷媒介传播的新闻。主要指报纸、新闻性期刊上的新闻。其特点是可以大量复制并广泛传播。

（一）印刷新闻的历史

事实上，印刷新闻起源于我国，史称“邸报”“报”“报状”“条报”“杂报”等，萌于唐朝，盛于宋朝。

邸报的基本内容是皇帝的起居言行、谕旨诏令，以及朝廷公布的官吏升黜、褒贬命令和官吏的部分章奏，仅供各级官吏和士大夫们阅读。中国宋朝已出现一部分坊间书肆镂版印刷的“小报”新闻，日本瓦版印刷的新闻（1615年）也属于印刷新闻一类。

在明代以前的印刷新闻主要为雕版印刷。宋代毕昇发明了活字印刷术（图3.2）后，官报以及民间小报的印刷方式有了改变，但总体来说这一时期的印刷新闻还较少，大部分仍然为手抄新闻。

而面向社会大众的印刷新闻，是伴随着资本主义商品经济的产生而出现的，主要是指德国古登堡发明了欧式印刷术后的活字排版印刷的新闻，它是现代印刷报纸的直接先驱。

图3.2 毕昇与活字印刷术

1566年意大利出现单面印刷出版的《威尼斯新闻》。17世纪初，印刷术已正式广泛应用于新闻传播。世界上最早的印刷周刊是1609年德国的《报道或新闻报》，最早的印刷报是1663年德国的《莱比锡报》。1815年由英国传教士在马六甲出版的《察世俗每月统记传》是近代第一份中文报纸。

20世纪70年代以后，最先进的印刷新闻，已完全由计算机控制排版和印刷，铅字、铸版等工艺被淘汰。

（二）印刷新闻带来的巨大变革

印刷新闻记录性好，便于读者反复阅读、研究，为更多的人打开了一扇获得知识、开阔眼界的窗，新闻传播活动进入一个崭新的时代。

印刷新闻的到来，结束了手抄新闻时代，是人类传播的一次新的变革。由于印刷新闻可以定期出版，大量发行，传播广泛，文字新闻开始冲破少数人垄断的局面，逐步面向大众，新闻事业得以成为一种独立的行业。

第二节　新　闻　书

大致在手抄小报流行的同时，西欧陆续出现一些不定期的新闻印刷品，多为书本形式，被称为新闻书（newsbook），也有些是单页的新闻传单（newssheet）。新闻书最早出现在19世纪初的西欧，以英国最盛行。

一、新闻书的起源

在西方报业的发展进程上，有一条贯穿其中的线索：新闻信（news-letter）—新闻书（newsbook）—新闻纸（news-paper）。西方报业的最早形态是新闻信，时间大致在文艺复兴时期。新闻信兴起一百多年之后，才有了新闻书，又称小册子。欧洲最早的一批小册子出现在17世纪初，它的内容与形式都同中国古代的邸报相差无几。新闻书盛行了一百多年，才出现所谓的新闻纸即报纸。西方的第一份新闻纸是1665年创刊的《牛津公报》（图3.3）。

The Oxford Gazette.
Numb. 1.
Published by Authority.

图3.3　《牛津公报》

德国1502年出版过报道打败土耳其人的印刷品，并且首次使用了Zeitung（报纸）一词；英国1590～1610年有过大约450种新闻书，平均1月1份；法国1529年以后出现了不少活页印刷品；意大利1549年出版的《特兰特会议新闻书》报道了天主教改革的新闻；16世纪后期，逐渐出现了定期的新闻印刷品，并且有了固定的名称。

16世纪末，西欧等地开始出现不定期的印刷品，主要报道一些比较重要的事件。德国法兰克福最早出现新闻书；1588年奥地利人迈克尔·冯·艾津（Michael Aitzingt）印刷新闻书每年两册；1620年荷兰人在阿姆斯特丹开始印刷新闻书。

二、新闻书的特点及发展

与记事性小册子相比，新闻书这种印刷品新闻性明显增强，与报刊相比，形式和内容上，虽有刊名，但出版日期不固定、出版间隔很长。同时新闻书中的新闻迟缓，时效性不强，在受众方面，没有固定订户，只在市场上像其他书一样公开出售，出版者多为印刷商，以印刷其他书籍为主，附带出版自己编写的新闻书。

伴随着机器工业和商业的推动，新闻书取得了一定的发展。

英国报刊史学者哈罗德·赫德说："1641 年星法庭取消后，报纸获得了出版自由（但只是短暂的），新出版人不断涌现，不再禁止刊登国内新闻，这给'新闻书'的报道带来了新的活力。"（《英国新闻事业史》）从 1641 年起，涌现了许多"新闻书"，但是在形式上由书变为报纸。第一页不再是封面和新闻书的书名，封里不再是空白，第一页变为报纸的头版，报名下面直接刊登新闻（有的刊登新闻要目）。许多专门报道战况的"新闻书"开始出现。

1649～1658 年克伦威尔的军事独裁是革命的低潮，新闻书遭到限禁，报刊种数急剧下降。1640～1660 年著名的新闻出版物近 300 多种。1660～1688 年查理二世复辟、革命遭颠覆时期，新闻书又回到了封建统治下的残存状态。与近代报业的标准相比，新闻书还存在很大的差距。

第三节 官　　报

一、中国古代的官报

中国古代报纸的发展始于唐代的"报"与"状"至清代报纸，总括 1200 多年。其中既有相当发达的宋代报纸，也有尚存疑的元代报纸，明清两代的报纸各具特色，但都更加趋于为统治者服务。

朝报官报都是由三部分组成：一部分是皇帝的圣旨，一部分是大臣的奏折，一部分是朝廷政命。

唐代，经由进奏官传发给各藩镇用来介绍朝廷政事动态和各项消息的书面报告，是最早的官报的雏形。当时也没有固定的称呼，如称为进奏院状、状报、报状、留邸状报、邸吏状等，甚至也有径称为"报"的。《开元杂报》出版于唐玄宗开元年间，是已知的最早的一份官报，我国新闻史学家确认其为一种由驻在首都的官员们向地方传发的封建官报。唐人孙樵所写的《读开元杂报》一文，是关于这份古代官报的最早的记载。它没有固定的刊期和报头，《开元杂报》只是后人对它的一种称呼。

唐光启三年（887 年）的敦煌唐归义军《进奏院状》，是现存世界上最早的报纸、最早的邸报。据考证，所谓"敦煌进奏院状"是唐僖宗时期，沙州归义军节度使张淮深派驻朝廷的进奏官发回的"报告"。1907 年前后被英国考古学家斯坦因和法国汉学家伯希和从敦煌取走，现收藏于伦敦不列颠图书馆和巴黎国立图书馆。

封建官报在宋朝有了较大的发展，当时称为"邸报""朝报""邸抄""进奏院状""状报"，"邸报"是其中最流行的称呼。《邸报》有了一定的发展，出现了管理发行部门，但是仍然以手抄为主，兼有雕版印刷。明朝，政府允许民间自设报房，在封建政府的监督下，编选一部分从内阁有关部门抄来的一部分《邸报》的稿件公开发售，这一类报房大多设在北京。它们所发行的报纸，通称"京报"。明代官报在形式上有一重大发展，即活字印刷术的产生，制作方式有了进步。

清朝末年，通过官书局等单位，政府创办了一批近代化的政府官报，其中主要的有《官书局报》《政治官报》等。报房出版的京报，以盈利为目的，报费是他们的主要进项。在地方“抄日报”人所办的各类报纸中，最受官绅们关注的是“辕门抄”。辕门抄是一种以报道地方官场消息为主的私营报纸。辕门抄最初是抄写的，后来由报房刻成木板印刷发行。

中国古代报纸是建立在封建社会政治、经济、文化的基础之上的，尤其是朝廷官报和合法民报《京报》更是封建统治者政治斗争的产物，是为维护封建中央集权统治服务的。所以，它必然会随着中国封建社会的灭亡而自行消亡，不可能发展成为近代报纸。

二、中国近现代官报

在维新派的影响下，清王朝将古代形态的京报（邸报的一类）主动改造为现代的官报。例如，1896 年《官书局报》《官书局汇报》创办，这是清王朝创办的最早的现代官报。

1898 年 7 月，光绪皇帝同意将《时务报》改为官报。此后，清王朝的各个部门、地方政权，陆续出版现代官报。从 1896 年到 1911 年清王朝垮台，中央、总督辖区、省、县四级出版官报至少 106 家。代表性官报有《北洋官报》（双日刊，1902～1911 年）；中央政府官报为《政治官报》（1907 年创刊，由宪政编查馆主办）。

《北洋官报》是 1902 年 12 月 25 日在天津创办的，它是最早、最有影响的真正公开发行的地方政府官报。其内容以政府公报为主，但却不一味地迎合政府，也比较系统地介绍外国社会的情况，介绍新思想、新知识，评论中国的不足之处，提出革新措施，成为洋务派的宣传工具。凭借官方传播渠道，起到了“开风气之先”的作用。报纸刊登内容包含圣谕广训直解，上谕，本省政治、学务、兵事，近今时务，农学、工学、商学、兵学、教案、交涉、外省新闻，各国新闻等。设有宫门抄、奏议录要、析法摘要、文牍要录、畿辅近事、外省新闻、各国新闻等栏目。

《北洋官报》之后又出现了政府公报性质的《南洋官报》《安徽官报》《湖北官报》《江西官报》等一批报刊。

三、西方的官报

官报时期是西方国家新闻传播史经历的三个历史阶段的第一个阶段，西方国家的新闻传播史虽然各有自身的文化传统和发展特点，但是多数国家报刊发展的历史，都经历了较为明显的依次发展的三个阶段：官报时期、党报时期和商业报刊时期（又称自由报刊时期）。

现代报刊出现于欧洲中世纪末期，因而在报刊诞生的时候，便受到王权的直接控制。或者直接由政府部门创办报刊（如 1665 年时的英国、1702 年时的俄国）；或者特许少数王权信任的出版商出版报刊（如 1631 年时的法国），对报刊内容实行书报检查；同时严格查禁其他非官方的出版物。在殖民地，则由殖民当局代表王权行使书报检查。

这个时期对报刊内容的检查，主要是禁止报道和讨论与本国政治相关的问题，禁止对官员的批评（任何批评，即使是真实的，均被视为诽谤），禁止一些当时宗教道德不允许报道的内容，而对于外国政治新闻，只要不涉及本国政治，一般都允许报道。

第四节 民 报

一、中国古代民报——小报

中国是世界上最早产生报纸的国家，从其古代新闻发展史来看，可以发现两条线索：一条是官方的邸报；一条是民间的小报。小报是中国新闻史上最先出现的民间报纸。

“小报”起始于北宋末年，流行于南宋，被当时的读者隐称为“新闻”，是一种非官方的报纸。“小报”的内容以“邸报”所不载的大臣章奏和官吏任免消息为主，也发表过一些要求抵御金兵入侵的议论。“小报”的发行人是一部分进奏官、中央部门的中下级官员和书肆的主人。

宋代，民族矛盾、阶级矛盾、新旧党矛盾三线贯一，交织进行。各种政治势力的活跃，都需要一定的舆论配合；社会各层人物都需要了解形势的发展变化；各级官吏也都需要及时了解朝廷政事动态，以便采取相应的措施，维护其既得利益。所以，小报的编者们适应这种需要，突破朝廷官报的传播范围，充分利用自己的优势，私下经营“小报”。

“小报”名称正式出现在皇帝诏令中为宋大观四年（1110 年）：“徽宗大观四年十月六日诏：近撰造事端，妄作朝报，累有约束，当定罪赏，仰开封府检举，严切差人缉捉，并进奏官密切觉察。”（《宋会要辑稿》第 165 册）

南宋周麟之《海陵集·论禁小报》写道：“小报出于进奏院，盖邸吏辈为之也。比年事之有疑似者，中外未知，邸吏必竞以小纸书之，飞报远近，谓之小报。如曰：‘今日某人被召，某人罢去，某人迁除。’往往以虚为实，以无为有。朝士闻之，则曰：‘已有小报矣！’州郡间得之，则曰：‘小报到矣！’他日验之，其说或然或不然，使其然焉，则事涉不密；其不然焉，则何以取信？此于害治，虽若甚微，其实不可不察。臣愚欲望陛下深诏有司，严立罪赏，痛行禁止。使朝廷命令，可得而闻，不可得而测；可得而信，不可得而诈；则国体尊而民听一。”

小报的出现是社会矛盾激化的结果，是社会发展到一定阶段的产物，它遵循时代的发展规律而不断发展变化。小报有一支专业和业余的编排、采写队伍，具有商品性质，《宋会要辑稿》是中国最早具备商品性质的报纸。小报有较为丰富的内容，可读性较高，在一定程度上反映了民意，同时小报传播迅速，时效性较强。因而，小报的特征主要有：①小报有一支专业或业余的编排、采写队伍；②有较为丰富的内容，可读性强；③小报传播迅速，时效性较强；④编发者以谋利为目的；⑤反映民意，表达舆论；⑥非法民报，历代屡遭查禁。

小报有手写的，也有印刷的。宋绍圣元年（1094 年）：“毕渐为状元，赵谂第二。初唱第，而都人急于传报，经蜡版刻印。渐字所模，点水不着墨，传者厉声呼之：‘状元毕斩第二人赵谂！’识者皆云不详。而后谂以谋逆被诛，则是毕斩赵谂也。”（宋朝《春渚纪闻》）

小报一产生，就受到朝廷的严厉禁止，但到后来却愈禁愈盛，直到北宋末年仍盛行不衰，南宋后更是有了较大发展。它第一次突破了官方对新闻传播活动的垄断和朝政国事的封锁，打破了封建官报的一统天下，满足了一部分士大夫知识分子对朝廷政事信息的需求；它第一次突破了朝廷官报作为政府政治宣传品的范围而走入市场，成为一种商品；小报表达了民意舆情，有一定的社会进步性；但小报缺乏自己的言论，业务水准长期处于较为原始的状态，影响相对有限。

由于小报不断把朝廷秘闻曝光，对朝廷乃至皇帝的威信都带来了很大的威胁，加上有时捏造信息，所以它从一出现就被打上非法的烙印，屡遭政府禁止打击。但是，有需求就有市场，一直到明清时期，小报都还在发挥它的作用。

各种资料显示，明代已有民办新闻事业和民间报房。

“近日都下邸报有留中未下先已发钞者，边塞机宜有未经奏闻先有传者……报房贾儿博锱铢之利，不顾缓急。”（于慎行《谷山笔麈》卷十一）

明末御史祁彪佳在日记中提到“何甥来，云送邸报为业”。其中的“何甥”，是他姐姐的儿子，名光烨。这是中国新闻史上第一个有姓名可考的与邸报发行活动有关的人。

二、民报在西方的发展

工业革命后期，各国先后出现了面向社会中下层的通俗报刊，因售价较低，通常称为廉价报纸，又因读者均为平民大众，也称为大众化报纸。内容上注重地方新闻、社会新闻及软新闻；形式上文字通俗，版面活泼，可读性强；经营上完全商业化，大量刊登广告，以此来降低售价，扩大发行。廉价报纸的出现使商业报纸更加兴盛，逐步成为资产阶级报业的主体，并为其向现代报业演变奠定了基础。

大致在南北战争以后，美国独立的民营报纸才全面取代了政党报纸，确立了在报坛的主体地位。

美国第一份成功的廉价报纸纽约《太阳报》，坚持低价发行，内容主要是软新闻，包括地方新闻、社会新闻等，重视广告收入，为美国开创了商业小报的先河。

1835 年 5 月 6 日发刊纽约《先驱报》，热衷于耸人听闻的题材，报道内容更加广泛，更重视全方位的新闻报道，首创金融新闻栏和社交新闻，率先提供体育新闻。1924 年与《论坛报》合并为《纽约先驱论坛报》。

1851 年 9 月 18 日，雷蒙德与二位同事合伙创办了《纽约时报》。该报摒弃了《太阳报》《先驱报》的煽情主义作风，也排除了《论坛报》政治激进的态度，主张新闻翔实、言论平和。该报对南北战争的报道十分出色。它实际上始终反映雷蒙德的党派倾向。

在法国，19 世纪前期，官报和政党报刊占报业的统治地位；19 世纪中后期，随着廉价报纸的兴起，出现了政党报刊和商业报刊并存发展的局面。

19 世纪中后期法国的廉价报纸有《新闻报》《世纪报》等。

1836 年 7 月 1 日，《新闻报》由资产阶级报人吉拉丹创办于巴黎。它的特点是刊登社会新闻和法院新闻；刊登生活常识方面的知识性、实用性材料；多刊登文学作品，如巴尔扎克的《老处女》，开长篇连载的先河；改革报业经营，增加广告收入来降低报价，这在法国是首创。

由杜塔克创办的《世纪报》是独立经营的商业报纸，它报道广泛，注重社会新闻、法庭案件，率先刊登短篇小说，还组建广告公司。

在日本，19 世纪先后出现了《读卖新闻》《朝日新闻》等通俗小报，与欧美的廉价报纸相类似，但日本没有明显的廉价报纸时期，这里的通俗小报几乎是同政论报纸同时产生平行发展的。在政论报纸和政党报纸盛行时，有的小报也带有一定的政治色彩。在政党报纸衰落之时，这些小报在某种程度上取代了大报的位置，不仅发行量远远超过当时的大报，而且普遍增添了政治新闻的商情报道，分担了部分大报的功能。

第五节　报业的萌芽

马克思说："没有需要，就没有生产。"由于经济的发展，社会的需要，人们产生了对信息的渴求；政治的动荡引起对时局的关注，同时伴随着印刷和造纸工业日益发展，交通和邮政事业日趋发达，报业萌芽，新闻活动不断发展。

虽然世界上最早的报纸——邸报是中国生产的，但现代意义上的报业的萌芽却是近代的事，中国远远落后于西方。

一、西方的报业萌芽

16 世纪中叶，是人类历史上航海大发现的时代。地中海是当时世界文明的中心，意大利作为文艺复兴的起源地，有着丰富的文化资源和文化基础，在地中海北岸的威尼斯城颇为流行的威尼斯小报（Venice Gazette）在报纸的发展里程中有着极其重要的地位。意大利威尼斯城当时是地中海贸易中心，与地中海沿岸诸港及德国商业都市联络频繁，成为集中世界各地新闻的都市。

16 世纪欧洲出现了手抄小报和新闻书，是古代新闻传播向近代新闻事业的重要过渡。当手抄小报逐步改为印刷出版，如《威尼斯公报》，不定期的新闻书逐步定期化并出现新闻性较强的周刊或周报，这就产生了定期报刊。一般认为，定期报刊的出现标志着近代报业，也就是近代新闻事业的诞生。

定期报刊产生于 17 世纪初，其发源地一个是德国，另一个是尼德兰。最早的日报诞生于德国，1650 年莱比锡创办的《新到新闻》通常被认为是世界上第一张日报。近代意义上的期刊（杂志），最早为 1665 年 1 月巴黎出版的《学者杂志》。

二、鸦片战争前外国传教士等在华办报

鸦片战争前，中国处于封建社会阶段，经济上占主要地位的是自给自足的自然经济，政治上是皇权至上的君主专制制度。此时的官办邸报、民间报房的京报，没有新发展，流于程式化，长期处于主要抄传谕旨、奏折等官文书的状况，内容、形式僵化。第一批中文近代报刊在东南亚华人聚居地区的出现，一般是传教士创办，以期起到渗透和过渡作用。

1815 年，伦敦会派传教士米怜带领中国刻字工人梁发等到达英国殖民地马六甲，建礼拜堂，办学院，设立印刷所，出版了中文月刊《察世俗每月统记传》（图 3.4）和一些宗教书籍及英文期刊。

《察世俗每月统记传》是中国历史上的第一份近代化报刊。它的性质是宗教宣传性质

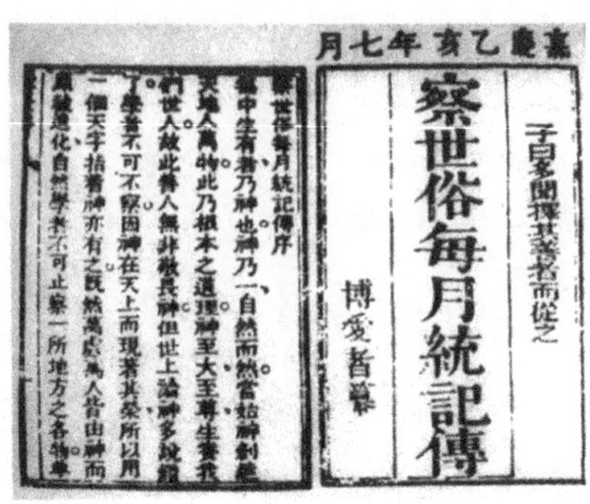

嘉慶乙亥年七月

察世俗每月統記傳

子曰多聞擇其善者而從之

博愛者纂

察世俗每月統記傳序

蓋中生有者乃神也神乃一自然而然當始神創造天地人萬物此乃根本之道理神至大至尊生養我們世人故此每人無非敬畏神但世上論神多說錯了學者不可不察因神在天上而現著其榮所以用一個天字指着神亦有之既然萬處萬人皆由神而受造化自然學者不可止察一所地方之各物单

图 3.4 《察世俗每月统纪传》书影

的期刊，以“阐发基督教义为根本要务”，内容为神理、人道、国俗、文章、诗歌，形式是线装书式、雕版印刷，文风是文白相掺、通俗浅显、对话体、章回体。最基本的文体是论说文和记叙文，但也有比较典型的新闻文体。该报刊为中国报纸文体的成长提供了可借鉴的基础，1821 年 12 月停刊。

此外，麦都思于 1823 年在巴达维亚创办了中文月刊《特选撮要每月统记传》。传教士纪德于 1827 年在马六甲创办了中文月刊《天下新闻》。两者都继承了《察世俗每月统记传》的办报模式。

1827 年，美商伍德创办了中国境内第一份英文报纸《广州纪录报》，不久转归英国鸦片商马地臣所有。此外，《中国差报与广州钞报》《中国丛报》《广州周报》等英文报刊先后创办。这些都是商业报纸，以刊载商情为主，对中国的社会政治、经济、军事、地理、历史、文化习俗等叙述详细；重视新闻和言论，印刷出版业务仿效西方本土报刊，较为先进；嘲笑中国贫穷落后，公开鼓吹和煽动西方列强武力侵华。

1833 年 8 月 1 日，中国境内出版的第一份近代中文报刊《东西洋考每月统记传》(*Eastern Western Monthly Magazine*，图 3.5) 在广州创刊，创办人和主编是郭士立。内容以时事政治为主，言论用来宣传中外人士之间行为准则。它以介绍西方文化、艺术、哲学、科学技术为重点，着重“宣扬”“西方文明”，反复劝说中国人改变对西方的旧观念，主张中国应学习各国长处。它每期都刊载新闻，以国际新闻居多，也有本地新闻。

1834 年 1 月，《新闻纸略论》是我国中文报刊上刊载的第一篇新闻学专文。内容为报纸的起源、新闻自由和当时西方国家报纸出版情况。

1822 年 9 月 12 日，葡萄牙文周刊《蜜蜂华报》创刊，由一些天主教教士编辑，为澳门出版的同时也是中国境内出版的第一家外文报纸。该报鼓吹立宪，抨击贵族保守派，最终成为政治派别斗争的牺牲品。1823 年 12 月《蜜蜂华报》停刊。

1827 年 11 月 8 日《广州纪录报》创刊，马地臣出资创办，伍德为编辑，是广州第一份英文报纸，1839 年迁澳，1843 年迁港，1858 年停刊。1831 年 7 月 28 日伍德创办并编辑《中国差报与广州钞报》，是美国人在华创办的第一份报纸，1833 年停刊。

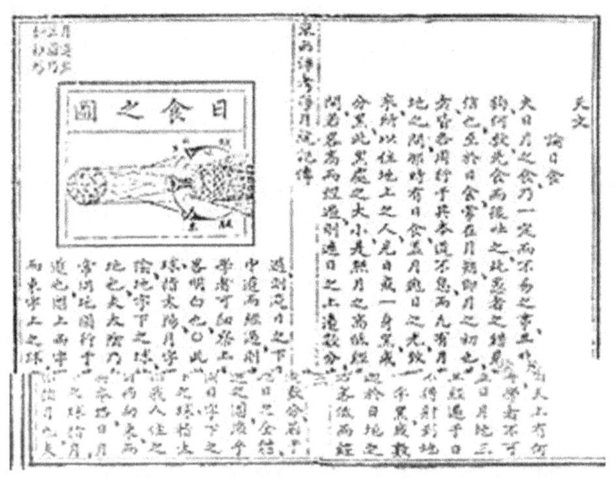

图 3.5 《东西洋考每月统记传》关于日食的报道

鸦片战争前外国人在华办报活动的特点：外国人办报是近代报刊冲击中国大门的开端；担任这些报刊编撰的主力是传教士；这些报刊大多得到了商人和外交官的支持；这时期外国人在华的办报活动主旨不在报业经营，而是一种政治性很强的宣传和情报工作。

三、鸦片战争后，中国近现代报业的发展

第二次鸦片战争之后至 1894 年前，传教士先后出版的教会中文报刊有 10 余种，其中最为著名的是《万国公报》。

1868 年《中国教会新报》创刊，美国传教士林乐知任主编，1874 年 9 月 5 日改版，更名为《万国公报》。该报宗教内容较少，主要刊载中外新闻、西学知识、商业信息，增设论说。读者对象为官员、士大夫、商人等。1883 年 8 月，因主编林乐知忙于他务而停刊。1889 年 2 月，由广学会复刊，半月刊，仍由林乐知任主编。

1861 年 11 月 19 日，《上海新报》创刊，由北华捷报馆创办，字林洋行出版。首任主编是传教士伍德。该报版式创新，白报纸两面印刷，每期直栏、四版；主要刊登行情、船期和广告；传递商情迅速，最先刊登电讯稿；选录《京报》及各地报刊新闻；不重视言论。《上海新报》样式接近现代日报，是国内最先使用白报纸印刷的报纸。1870 年 3 月 24 日起率先在每条新闻上加标简明题目。

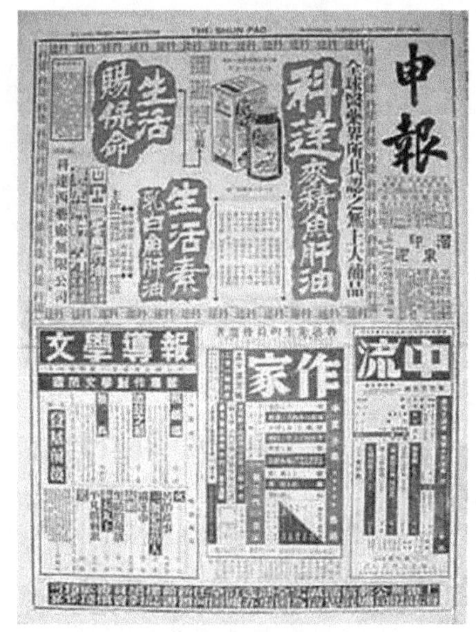

图 3.6 《申报》

1872 年 4 月 30 日，《申报》（图 3.6）创刊，前 4 期为双日报，以后为日报。由于经历了清朝同治、光绪、宣统三个朝代，又经历了辛亥革命、五四运动、北伐战争、第二次国内革命战争、抗

日战争和解放战争等各重要的历史时期，内容丰富，保存了上述各个历史时期的政治、经济、军事、文化及社会生产生活等各方面的重要资料，因此被称为中国近现代史的百科全书。

《申报》是我国商业性报纸的成功典范，把盈利作为办报的首要目的。它是第一家外国人所办报刊中一直由中国人主持笔政的；最早使用电报传送新闻稿；最早发布号外；加强报纸言论工作，重视发表副刊性文字；经营出版事业——期刊《瀛寰琐记》《点石斋画报》和书籍等；发行、广告等报业经营业务上的经验丰富。

20 世纪一二十年代是中国报业的鼎盛时期，仅北京就有报馆一百多家，发行报纸三百多种。这一时间正处于中国新文化运动的时期，民主思想、人文精神通过大大小小的报纸被人们深入理解，渐入人心。其中共产主义的思想也在这一时期得以传播，其中报纸功不可没。《新青年》《国民》《每周评论》《京报》《新生活》等报刊为中国的革命点燃了最初的星火。《晨报》每期的发行量更是创纪录地达到了 1 万份。

20 世纪初到 20 年代，民族资本迅速发展，报界出现了一些民族报业资本家和报业经营管理专家，主要的几份民营报纸逐步超越前期经营管理的初级阶段，走向了资本主义的企业化经营管理阶段。民营报纸的管理者纷纷通过引进先进的印刷设备与技术、加强广告和发行经营业务、进行内部股份制改造、健全报纸各项管理制度等措施，扩大业务，增收创利。民营报纸的经营业务尤其是发行工作，在 30 年代前后达到了鼎盛时期，发行量多达数万甚至超过 10 万。

由于中国民族资本发育的不成熟，民营报纸还不能真正实现经济上的独立，必须面向市场，重视经营业务。总体来说，这些民营报纸多数借鉴了资本主义企业管理方法，在广告和发行等经营上取得了很大的成绩。但是，由于帝国主义对华侵略、国外资本扩张，以及官僚资本的膨胀，民族资本工业的发展受到严重影响，民营报纸的辉煌时期也没有持续很长时间。

第六节　新闻控制

一、新闻控制

新闻控制就是控制者，主要有政府、政党、媒体外各种经济势力、媒体所有者等利用法制、纪律等手段对新闻传播媒体新闻获取方式、传播内容选择、传播方式运用的管理、约束与限制，因而它的实质就是控制新闻自由，就是通过对新闻获取方式的控制、传播内容的控制、传播方式的控制，把新闻自由限制在控制者认可的范围内。新闻控制是新闻传播中普遍存在的现象。

新闻控制的方法是多种多样的。例如，占有生产报纸、期刊、广播和电视节目的物质生产资料——印刷所、纸张、电台和电视台的播出设备等；垄断广告，限制新闻的采集和发布，限制节目的播出和接收；垄断发行；收取高额营业税、保证金、制定新闻检查和惩处法规；规定新闻宣传纪律。此外，还常常通过舆论倡导新闻伦理，督促新闻工作者根据自己的使命与道德规范实行自律。

世界不同历史时期的新闻体制及其相应的新闻思想，大致可以概括为集权主义理论、自由主义理论、社会责任理论和苏联共产主义理论，它们实质指的是四种传播制度和新闻控制模式。新闻控制的特殊性与社会制度之间的紧密关系，使这种特殊性常常表现出强烈的政治性和阶级性，反映了新闻控制的政治本质和特殊的利益追求。虽然社会控制往往以全社会的名义出现，似乎代表了全体社会成员的共同利益，但并不能掩盖其维护特定阶级利益和阶级统治的本质。

二、中国的新闻控制

在宋代，对邸报实行的新闻检查制度是一种事先检阅制，叫定本制度，这是世界上最早的新闻审查制度。对于官报，由中央政府主持，统一审定，根据需要每日、5 日、10 日或 1 月发布一次。为防泄密，明文规定某些内容不许传抄，如“凡议政得失，边事军机文字，不得写录传布；本朝会要实录，不得雕刻。违者徒二年，告者赏纸钱十万”。

因嫌原有的定本制度过于烦琐，在南宋光宗绍熙四年(1193 年）将定本制度改为判报制度。规定邸报改为每天由门下省编定，然后交给事中裁定，最后经过其下属机构进奏院抄报，向全国发布。判报制度比宋真宗咸平二年(999 年）制定的定本审查制度较为简便，规定每期朝报由门下省编定，交主持门下省的官员给事中判定，然后交负责编发奏报和官方新闻的进奏院印发各地。

图 3.7　章太炎

1903 年 6 月 29 日，时任主笔的章太炎（图 3.7）发表在《苏报》（图 3.8）上的《康有为与觉罗君之关系》(摘登了《驳康有为论革命书》的部分文字）一文直呼光绪皇帝其名，成为清政府对其采取镇压的口实，于是清政府勾结租界当局拘捕了章太炎，邹容自动投案，后《苏报》也遭查封。而后，清政府以出卖沪宁铁路筑路权为条件，要求引渡章、邹。7 月 15 日，上海租界会审廨会审“苏报案”。

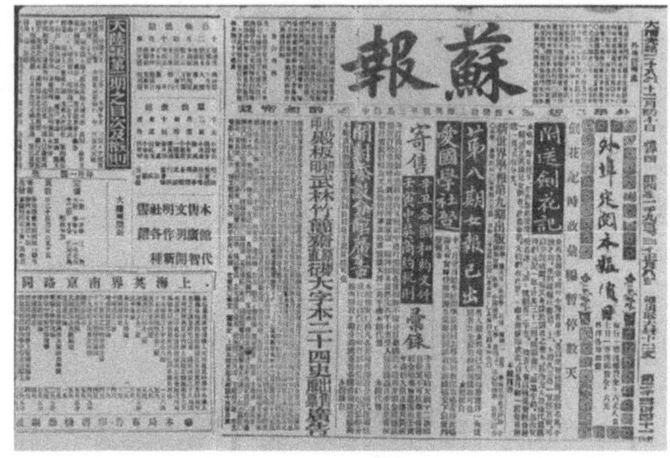

蘇報

第八期女報已出

愛國學社

图 3.8　《苏报》

经多次开庭，1904年法庭宣判章太炎监禁三年、邹容监禁二年，《苏报》永远停刊。后邹容在狱中被迫害致死。这就是著名的“苏报案”，被称为“清末第一文字狱”。

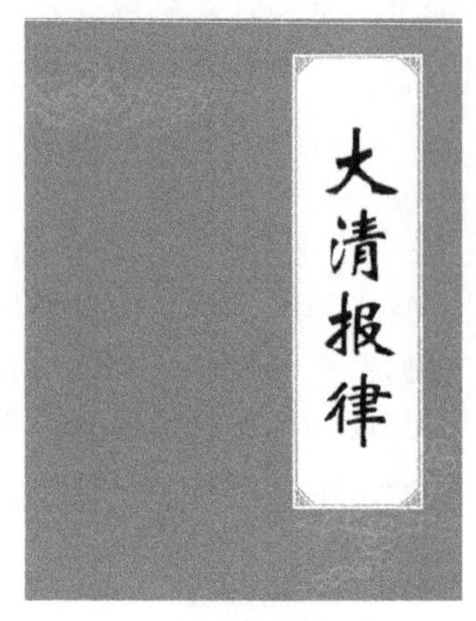

图3.9 《大清报律》

1908年3月14日《大清报律》（图3.9）奉旨颁行，该报律共45条，除将前些时候制定与颁行的报刊禁载的规定全部收入外，还新增了不少限制性条款。1910年清政府再次修订《大清报律》，并将修订本交资政院和军机处审议。1911年1月29日原《大清报律》改称为《钦定报律》，经清政府批准后颁行。修订后的报律共38条，另有4个附条保存了原报律的主要内容。

宪政编查馆对报律草案修改的突出特点是，加强对舆论的控制和对新闻自由的钳制。例如，规定报刊发行前的送审制度：

“每日发行之报纸，应于发行前一日晚十二点钟以前；其月报、旬报、星期报等类，均应于发行前一日午十二点钟以前，送由该管巡警官署或地方官署，随时查核。”

又如，规定不准刊登“诋毁宫廷之语，淆乱政体之语，扰害公安之语”，对违规者加重处罚：“第十四条第十四款之诋毁宫廷，第二款之淆乱政体，第三款之扰害公安皆侵入刑律范围。现在逆党会匪窜伏东南洋一带，潜图窃发，方且藉报纸之风行，逞狂言之鼓吹，此等情形，久已上烦宸廑，如照原案第二十一条、二十二条之例仅处二十日至二年之监禁，附加二十元至百元之罚金，殊嫌轻纵，似应仍分别轻重办理。臣等共同商酌，拟请将原案第二十二条改为违第十四条第一款与第三款者，该发行人、编辑人、印刷人科六个月以上、二年以下之监禁，附加二十元以上、二百元以下之罚金，其情节较重者仍照刑律治罪。”

朝廷对报界的反抗置若罔闻，反而在1908年3月颁布的《报律》中增加了不少限制舆论自由的条款。结果，引发了整个报界的抵制。《江汉日报》刊发时评《呜呼立宪——对于新定报律之感言》，痛骂制定此律者的“衮衮诸公”“不啻宪政之罪人，国民之公敌也”；《神州日报》发表社论《监谤政策之争议》，称朝廷这一法律的出台，其目的在于“欲以极严酷之手段，虏使人民，以钳制舆论，将使舆论一线方萌之生理，因而摧残消歇。然后政府之言语行动，可以狂猖自恣，为所欲为，不复有人承议其后，自以为是而后快其私心”。

朝廷的一意孤行最终促成了报界的联合抵制。最坚决的可谓北京报界，其联合宣言书戳破了朝廷自谓报律袭自日本的谎言，明白昭告世人，日本报律决无“内容事前检查”的规定。宣言书扬言：如果朝廷固执己见，必要执行“内容事前检查”，则北京报界将采取一致行动，同时停版，并将呼吁全国报界与政府进行交涉或将所有报馆的发行所移到租界，全体挂上洋旗，以示坚决抵抗。

然而，时代毕竟是前进了。清朝统治集团内部，对于言论、集会、结社问题的态度并不完全一致。一些开明官员反对一概排斥集会、结社，甚至呼吁清廷开放党禁，对学生的爱国热情采取宽容态度。《大清报律》颁布本身，便意味着千年冰封的开裂，便意味着清廷在一定程度上承认——尽管是有限制地承认——言论、集会、结社的合法性。

辛亥革命后，限制言论自由的旧报律废止。然而，二次革命失败后，袁世凯为了实现独裁统治，对国民党系统的报刊和其他反袁报刊进行了大扫荡。据统计，到1913年年底，全国继续出版的报纸只剩下139家，比1912年年初的500家少了2/3。同时有大批报人受迫害，新闻记者中至少24人被杀，60人被捕入狱。这段历史，在中国近代新闻史上被称为“癸丑报灾”。1914年，袁世凯政府制定的《报纸条例》，又恢复了清廷《大清报律》的有关禁制条文，并查禁了一批报刊和图书。直到1916年7月，段祺瑞政府“申令废止报纸条例”，中国人才在其后的11年间基本享有言论自由，成为新文化运动赖以形成的基本条件之一。

三、“不许可”审查——日本战时严密的新闻控制

1999年，日本每日新闻社将秘藏半个世纪的随军记者拍摄的照片编辑出版，并取名为《不许可照片集》。这些照片反映了日本侵华战争后的真实场面，该社随军记者拍摄的照片是本着对历史负责的态度，将尘封了50多年的照片公开出版。

而此前，日本为了鼓吹侵华战争，掩盖侵华战争的真实面目，在新闻宣传上加强对新闻媒体的控制，规定一切报道必须有利于对“皇军”和侵华战争的宣传。随军记者所写的文章和拍摄的照片都要经过军事当局严格的审查，才能公开出版。

据原东京日日新闻社随军记者佐藤振寿回忆：1937年9月，他跟随侵华日军第101师团到达上海，在战场拍照时要出示随军证件，而且在不妨碍军队作战的情况下才允许拍照。照片必须接受审查，只有通过审查后才可以发表。但是他们对于不许可的条例一无所知。

当时，所有从军记者在战场拍摄的照片必须洗印7张，按战场分类、剪裁，张贴在一起，连同照片的说明文字接受审查。审查通过的照片，盖上“检阅济”字样，不能发表的，盖上“不许可”字样，其他的照片则保留。

日本就是通过这种严密的新闻控制，试图隐藏、掩盖其侵略罪恶，进行虚假和伪善的宣传。但是历史真相是掩盖不住的，是否认不了的，终归大白于天下。

四、新闻控制从未消失

言论自由的观念源自希腊古典时代，在尼德兰、英国和法国逐步发扬光大。作为一种事业的新闻传播业，始于欧洲封建社会末期和资本主义社会初期，随后扩散到世界各地，尽管不同时期、不同国家和地区，新闻控制的具体方法和手段有一定差别，但直到现在仍一直处于各种各样的控制之中。新闻控制是普遍存在的，只要有新闻传播，就有新闻控制，不存在不受控制的新闻传播业。虽然到20世纪，言论自由的观念已传播到世界大部分地区，但最系统、最有效、最野蛮的新闻控制也出现在20世纪。

在西班牙的弗朗西斯科·弗朗哥（Francisco Franco）独裁时期，审查官任意删除报道，致使报纸因此留下空白“天窗”。20世纪三四十年代，纳粹头目执行了最严厉、最野蛮的审查政策。

20世纪最野蛮地阻止信息传播的行径发生在90年代的阿富汗。在宗教激进主义塔利

班政权统治下，所有报纸都被关闭，只有塔利班自己的电台还在播出。当局强制市民扔掉电视机，互联网被禁止使用，任何活人或动物摄影都被禁止。

20 世纪下半叶，西班牙、葡萄牙、希腊、智利和阿根廷等国右翼独裁政府下台，新闻自由状况略有改善。目前，一些非洲国家已获得新闻自由，其中包括南非和加纳。塔利班政权因 2001 年 9 月 11 日攻击美国而被推翻，失去了对阿富汗大部分地区的控制。随着萨达姆政权在伊拉克的垮台、卡扎菲政权在利比亚落幕，在全球很多（但还不是全部）地区，民主成为大势所趋，自由的新闻业成为参与全球经济体的先决条件。

但西方民主国家也并非总能悉心呵护言论自由。例如，美国在第一次世界大战、20 世纪 50 年代麦卡锡时期都曾镇压社会主义或共产主义者，在其他时期也有过不太激烈的压制措施。

21 世纪初，中东和非洲大部分地区的威权政府依然严格限制公民获取的信息。其他地区则出现了明显的倒退。

在西方民主国家，新闻媒体面临的最大威胁可能来自媒体所有权的集中。最惊人的例子是民主国家澳大利亚。21 世纪初，澳大利亚人购买的 70%的报纸都由鲁珀特·默多克的新闻集团发行，而默多克从不羞于利用媒体推销自己的政治立场。

塞缪尔·约翰逊观察到，新闻业“提供了太多满足虚荣、加深成见的信息，却很少扩展人类的思维……”[①]。这一方面是因为人在智慧面前往往表现出虚荣和成见；另一方面是因为有限的新闻成了智慧的来源，它们没有代表性、匆忙而就。但这种失败肯定也是因为新闻业的某些局限而被夸大。

权利和义务是相辅相成的，很多国家对于防范滥用新闻自由的法规详尽，而保障上却不完备。但是随着社会的进步和民众对信息的需求意识的觉醒，国家在进行社会控制时，如何平衡自由和控制的关系成为当代国家政治中十分重要的一个部分。

① 米切尔·斯蒂芬斯．2014．新闻的历史．3 版．陈继静译．北京：北京大学出版社．

第四章　报纸与通讯社（上）

15～16 世纪，欧洲的商业经济不断发展，印刷术在这一时期得到改进和普及，社会对信息的需求量大大增加，新闻产生的条件日趋成熟，随之出现了报纸。17 世纪初，德国出现了早期的定期出版物，新闻印刷品的数量和质量逐渐得到提高。近代报刊的产生和发展带着浓厚的民主色彩，因而成了政治斗争武器，世界各地的封建统治阶级为了削弱近代报刊的影响力，巩固封建专制统治，纷纷采取各种办法控制言论出版，争取言论出版自由的斗争在新闻史上留下了浓墨重彩的一笔。资产阶级登上历史舞台后，各国均出现了带有明显政治色彩的政党报刊宣传政见、影响舆论。随着资本主义的发展、世界市场的形成和人类生活范围的扩大，新闻业内诞生了专门为报刊媒介提供稿件服务的通讯社，继而把世界新闻事业推向了一个新的阶段。

第一节　新闻与商业

社会对于新闻信息的需求量往往和人与人之间、各地之间、各行业之间的联系紧密程度相关。人类从自给自足的农业经济向以交易为目的的商品经济发展过程中，无疑大大加强了社会联系，促使新闻信息需求量的增加。商业的繁荣发展必然催生新闻信息，人类在生产、生活中为消除各种不确定性，要想方设法获取新闻信息，这反过来又有力地促进了新闻事业的进步。

一、早期商业活动与新闻传播

商业是社会生产力发展到一定阶段的产物，古代的商业活动发展曲折，形式多样。我国的封建统治阶级推行“重农抑商”政策，官府控制主要商业部门，而民间商业处于从属地位，古代商业始终难以挣脱封建桎梏。尽管春秋战国时代曾有过“商人之四方，市贾倍徙”的商业繁荣，但这种商业繁荣受到封建政府的阻碍和战争的破坏。早期的新闻传播工具如露布、木铎和邸报均是为统治阶级服务的，其内容大多是公开发布的文书、政府法令、军事捷报。新闻传播和商业活动没有形成相互促进发展的态势。

两宋时期，我国城市商业经济出现了新的繁荣。普通市民阶层难以接触到官方“邸报”而又渴求了解社会动态，小报在这样的环境中应运而生。小报是中国历史上最早出现的非官方报纸，是一种未经官方审查，自行抄传的报纸；其主要内容仍然是朝廷动态报道、官吏任免消息、皇帝谕旨诏令等；其信息灵通、时效性较强、读者范围广。小报在中国乃至世界新闻史上具有重要意义，它以民间报纸的身份，突破了官方对新闻传播的垄断和封锁，打破了“邸报”一统天下的局面。更难能可贵的是，时人看到了其商业价值，“日书一纸”“印卖都市”，它第一次以一种商品的形式，进入市场，已具备一份商业性近代报纸的雏形了，满足了少部分普通市民和士大夫知识分子对新闻信息的需求。

随着市场逐步向农村深入，镇市商业兴起。明代江南地区出现了资本主义萌芽，产生了商业资本向生产转移的现象，出现了资本主义家内工业的最初形态。清代资本主义萌芽在曲折中逐步发展，商业领域中出现了具有资本主义性质的新的包买商“账房”。“账房”除了自己雇工生产外，还把原料分发给其他手工业者，收回成品，发给工资。账房商人集商人与工场手工业主为一身，它的出现，是我国古代商业发展中值得重视的一个新现象。与宋代相比，明清时期的邸报在内容上并无实质变化。明中叶以后，政府允许民间自设报房，传抄部分邸报内容，公开出售，出现了以“送邸报为业”“博锱铢之利”的民间“抄报行”。这就产生了在明清时代具有重要影响的报刊《京报》。

明清《京报》前后出版了四百余年，是北京民间报房出版报纸的统称，这些报房也被称为京报房。清朝同治以后，《京报》普遍加上了封面，有了报头，报头通常是“京报”两字。乾隆以后，《京报》基本都是印刷，其内容主要分为宫门抄、皇帝谕旨和群臣奏章三部分，全部稿件来自于内阁和科抄，没有报房自己采写的新闻，也没有任何的评论。报房出版京报旨在赢利，报费是他们的主要收入进项。读者也主要是朝野的官绅和士大夫知识分子，市井小民中阅读京报的只是少数。由于封建王朝的严厉控制，《京报》没有得到进一步发展。鸦片战争前后，外国人开始在华办报，随之国人自办的新式报刊亦竞相出台。这些以西方大众报纸为模式的近代化报刊给上千年僵化不变的中国古代报纸以致命的冲击。在强大的竞争对手面前，曾经颇具影响力的《京报》相形见绌，终于在辛亥革命后不久退出了历史的舞台。

欧洲中世纪的修道院时期，教会曾一度占据绝对的统治地位。此时的欧洲还未出现商业经济形式，教堂和修道院的宗教活动是信息传播的重要场所。12 世纪后，欧洲社会进入世俗时期，封建王权力量逐渐强化，而教会势力日渐衰退。与此同时，城市开始兴起并得到一定程度的发展，市民阶层开始形成。在经济方面，原来的劳务地租开始走向实物地租和货币地租形式，教会的“什一税”经济在刚刚兴起的商品经济冲击下土崩瓦解。15 世纪中后期，在经济利益的驱动下，西班牙、葡萄牙率先积极探索“新航路”，荷兰、英国、法国、德国等也不甘示弱，相继加入到远洋商贸的行列，欧洲商业贸易区逐渐从地中海扩散到了北海、波罗的海、德国的城市联盟等地，随之带来了欧洲商业经济的高度发展、城市人口的迅速增加、海外殖民的急剧扩张，一系列的显著变化，客观上加强了各地经济文化的联系，刺激了人们对新闻信息的需求。地理大发现开阔了欧洲乃至整个世界人民的眼界，伴随着商业经济的发展和金融贸易交往的繁荣，信息交流的范围进一步扩大。

二、新闻信息成为商品

新闻信息成为商品最晚始于 14 世纪。“新闻传播者（意大利人称为 menanti）组织起来，为王公贵族或者商人定期提供手抄新闻稿，人们把这种手抄新闻称之为‘威尼斯札’。”因为当时意大利的威尼斯是主要的商业中心，船期、商业信息纷繁，人流、物流集散较快，因而成为新闻稿件的主要产生地。到 15 世纪，随着新型国家的形成和各地经济文化联系的加强，社会对于信息的需求激增，“新闻”一词开始普遍使用，手抄新闻开始盛行。到 16 世纪，“新闻”一词为整个欧洲所接受。手抄新闻同罗马时期的新闻信相类似。当时传播手抄新闻的人最初从威尼斯发展起来，后来在欧洲的其他主要城市均出现了职业化的新闻信息传播者，因而新闻传播成了一种商业活动，对手抄新闻的消费也逐渐从教会、王公贵族和政府官员扩展到了普通民众，甚至成为一种生活必需品。这些最早的手抄新闻的传播内容，从一开始的商情信息、船期和交通信息，延伸到报道政局变化、战争等政治信息。1566 年，威尼斯还出现了被称为“威尼斯公报”的定期手抄小报。当时在威尼斯沿街兜售的小报每份都要价一个铜币格塞塔（Gazette），后来 Gazette 甚至成了欧洲早期报纸的通用名称。

16 世纪末 17 世纪初到 19 世纪末 20 世纪初，在这段约 300 年的历史中，世界人口猛增了 4 倍，人类从农业文明过渡到工业文明，生产力水平突飞猛进。西方主要大国先后完成资本主义政治革命和工业革命，世界资本主义体系形成，随之而来的是世界政治经济发展的不平衡，包括中国在内的亚、非、拉国家被卷入这个体系。经过 15～16 世纪的新闻传播萌芽，新闻传播业在这 300 年间不断发展，新闻传播逐渐成了一个社会的独立部门，新闻最初的商业价值也逐渐发挥出它的政治价值和社会功能。经过半专业化的民间新闻信息传播，西方社会和中国在新闻传播上都出现了资本主义性质的生产。但由于中国的社会结构不同于西方国家，封建思想根深蒂固，自给自足的小农经济仍是最主要的生产方式，统治阶级一如既往地“重农抑商”，对正在萌芽的资本主义经济征收重税，盲目自大的封建王朝实行闭关锁国，一系列因素导致了中国的民间传播始终依附于封建政府传播，而政治是主要的传播内容；而西方国家经过急剧的社会变动，“重商主义”一时间受到吹捧，商业经济不断发展，随着资本主义经济形成，西方的传播媒介逐渐摆脱政府统治工具的身份，在多元化的整治中充当了舆论工具，进而变成了社会信息的传播工具，在社会对于信息需求量日益扩大的过程中，表现出了越来越明显的商业特征，最终走进市场。报纸也从“每天发行的编年史”变成了“为期一天的畅销书”。

中国在传播领域的领先地位丧失，在西方列强用枪炮撬开国家大门后，沦为半殖民地半封建国家。在西方近代新闻传播的影响下，19 世纪中国才开始出现近代新闻传播，一开始表现出了强大的政治功能，社会功能和商业功能并不明显。同中国的新闻传播发展相似，亚、非、拉国家的新闻传播在殖民主义的刺激下，政治特征较为明显，新闻传播业虽然得到了一定的发展，但并没有成为相对独立的社会系统。

第二节　最早的报纸

一、西方古代报纸

公元前 59 年，尤利乌斯·恺撒当选为罗马共和国执政官。当时的罗马正处于奴隶主城邦共和制的后期，为限制元老院对他的约束，他把上层会议的内容公之于众，争取舆论的支持，扩展自己的政治影响，他当选为执政官后不久，即发布命令：“今后元老院的工作报告，务须每日公布。”此后，罗马政府在罗马议事厅外大街上立了一块涂上石膏的白色木板，每天用尖笔在上面书写文字，报道元老院的议事纪录。当时称其为“阿尔布”（AIbum），后人则称其为《每日纪闻》（或称《每日纪事》）。《每日纪闻》在形式上与现代的阅报栏颇为相似，其内容除元老院的会议记录外，还有政府政令、远征军战绩、司法消息、税收情况，以及一些社会新闻。

在罗马帝国时代，罗马城还出现过曾在西方古代历史上流传广泛的手写传播形式——“新闻信”。这种传播方式主要用于传递、交流信息的公私信件。因为当时的罗马帝国幅员广阔，罗马城作为欧洲的政治经济文化中心，无论官方还是私人，都需要罗马的消息，于是有人抄录了政府公报，分送各地并领取薪金。他们的出现，标志着世界上第一批“职业新闻工作者”诞生，“新闻信”也成为世界上第一批新闻商品。

公元 14 世纪前后，英、法、德、意等国开始出现手抄新闻，逐渐由古代报纸向近代报刊演变。

二、中国古代报纸

无论是古罗马帝国的《每日纪闻》，还是公元 14 世纪前后在欧洲出现的手抄新闻，都被视作现代报纸的古代雏形。而在中国，报纸的起源也论说不一。有外国学者认为“京报始于周朝”，更多的人将其推延至汉朝，但目前仍缺乏实证依据。最为可靠的是唐朝已有报纸，因为唐朝“报纸”中的实证——“敦煌进奏院状”目前完好地保存于伦敦大英图书馆，它是世界现存最早的“报纸”文物。因而“邸报是中国最早的报纸，也是世界上最古老的报纸之一”得到了广泛认可。中国新闻史研究的开拓者戈公振先生于 1927 年出版的《中国报学史》称：“汉唐当藩镇制度盛行时，其驻在京师之属官，皆有‘邸报’之发行。”晚唐进士孙樵的《经纬集》中所收的《读开元杂报》一文，是关于唐代官报的最早文字记载，此文描写了他年轻时于乡间偶尔读到的“数十幅书”对皇帝起居、朝廷动态等的记录。“开元杂报”并没有固定的期刊和报头，只是孙樵为了行文的方便而随意使用的称呼，意为有关开元政事的杂乱报道。对于它的性质，新闻界有不同的看法，但大多数认为它是一种报纸。

到了宋代，出现了印刷术，但这一技术并没有应用于新闻传播，传抄“邸报”仍然是官方新闻传播最主要的方式。尽管如此，邸报得到了进一步发展，宋代的邸报在政府中枢部门管理之下统一发布，负责发行邸报的部门是都进奏院。宋初成立的都进奏院对各地进奏院的业务活动进行统一管理，其职责主要是收受和传递官文书，在进奏院的管辖下，负责采集和传报工作的是进奏官。与唐代进奏院相比，其特点是：首先，是在政府中枢部门的统一管理下，向地方官员汇报朝廷信息的中央一级官报；其次，完全从官文书中分离出来，成为一种官方的新闻传播工具；再次，由不定期转为定期发行，信息量有所增大，实效性也有所增强；最后，它的读者已经逐渐扩散到京朝官、地方各级行政官员和士大夫知识分子。宋代邸报的主要内容有：皇帝的召旨、起居活动，管理的任免，臣僚的章奏，军事情报和刑法活动等。

宋代还出现了中国历史上最早的非官方报纸——小报。据史学家推算，宋代小报在北宋初年都进奏院成立不久后就出现了，它是以和政府有关部门编发的封建官报相对的民间报纸形式出现的。同邸报一样，小报也没有固定的报头名称，“小报”只是对这种类型的非官方报纸的习惯性称呼。其主要内容是以刊载新闻和时事性政治材料为主。它的发行人包括邸吏，使臣，在省、寺、监、司等政府机关工作的中下级官员和从事书记印售工作的书肆之家。小报是政府内部发行“邸报”之外的中国民办新闻事业的开端。

到了明代，官报由通政司负责传发，16 世纪中叶以后，明朝政府允许民间自设报房，在封建政府的监督下，编选一部分从内阁有关部门抄来的一部分邸报的稿件公开发售。《万历邸抄》便是将明代万历一朝的“邸报”按照时间的先后顺序摘录而成的，抄录者在摘录的过程中作了一些编辑整理的工作，增加了一些注释性的说明，这部抄本保存了大量当年“邸报”的原文，但并不全都是原文。《急选报》出版于万历八年四月二十二日（1580 年 5 月 5 日），距今已有 430 多年，这是我国历史上最早出现的印刷报纸，记录了被选中的 162 名官员的名单，包括姓名、籍贯和被任命的官职。这份《急选报》没有注明出版单位和编辑发行人的姓名，极有可能是民间报房的产物。它的被发现，说明中国最晚在万历八年就已经有了民办的雕版印刷的报纸了。《天变邸抄》是 1626 年在北京一份由民间报房编辑发行的报纸，内容集中报道了明熹宗天启六年（1626 年）约 5 月间爆发的王恭厂大爆炸。“天变邸抄”四字是由收录者自己添加上去的，意为报道王恭厂灾详情的邸抄。它记录了众多的细节及具体情况，其写法类似今天的导语和倒金字塔结构，已具现代新闻写作的部分特色，象征着当时的新闻采访、写作水平达到了一定的高度，要素亦较齐全。

“邸报”最初仅在朝廷内部传抄，后来逐渐发展到张贴于宫门、城门，公诸传抄，因而又称“宫门抄”“辕门抄”，这实际上就是最早的一种新闻发布方式。自唐、宋、元、明直到清代，邸报的名称虽常有改变，但发行却一直没有中断过，其性质和内容也没有多大变动。在明朝末年，民间出现了在政府监督下的经营的报房，这些民间报房大多在北京，故他们发行的报纸被称为“京报”，这些报房也被称为京报房。到了清代，民间报房有了明显的发展。同治以后，京报普遍加上了封面。普遍有了报头，报头通常是“京报”两个字。乾隆以后，京报基本都是印刷。京报的内容基本上分为宫门抄、皇帝御旨和臣僚章奏三部分，同官报相似，京报的内容全部来源于内阁和科抄，没有报房自己采写的新闻，也没有任何评论和标点或标题，各家报房的内容稍有不同。报房出版京报，旨在赢利，报费是他们的主要收入来源，读者从朝野官绅、士大夫知识分子扩展到了市井小民。到了乾隆年间，出现了专门以编发报纸为职业的人，清代的民间报房同以往相比，具有了更强的独立性。

清朝的京报和宋朝小报不同，清朝京报是合法的，而宋朝小报是被视为非法出版的。但二者都是民间报纸，它们一定程度上突破了官方的信息控制，表达了民众的意见和需求，和邸报相比，其形式和内容都更具社会进步性。但从本质上说，无论是官方的“邸报”，还是民间的小报和京报，都只是古代报纸。它们的内容不同于现代报纸，仅仅是皇帝的谕旨、臣僚的章奏及官员的任免升降奖惩、宫廷动态等公告性材料，没有自己采写的新闻，也没有任何言论。它们的形式也不同于现代报纸，仅仅是材料的叠加，没有标题，没有标点，没有分栏，更没有消息、通讯、评论等新闻体裁的分别。

古代的报纸长期发展不快、变化不大，这些报纸之所以发展缓慢，固然受封建王朝文化政策的限制，但最根本的原因还是在于封建自然经济的制约。鸡犬之声相闻、老死不相往来的小国寡民生活，安土重迁、自给自足的小农经济，封闭的人际关系等都不利于新闻事业的发展。在这样的土壤上，很难产生对新闻数量和时效要求较高、商品化程度较高的报纸。在中国，明末清初时受资本主义经济萌芽的影响，一定程度上出现过产生这类报纸的契机，但是很快就在日益激化的阶级矛盾和民族矛盾面前，被当时的封建统治者扼杀了。

第三节 定期出版物

报纸是新闻传播的媒介之一，出版物被视为报纸须满足以下条件：其一，至少每星期出版一次；其二，必须是机械手段生产的（有别于手写的“新闻信”“新闻书”）；其三，凡是愿意付费者，不论属于什么阶级或是有什么特殊兴趣，一概可以买到；其四，必须刊登公众感兴趣的事情（有别于某些宗教性的或商业性的出版物）；其五，必须对只具备普通文化水平的公众有吸引力；其六，必须及时，至少就当时技术发展的水平来讲是相对及时的；其七，它还必须具有持续出版的稳定性。

公元 17 世纪初出现了定期新闻刊物，近代意义上的报纸也正是从此以后产生的。随着欧洲资本主义工商业的发展，邮政制度得以形成，它有力地促进了欧洲新闻事业的发展。17 世纪以前，欧洲的邮政信件基本是每周送达一次，故最早出现的定期出版物大多是周刊，而后由于各地之间的联系日益紧密，人与人的往来越来越多，邮件传递的次数亦随之增多，由每周一次逐渐地改为每周两到三次，乃至每天一次。因而新闻印刷品出版的周期缩短，最后出现了日报。

德国是世界上最早出现定期刊物的国家。1597 年，德国人萨穆埃尔・迪尔鲍姆在奥格斯堡创办了一份定期出版的月刊。1609 年，《观察周刊》由不定期改为定期出版。这是德国定期刊物的开端。1615 年，“德国报业之父”艾格诺尔夫・莫尔在法兰克福创办了著名的《法兰克福新闻》，尽管它每周只出版一期，每期刊载的新闻只有几条，但这份新闻出版物被人们公认为是世界新闻史上第一份近代意义的报纸。1656 年，《新到新闻》由迪莫泰斯・里兹赫在莱比锡创办，这是德国也是世界上第一家日报。此后，在弗里德里希大帝的统治下，德国日报事业迅速发展，报业日渐繁荣。

1621 年 8 月 13 日，为了有效地控制舆论，抵御外来报纸的影响，皇家特许出版商尼古拉斯・鲍尔尼和托马斯・艾尔克在英国国王的特许下，在伦敦发行了英国人自办的第一份印有“特许出版”字样的定期刊物《每周新闻》(*Weekly News*)。这是英国的第一份定期刊物，而 News 作为“新闻“之意，第一次用于刊名，从此在全世界流行了起来。根据当时英国政府的规定，不得报道国内政治新闻，所以《每周新闻》的政治新闻内容取材于国外，仅报道国外政治消息。著名的《牛津公报》于 1665 年 11 月 16 日创刊，newspaper 一词首次出现于该报，它被认为是英国历史上第一家真正的报纸，在英国新闻史上具有里程碑的意义。该报当时对开单张，两面印刷，每逢周一和周四出版，有较多的官方新闻，以及一些社会新闻，但没有言论。从第 24 期起，改名《伦敦公报》。该报出版至今，现在每周出版四次，是世界上最古老的报纸之一。1704 年，英国著名作家丹尼尔・笛福创办了《评论》周刊，该刊作为政论杂志的鼻祖，在当时产生了重大的影响，因而笛福也被誉为“英国报业之父”。英国的第一张日报名为《每日新闻》，于 1702 年 3 月 11 日由爱德华・马莱特创刊，由于该报在形式上模仿《伦敦公报》，没有什么创新，所以该报在英国新闻史上的地位并不显著。英国第一张现代新型日报是由真诺创刊于 1703 年的《每日广告报》，该报最开始仅以广告及少量股票动态为内容，后来逐渐发展成为消息与广告并重的报纸。此后，英国还陆续出版了几家权威性日报，包括举世闻名的《泰晤士报》（图 4.1）。

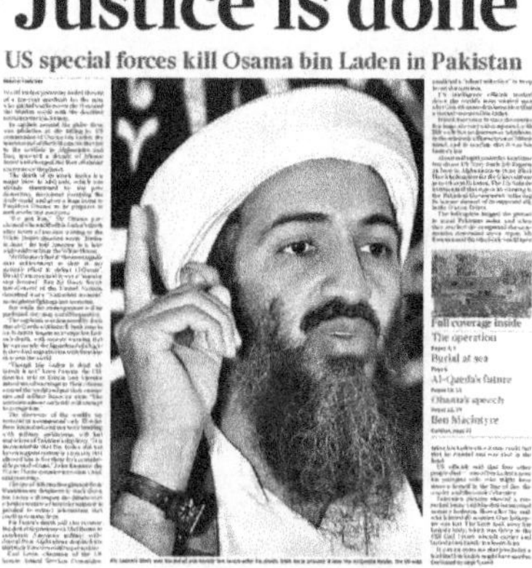
THE TIMES

'Justice is done'

US special forces kill Osama bin Laden in Pakistan

Full coverage inside

The operation

Burial at sea

Al-Qaeda's future

Obama's speech

Ben Macintyre

图 4.1 《泰晤士报》

《泰晤士报》诞生于 1785 年元旦，创始人是约翰·沃尔特。诞生之初，名为《每日环球纪录报》。1788 年 1 月 1 日，正式改为如今的名称。约翰·沃尔特同时也是《泰晤士报》的第一位总编。约翰·沃尔特曾经因为诽谤罪而入狱 16 个月。然而正是在约翰·沃尔特执掌时期，《泰晤士报》最先将新闻视角延伸至英国之外的其他欧洲国家，尤其是法国。这为《泰晤士报》在政界和金融界内赢得了很高的声誉。直至今日，《泰晤士报》仍是一张对全世界政治、经济、文化发挥着巨大影响的报纸。

法国第一份近代报纸《各地见闻》，由路易·旺多姆于 1631 年 1 月创刊于巴黎。1631 年 5 月，得到国王路易十三颁发特许状的泰·雷诺多创办了一份名为《法国公报》的刊物，其报头上印有王室徽章，创办之初便吞并了《各地见闻》。在法国封建王朝高度集权的统治下，法国新闻业呈现官报一统天下的典型特点，而《法国公报》正是法国甚至整个西方官报时期的代表报刊，《法国公报》以维护王朝利益为己任，在报道新闻的同时不时刊载一些政论文章，因此成为世界上最早的政论性报纸，从而为法国报业的政治色彩涂下浓重的一笔。虽然《法国公报》实际上成为了官方的喉舌，而就新闻报道业务角度看，刊载内容的新闻性和时效性较强，一定程度上体现了雷诺多所坚持的职业理念。

1777 年元旦，《法国新闻》由雅克·布利索创刊于巴黎，这是法国第一家日报。该报仿照英国日报的模式，以报道新闻为主。此后不久，法国爆发了大革命，《法国新闻》的创办者雅克·布利索在革命期间成为了吉伦特派的著名领袖。在革命期间，法国一时间涌现了多达千余种报刊，其中影响较大的有马拉的《人民之友报》和布利索的《法兰西爱国者》等。《人民之友报》创刊于 1789 年 9 月 20 日，该报代表了中下阶层民众的利益，主张消灭封建制度，将资产阶级革命进行到底，马拉为此深受当局的迫害。《法兰西爱国者》于 1788 年 4 月 1 日创办，其目的是“找到有别于小册子的另一种宣传方式来教育全法国人，这种宣传方式就是创办一份连续出版、价格低廉、形式轻松的政治性报纸”。

现存最早的意大利印刷新闻品是 1636 年出版的，无报名（当时的报纸均无报名）。1645 年，意大利萨丁王国授予教士沙西尼发行周刊的特许权，为期五年，这是意大利最早有关印刷定期报纸的记录。1646 年，路萨斯·阿萨琳诺在热那亚出版名为《诚实报》的新闻印刷品，路萨斯·阿萨琳诺本人善于采访，交游面广，报纸办得很成功，因而常被称为“意大利第一报人”。

美国新闻历史上的第一份定期刊物，是英国移民本杰明·哈里斯于 1690 年创办的《国内外公共事件报》。它无论在内容上还是在创新版面的努力上，都无愧为一个里程碑。这份报纸共 4 页，其中前 3 页是新闻，而第 4 页是空白，读者可以在上面写上自己所知的信息，再将报纸传给下一位读者。《国内外公共事件》不依赖任何势力的经费支持，是一份独立报纸，其刊载的信息中不少内容体现了哈里斯对殖民地政策的批评，其第一期内容就评论了英国对北美法属殖民地的战争，所以立即被封查了。1728年，本杰明·富兰克林创办了《宾夕法尼亚公报》，这家报纸被普遍认为是美国殖民地时期报纸中的佼佼者。美国独立后，时局稳定，经济发展带来了报业的腾飞，原有的报纸纷纷改为日报出版。《宾夕法尼亚晚邮报》1775年创刊于费城，开始出版时为周三刊，1783年5月30日率先改为日报，小张两面印刷，随着日报的出现，专业化的记者队伍也逐渐形成，但这张报纸存在的时间仅有17个月。

18世纪肇始，欧陆大国纷纷兴起，而俄国却进展迟滞，俄国的近代报业因而出现得比较晚。1703年，富有传奇色彩的彼得大帝创办了《新闻报》，这也是俄国第一张近代报纸，在彼得堡和莫斯科两地出版。彼得大帝为使俄国迎头赶上当时欧洲的文明进步，锐意改革，创办的报纸是他整个改革事业的重要组成部分。《新闻报》于1728年更名为《圣彼得堡新闻报》，19世纪初改为日报，该报一共存在了214年，直至1917年十月革命才停刊。

人类报业在17世纪初到18世纪约100年的历史期间，近代报纸从无到有、从幼稚逐渐走向成熟，在此期间，报纸越来越成为人类社会中不可或缺的信息传播媒介。报纸从内容到形式都逐渐走向规范，并成为一个相对独立的行业，报刊开始步入较为成熟的时期。但是在这约100年期间，定期出版物并非完全取代了不定期刊物，相反，手抄新闻在这一时期是新闻的主要提供者。究其原因，除了各国新闻的传播处于封建王朝的控制和压迫外，新兴的定期出版物自身内容不够丰富、新闻性较弱、发行量较小、消息源不固定等也是其影响力不够大的原因。

第四节 新闻自由

新闻自由，或称新闻自由权，通常指政府通过宪法或相关法律条文保障本国公民言论、结社，以及新闻出版界采访、报道、出版、发行等的自由权利。这一概念也可以延伸至保障新闻界采集和发布信息，并提供给公众的充分自由。

一、集权主义报刊理论

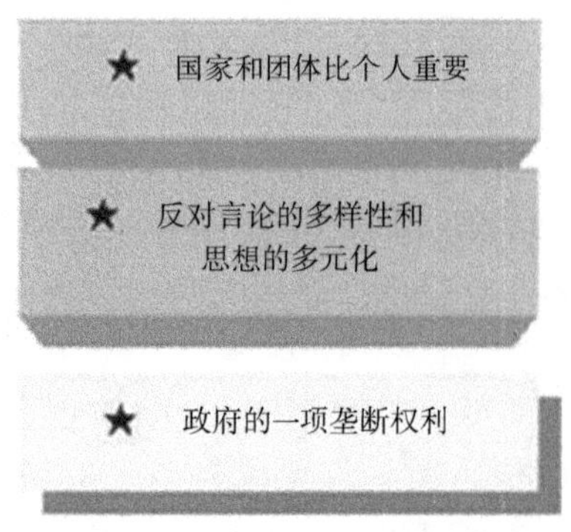

图4.2 集权主义报业理论

集权主义报业理论（图4.2）奠定了封建时代新闻传播活动的思想基础，包括西方主要国家的出版检查制度、特许出版制度、征收知识税、津贴制度及针对言论出版的法律。近代报业诞生以来，特许出版制度在相当长的时间里是各国专制政府控制报业的一个重要方法。政府通过给予拥护专制统治的人以独立经营报业的特权，只要他们不危害国家的安全，就可以获得政府的支持，独占新闻出版市场，谋取利润。

在英国，通过“皇家特许制度”来控制印刷出版。1528年，英王亨利八世下令限制印刷业的发展，1538

年正式建立皇家特许制度，规定所有出版物均须经过特许，否则禁止出版。1557年，玛丽女王下令成立皇家特许出版公司，规定只有经过女王特许的印刷商才能成为公司的会员，只有公司会员和其他特许者才能从事印刷出版。1570年，伊丽莎白女王将参议院司法委员会独立为星法院，以加强封建统治。星法院颁布特别法令，严厉管制出版活动，如一切印刷品均须送皇家出版公司登记，皇家特许出版公司有搜查、扣押、没收非法出版物及逮捕嫌疑犯的权力等。1586年，伊丽莎白女王颁布皇家出版法令，规定：一切印刷品均须送皇家出版公司登记；除教会允许者外，不再允许出版商申请登记；印刷任何刊物均须事前请求许可；皇家特许出版公司对非法秘密出版物，有搜索、扣押、没收及逮捕嫌疑犯的权力。该命令一直执行到1641年。1643年，英国国会又恢复了皇家特许出版公司，直至1694年才最终废止。

法国虽然在15世纪末就出现了近代报刊，但是新闻出版始终是王室的特权。这个行业由王室绝对控制，不许其他人随意染指。国王和王室却可以将这一特权授予他人，获得授权者必须保证不违背王室的一切规定且要交纳各种税金，国王任命“新闻出版检查官”对全国的所有出版物进行预先审查。独立战争前的北美殖民地同样受英国的特许出版制度限制，本杰明·哈里斯于1690年创办的《国内外公共事件报》，便是因为没有获得殖民当局的许可而被查封。17世纪初，德国同样建立了特许出版制度，1628年，斐迪南二世发布命令，规定由一位公爵来管理授予出版报纸特许权一事，1637年法兰克福邮政局局长得到办报特许权之后，办报特许权均落在各地邮政局局长的手里。在18世纪前，特许出版制度一直是欧洲乃至世界各国控制新闻自由的主要手段（图4.3）。

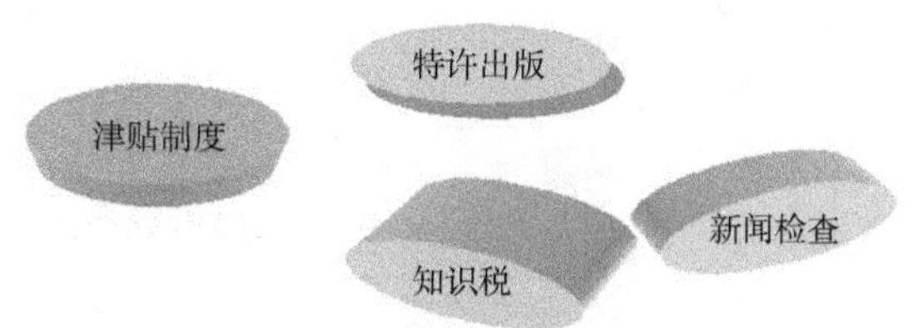

图4.3　专制政府控制报业的手段

除特许出版制度外，新闻检查制度、征收知识税、津贴制度和严峻的刑罚，都是各国专制政府控制报业的手段。

所谓新闻检查制度，是指在新闻报道发布前，必须经过有关当局审阅，以预防危险的或反政府的内容。早在宋代，中国就有了新闻检查制度。宋代根据进奏官采集来的各种发报材料，经由本院监官编好送枢密院或当权宰相审查通过后产生邸报样本，进奏官们必须根据这一样本进行发报。这便是我国最早的新闻检查制度：定本制度，为中央集权服务，起于宋真宗咸平二年。欧洲的新闻检查制度约产生于16世纪，当时一些已经独立经营的印刷商不能或不愿遵守政府的政策，政府为维护统治秩序，以其难以把握具有争议的国家问题为由，要求这些印刷商在正式出版前，必须将出版物送交代表政府利益的机构检查。据现有资料记载，英国是比较早建立新闻检查制度的国家，随后其他国家纷纷效仿，不同程度上立法干预新闻出版。西方不少报人和思想对新闻检查制度带来的消极影响进行了深刻批评，英国资产阶级革命时期的著名诗人、思想家弥尔顿是他们当中的代表人物。

所谓知识税，是指政府向报刊、广告出版物等知识产品征税，强迫出版商提高出版物的售价，从而限制出版物的发行量，达到隐性扼制报刊发展的目的。1712年，英国国会在托利党人操纵下通过印花税法案，规定对所有报刊一律征收印花税，同时对报刊使用的纸张征收纸张税，刊登的广告征收广告税，以及后来出现的报纸副刊税等，统称为知识税。知识税开征以后，昂贵的报价与读者的购买能力形成了尖锐矛盾，限制了报纸的发行，对报业造成沉重的打击，许多报刊不堪重负，被迫停刊。

通过制定苛刻严密的法律来限制报业的发展是各国专制政府的又一举措，对触犯法律的人施以严峻的刑罚，起到威胁、恐吓的作用。在中国，宋代统治者为禁绝民间出版物便开创了此举先河，到明清时期，刑律更为严酷。英国的皇家出版法庭曾颁布律令，对散布不利于政府消息的人，可以以叛国罪和煽动罪处以不同程度的刑罚。

在近代报业产生和发展的过程中，报刊作为公众的通信工具和社会舆论工具的作用引起了各国专制政府的警惕，为消除反对政府的声音，控制报刊，各国政府根据集权主义理论的基本原则，采取了一系列有效的控制措施，限制甚至剥夺了近代报人的自由权利。在这种环境下，为了发挥报刊的社会功能，争取出版自由、言论自由，各国报人纷纷展开了争取自由的斗争。

论及新闻自由时，不得不提到集权主义报刊理论。集权主义认为：人只有作为社会一员的时候，才能发挥其全部潜在力量，而单只是个人，作用有限；国家作为集体组织的最高形式，在价值尺度上，代替了个人，唯有将个人置于国家的统驭之下，才能达到个人的目的，并使自己成为一个文明人；真理来自于领袖的优越能力，真理是一种标准，社会成员必须遵守。因此，集权主义国家的一种功能就是保持社会成员在思想和行动上的统一，而同时又维护其自身的领导权永恒不变。基于这种理论，在16、17世纪，英国的都铎王朝、法国的波旁王朝，甚至整个西欧，都采用集权主义的基本原则作为报刊控制制度的理论依据。集权主义报刊理论视报纸为政府的一项特权，强调报纸的报道言论须支持政府、维护安定，拥护新闻检查，国家和团体比个人重要，反对言论的多样性和思想的多元化。弗雷德·赛博特、西奥多·彼得森和韦尔伯·施拉姆在《报刊的四种理论》中将集权主义理论、自由主义理论、社会责任理论、苏联的共产主义理论并称为报刊的四种理论。他们认为这是在报刊与社会关系或与政府关系的四种理论中，最古老、最普遍的一种。集权主义理论的主要特点：①王权对新闻出版业有绝对控制权。②限制出版自由处于政权稳定的考虑，并与复杂的宗教问题有关。③新闻报道的范围有限，不涉及国内问题，弱化国内的现实问题。

二、自由主义理论的奠基者及其著述

同集权主义报刊理论一样，自由主义报刊理论讨论的仍然是人性、人与社会的关系、知识与真理的性质。自由主义报刊理论认为：出版自由是天赋人权的重要内容，出版自由集中表现为发表意见和报道消息的自由，这种自由是其他一切人权实现的基础和条件，并且平等地属于所有人民。虽然民主的原则是少数服从多数，但少数人的意见应当得到充分的尊重，能够得到平等地发表意见的渠道，这种自由对于人民认识和接近真理具有决定性的意义。

（一）弥尔顿及其出版自由思想

约翰·弥尔顿（1608—1674）（图4.4），是英国历史上伟大的诗人、思想家，他大气磅礴、正气凛然的政论，使其名留青史，而其中最出名的无疑是《论出版自由》。1644年，为了争取出版自由，反对当权的长老派的嚣张跋扈，约翰·弥尔顿向英国国会提交了一篇演说词，此文编辑成书，成为了新闻传播史上里程碑式的文献《论出版自由》（图4.5）。“让我有自由来认识、发抒已见并根据良心作自由的讨论，这才是一切自由中最重要的自由。”书中详细论述了他的三个观点，集中表达了他的自由主义思想。弥尔顿认为，言论与出版自由是人民与生俱来的权利，是上天赋予每个人民的自由；限制言论自由就是妨碍真理本身，只有保障言论自由，才能使真理战胜谬误；提出了“观点的公开市场”及“自我的修正过程”的概念。约翰·弥尔顿认为：“让所有想说什么的人都自由地表达自己的思想，真实的、正确的思想会保留下来，虚假和错误的思想会被克服。虽然虚假的可能取得一时的胜利，但真实意见通过自我修正过程，最后战胜其他意见而保存下来。”自由主义报刊理论基于这三个观点迅速地发展，在18、19世纪被人们广为传颂。

图4.4　约翰·弥尔顿

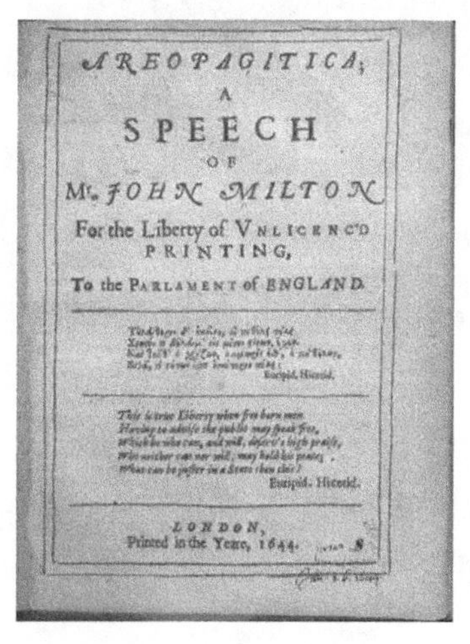

AREOPAGITICA;
A
SPEECH
OF
Mr. JOHN MILTON
For the Liberty of VNLICENC'D PRINTING,
To the PARLAMENT of ENGLAND.

Euripid. Hicetid.

Euripid. Hicetid.

LONDON,
Printed in the Yeare, 1644.

图4.5　《论出版自由》

弥尔顿主要思想包括：①对出版物实行检查是违反理性的，充满着悖论；②资产阶级不能为了一己之私，而违背当初许下的诺言；③第一次明确提出，言论自由是一切自由中最重要的自由。

（二）洛克的主要思想

（1）人的四项天赋人权：生命权、自由权、财产权、惩罚权，自由是一切的基础。

（2）任何人都有任意使用各种词汇来表达自己思想的权利。

（3）不能指望任何人抛弃自己的观点，盲从不可理解的权威。

（三）曾格案件

1. 案由

“曾格案件”是美国新闻史上关于争取新闻自由的著名案件，影响深远。美国争取新闻出版自由的斗争也开始于此。约翰·彼得·曾格是一个出身贫困的出版商，1733年秋，纽约商界和曾格磋商，邀请他作为他们新闻和观点的工具。1733年11月5日，曾格的

《纽约新闻周报》创刊。《纽约新闻周报》风格犀利，一开始便颇受公众的欢迎，但却使得当局越发不满，总督威廉科·斯比爵士一方面指控曾格“对政府进行无耻中伤和恶毒谩骂，试图煽动反政府情绪”，另一方面命令其一手提拔的首席法官德兰西对曾格提出起诉。但陪审团拒绝提出一项正式法案，议会也同样不愿提出起诉。最后，总督从咨询会议中挑选了一批人，同意对曾格采取法律行动。1734 年 11 月 17 日星期天下午，曾格以“煽动闹事”罪名被捕。审判于 1735 年 8 月 4 日开始，汉密尔顿以 80 岁高龄为曾格辩护(图 4.6)。按照当时英国和北美的惯例，凡是对政府进行批评，不管内容是否真实，一律视为诽谤，若言论属实，其煽动作用更为明显，所以事实是比谎言更大的诽谤。汉密尔顿从两个方面对指控进行了反驳：首先它指出诽谤罪只有在言论不实时才成立，每个公民都有“陈述无可非议的事实真相的自由”，政府所谓诽谤的实质，正是那些人伤害和压迫在他们统治下的人民，激起人民的呐喊和控诉，然后再将人民的控诉作为新的压迫和起诉的根据。其次汉密尔顿坚持陪审团不仅有权进行事实判断，还有权进行法律判断，裁决应由法庭和陪审团共同做出。最后陪审团不顾法官的阻挠，判曾格无罪。

图 4.6　汉密尔顿为曾格辩护

2. 意义

此前，美洲虽然获得自由办报的权利，但仍要承受随时被诉以煽动性诽谤的罪名，随时都面临被处以监禁的危险。

曾格案件的意义在于，美洲人民开始重新审视英国制定的法律，除非得到殖民地人民的同意，就不能在美洲施行。而汉密尔顿提出的两条原则，则成为美洲大陆新闻自由的发端。

三、新闻自由思想的发展

法国的新闻自由思想通过孟德斯鸠、卢梭等启蒙思想家的著作得到充分的阐释和传播。在 1789 年法国大革命期间，各等级、各阶层纷纷上书要求新闻出版自由。而雅各宾派的罗伯斯庇尔则是世界新闻史上第一位阐发新闻自由立法的政论家。他主张：借助语言、文字和出版物来表达自己思想的权利是不能以任何手段来加以束缚和限制的；法律在任何时候都不应该对人们表达自己的意见的行文予以处罚；立法的目的是保障而不是处罚。法国著名的《人权宣言》在其第 11 条中规定：“自由传达思想和意见是人类最宝贵的权利之一，因此，每个公民都有言论、著述和出版的自由，但在法律所规定的情况下，应对滥用此项自由负有责任。”这个条文成为后来许多国家宪法和国际人权公约参考的典范。

法国新闻自由的确立是以1881年7月29日《新闻自由法》的公布为标志的。该法承接了《人权宣言》的规定，全面否定了先前与新闻自由相冲突的所有做法，特别是预先检查制度。该法还规定，判断新闻出版活动是否合法应当由法院而非政府来裁决。

在其他国家，值得注意的是瑞典于1776年制定、后来经过多次修改的《出版自由法》。这部宪法性法律不仅较早地确立了新闻自由，而且对于政府行为做出了相应的义务性规范。至于资产阶级革命发生较晚的国家，如德国、日本，在19世纪中后期相继在法律上承认新闻自由。在德国，1849年、1871年宪法都有保障公民新闻自由的条款。第一次世界大战后的《魏玛宪法》在第118条规定了新闻自由，并规定政府不得对报刊进行检查。但是希特勒上台后，这些权利又荡然无存。纳粹德国将新闻媒体当作宣传法西斯主义的工具。第二次世界大战后的《基本法》第5条完整地规定了“自由发表意见的权利”，至此德国的新闻自由正式确立。日本明治维新后，1889年《大日本帝国宪法》规定：“日本臣民在法律范围内，有言论、著作、出版、集会和结社之自由。”但是这部宪法的基础是天皇主权，公民权利出于天皇恩赐，而不是自然权利。天皇一道命令就可以限制或取消。特别是第二次世界大战之前和战时陆续颁布《新闻纸发行条目》《新闻纸条例》《新闻纸法》等一系列禁令，严密控制新闻出版。战后占领军当局（同盟国最高司令官总司令部）迅速废除了这些禁令，使日本媒体摆脱了政府控制，经过占领期间的一段新闻统制后，逐步走向自由化。

四、自由传统的确立

“若批评不自由，则赞美无意义。”

——〔法〕博马舍《费加罗的婚礼》

从17世纪到19世纪初，随着近代报业的出现和发展，以及专制政府对它的严格控制，西方资本主义发达国家率先掀起了反对封建专制、争取出版自由的斗争，近代报人和思想家为新闻出版自由进行了不屈不挠的斗争，为后来的最终胜利打下了坚实基础。

1930～1931年，我国著名报人成舍我先后游历、考察了法国、瑞士、比利时、德国、英国、美国等欧美国家的新闻事业，期间写过两篇考察通讯，其中一篇为《在伦敦所见英国报界之新活动》：“符离街（英报馆集中地）支配唐宁街（英首相府所在地），在词典上无‘言论自由’之吾辈中国记者观之，自不能不悠然神往耳。”

对于信息的传播是否应该受到外在力量的控制，在不同的历史时期有着不同的声音。封建统治者很早就注重对人民群众言论的控制：出版物的事先检查制度，相继诞生的煽动法、诽谤法，以及报刊税、广告税、纸张税，让那些新兴的资产阶级忍无可忍，他们大声疾呼新闻自由。

随着社会发展，新闻自由理论基础从传统到新颖，新闻与出版的自由在漫长的演进过程中逐渐发展出完整的权利体系。目前许多民主国家均承认新闻自由的重要性，许多非政府组织每年针对世界各国做出新闻自由程度评鉴。随着科技进步，新闻媒体逐渐突破来自政府的压力，但也有更多大企业给新闻业带来新的挑战。

第五节 政党报刊

从西方资产阶级革命的进程来看，在各国的革命中，往往会形成保皇派和国会两大派别，这就是政党的雏形。革命胜利后，资产阶级内部在国家治理、权力分配等问题上产生分歧，形成不同派别的政治集团，资产阶级政党随之产生。出于政治斗争的需要，不同党派竞相创办或控制报纸来宣传自己的政见，以争取舆论，扩大影响。从 17 世纪末到 19 世纪中叶，完成了资产阶级革命的国家相继出现了带有明显政治倾向的报刊，这些报刊大都直接听命于某个资产阶级政党，成为不同政党的喉舌，其读者对象主要在政界和上层社会，这一时期的报刊便被称为政党报刊。

新闻出版自由的斗争先后在报业发达的国家取得胜利后，新闻出版自由作为民主权利受到了法律保护，报业迎来了一个较为宽松的政治环境，加之政党活动频繁，为政党报刊的发展创造了有利条件。政党报刊往往依傍于一个政党，或者接受政府津贴，因为他们并非通过发行和广告来生存，这一时期的报纸价格仍然比较昂贵，令中下层民众望而却步，因而发行量很少，办报者没有广告收入，只好接受政府、政党或者某些利益集团的津贴。在英国，这种现象尤为明显，就连被称为“英国报业之父”的丹尼尔·迪福也接受托利党的津贴。政党报刊所刊登的内容主要是政论，有很明显的政治倾向，缺乏客观性，真正的新闻却很少，而报纸也愿意充当政治斗争、党派倾轧的工具，用论战的方式宣传自己的主张，这种带有强烈党派色彩的报纸，在报道新闻时也充满偏见，甚至不惜捏造事实，信口雌黄。

一、英国政党报刊

英国是世界上最早出现政党报刊的国家。从 17 世纪末开始，英国的两大政党——托利党和辉格党（保守党和自由党的前身）在国会中轮流执政，为了影响选举、争取权力，两党分别创办了报刊[①]。1710 年托利党人主持出版了党的刊物《考察家报》，聘请著名作家斯威夫特做主笔，经常以尖锐泼辣的文章批评辉格党。当时英法因争夺西班牙王位继承权而长期交战，统治集团大发国难财，斯威夫特写了一系列反战文章和政论，揭露当时政治的腐败，他的一系列反战文章得到了民众支持，对 1713 年英法签订和约产生了直接影响。托利党派创办的主要报纸还有 1720 年创办的《每日新闻报》、1726 年出版的《艺人报》等。辉格党创办的报刊主要有《辉格考察家》《自由人》《自由英国人》等。此外，辉格党也出资控制了一批报刊，包括理查德·斯蒂尔的《闲谈者》，后来将《自由英国人》和其他两份接受资助的报纸《每日新闻》《伦敦新闻》合并为《每日公报》以集中力量。18 世纪中期，随着辉格党在议会中势力的加强，该党报刊占据优势。英国政党报刊长期居于统治地位，因而英国报纸在 17 世纪中叶资产阶级革命后一两百年间发展迟缓。

---

① 程曼丽．2007．外国新闻传播史导论．2 版．上海：复旦大学出版社．

二、美国政党报刊

独立战争后的美国形成了联邦派和民主共和派两个派别。联邦派的代表人物亚历山大·汉密尔顿，倾向建立一个强大的中央政府，倡导工业文明，与英国交好；而民主共和派的代表人物托马斯·杰斐逊，主张地方分权，倾心农业文明，希望同法国结盟[①]。随着两派争论的激化，代表两派利益的报刊在言论上时常伴随着人身攻击，而且愈演愈烈。例如，《国民报》的弗伦诺攻击时任财政部长的汉密尔顿有舞弊行为，而汉密尔顿则在《合众国报》上发表匿名信，指责弗伦诺不应该拿了政府的津贴还攻击政府，并且指出杰斐逊是藏在弗伦诺身后的那些污言秽语的真正作者。联邦派的报纸主要有：①《合众国报》，半月刊，1789 年 4 月 15 日由汉密尔顿出资创办，芬诺任主编。该报最初在纽约创办，后随政府迁至费城。1793 年停刊，复刊后改为日刊。②《智慧女神报》，日报，1793 年韦伯斯特创办于纽约，1797 年改名为《商业广告报》，发行了 100 多年。③《纽约晚邮报》，1801 年 11 月 16 日汉密尔顿与威廉·克尔共同创办，汉密尔顿是该报的实际领导人。该报在此后 30 年中一直都是联邦派的主要喉舌。民主共和派的主要报纸有：①《国民报》，半周刊，1791 年 10 月 31 日菲利浦·弗伦诺在费城出版。1793 年杰斐逊离开内阁，弗伦诺失去了财政支持，报纸停刊。②《综合广告报》，1790 年富兰克林的外孙贝奇在费城创办，1794 年 11 月 8 日改名为《曙光女神报》。贝奇病逝后，威廉·杜安继任该报主编，经营了 25 年之久。③《国民通讯员报》，1800 年在华盛顿创刊，这份报纸实际上是杰斐逊政府的半官方喉舌，与汉密尔顿参与创办并起草讨论的《纽约晚邮报》一起，构成这一时期民主共和派与联邦派的两大舆论壁垒，两报的影响一直延续到 19 世纪 30 年代。

美国独立战争后，以政党报刊为主体的情形一直延续到 19 世纪 60 年代，报纸继续作为主要政党的机关报，“他们的主要目的是讨论政治经济问题而不是刊登新闻，报纸反映并加剧了政党政治的恶斗”[②]。美国新闻史权威、曾任密苏里新闻学院院长的 F·莫特(Frank Luther Mott)，将这段时间称为美国新闻史上的“黑暗时期”。

三、法国政党报刊

法国的政党报刊在大革命后一直占据主导地位，这是其新闻史的一个突出特点。1794 年“热月政变”以后，代表大资产阶级的“热月党人”掌握了政权。其后法国政局多变，经历了热月党人执政和拿破仑帝国统治时期、波旁王朝复辟时期、七月王朝时期、第二共和时期、第二帝国时期及第三共和时期。伴随这一历程，法国报业的发展也走过了一条曲折漫长的道路。1793 年，雅各宾派掌握政权，对民间报刊实行严格管制，使其成为雅各宾派的喉舌。1794 年，热月党人推翻了雅各宾政权，持续实行新闻出版高压政策，对那些拥护政府的报纸予以津贴。这一时期马拉的《人民之友报》成为法国资产阶级革命中办得最出色、影响最广泛的报纸，是革命民主派的喉舌。1799 年拿破仑发动“雾月政变”，建立出版特许制。拿破仑十分懂得报纸的威力，认为“一张报纸抵得上三千毛瑟枪”，因

---

① 李彬．2009．全球新闻传播史（公元 1500～2000 年）．2 版．北京：清华大学出版社．

② 埃默里等．2004．美国新闻史：大众传播媒介解释史．9 版．展江译．北京：中国人民大学出版社．

而严格控制报业。1800年1月拿破仑颁布命令，将巴黎的70多家报刊取缔60家，只留下13家。1804年拿破仑称帝后，只允许保留4家报纸，而且一律是官报，即《箴言报》《巴黎日报》《帝国日报》《法兰西公报》。他还规定巴黎之外每省只保留一份报纸，且政治新闻都得仿抄《箴言报》。

波旁王朝复辟后，曾一度放松对新闻的管制。1819年，在较为开明的司法大臣塞尔推动下，路易十八颁布法国历史上第一部新闻法，废除了预审制和印花税制。当时比较有影响的报纸是：保皇派的《法兰西报》，立宪派的《立宪党人》，自由派的《国民报》《论辩报》。但是，塞尔的新闻法只实行几个月便被路易的继任者废除。在路易十八之后即位的查理十世对新闻出版业的管制更为严厉，也由此引发了七月革命，复辟的波旁王朝被推翻。七月革命后的新政府放宽了对新闻出版的管制，新闻出版获得了相对的自由。这一时期法国报业呈现出短暂的繁荣局面，政党报刊的数量有所增加，还出现了一批具有共产主义思想的报刊。

1848年，法国人民起义推翻了七月王朝，政府颁布法令废除印花税、保证金等一切限制报业发展的措施，使新闻业获得了充分的自由。一时间巴黎和外省各种政治倾向和风格的报纸纷纷涌现，总数达450家之多。1852年，路易·波拿巴发动政变成功，随后对报刊数量和内容实行严格控制。1860以后，帝国统治逐步削弱，波拿巴对报业的限制有所放松，并且允许一些新报创办。1865年5月正式废除新闻预审制，报业生存环境趋于好转。1870年巴黎人民起义推翻第二帝国，建立法兰西第三共和国。巴黎公社时期出版自由全面恢复，支持公社的报刊大量出现。但1871年巴黎公社遭到资产阶级政府的血腥镇压，此后资产阶级共和派同保皇派进行了多年较量，终于在1875年的国民议会上通过宪法，确认了共和体制。1881年7月29日，法国议会通过了《新闻出版自由法》，它是《人权宣言》宣告的言论出版自由的具体化，对于法国此后的报业发展有着重要意义。“到19世纪末，法国大众化报纸进一步发展取代政党报刊成为报纸的主体后，政党报刊仍然与之并存。直到第二次世界大战后，政党报刊才真正消失”[①]。

图4.7　王韬

四、中国早期政党报刊

王韬（1828—1897）（图4.7）原名利宾，1862年后改名韬，字仲弢，又字紫诠。江苏苏州人。1849年应聘在英国人开办的上海墨海书馆工作，和麦都思等传教士合作，完成《格致西学提要》《瀛壖杂志》等译著，并协助出版中文期刊《六合丛谈》，开始办报生涯，林语堂称之为“中国记者之父”。

《循环日报》（图4.8）于1874年2月4日在香港发刊，创办宗旨为“强中以攘外，诹远以师长”。这张大型日报，是中国报刊史上第一个以政论为主的报纸，也是早期资产阶级改良派宣传他们政治主张的

① 王薇．2008. 外国新闻传播史论．北京：新华出版社．

重要阵地。《循环日报》的报名很特别，王韬自己说："弱即强之机，强即弱之渐，此乃循环之道然也。"他盼望中国走变法自强之路，实现由弱变强之循环。新闻史学家方汉奇先生则认为，王韬所谓的"循环"是他心目中亘古不变的"三王之道"和西方资产阶级的学术政治思想。

按美国汉学家柯文的说法，"《循环日报》是第一份完全由中国人管理而取得成功的报纸"。它纵评世界政局，高谈变法维新，成为我国第一个宣传资产阶级改良主义的讲坛；在第一批中国人自己创办的报纸当中，它历史最悠久、影响最大，卓南生谓之"中国人自办成功的最早中文日报"。这张以商业报纸面目出现的政论报纸，创办伊始就表现出与众不同的个性特征。譬如，王韬在《循环日报》的开张布告中写道：本局"所有资本及局内一切事务，皆由我华人操权，非别处新闻纸馆可比"。王韬对华人主持办报这一点甚为重视，认为这是摆脱西人束缚、发表独立见解的前提。《循环日报》的最大特点是每天在头版的显著位置发表一篇论说，这些论说大部分都出自王韬之手。

循環日報

图 4.8　《循环日报》

王韬亲理编务十年，撰写政论十年。十年间，国内外发生的时政大事，他都一一加以论述，评价其措置，褒贬其得失，使报刊政论文章以战斗的姿态介入国内外政务大事之中，增强了报刊影响舆论的政治作用，提高了报刊的政治地位。王韬为在我国办报论政作了最早的尝试，也为政治家办报做了舆论准备。

图 4.9　梁启超

梁启超（1873—1929）（图 4.9），字卓如，一字任甫，号任公，又号饮冰室主人、饮冰子、哀时客、中国之新民、自由斋主人。中国近代史上著名的政治活动家、启蒙思想家、资产阶级宣传家、教育家、史学家和文学家，戊戌变法（百日维新）领袖之一。他曾倡导文体改良的"诗界革命"和"小说界革命"，其著作合编为《饮冰室合集》。

1895 年春，梁启超协助康有为发动在京应试举人联名请愿的"公车上书"。维新运动期间，梁启超表现活跃，曾主北京《万国公报》（后改名《中外纪闻》）和上海《时务报》（图 4.10）笔政，又赴澳门筹办《知新报》。他的许多政论在社会上有很大影响。

《时务报》为改良派的机关报，1896 年 8 月 9 日创办于上海（旬刊），创办人有黄遵宪、梁启超、汪康年等，主编梁启超，它宣传变法救亡；开学校，废科举，发展民族资本主义经济；"设议院""伸民权"，揭露帝国主义侵略。它共出 96 期，1898 年 8 月 17 日因

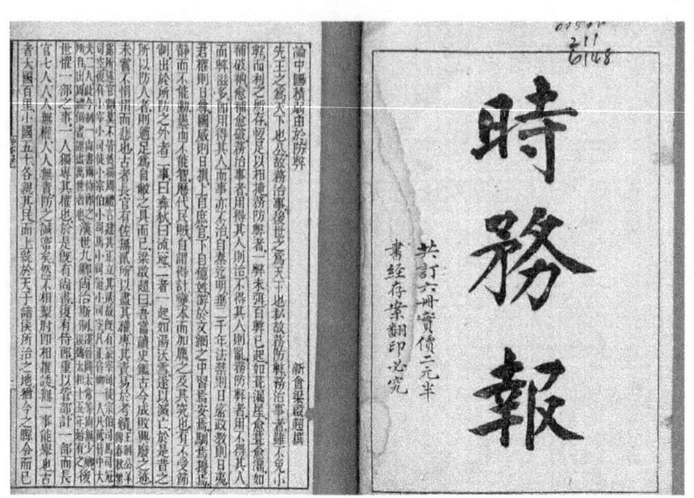
論中國積弱由於防弊
新會梁啟超撰
時務報
共訂六冊實價二元半
書經存案翻印必究

图 4.10 《时务报》

梁、汪之争停刊。这天汪康年把报头换为《昌言报》继续出版。

梁启超在主持《时务报》期间，时务文体问世：其一，文体解放——“纵笔所致，略不检束”；其二，文风自由——“平易畅达，时杂以俚语、韵语及外国语法”；其三，结构清晰——“条理明晰，逻辑性强”；其四，情感充沛——“笔锋常带感情”。

梁启超还提出了耳目喉舌论：“无耳目，无喉舌，是曰废疾。……其有助耳目喉舌之用而起天下之废疾者，则报馆之谓也。”

1898 年 9 月，政变发生，梁启超逃亡日本，一度与孙中山为首的革命派有过接触。在日期间，先后创办《清议报》和《新民丛报》，鼓吹改良，反对革命。同时也大量介绍西方社会政治学说，在当时的知识分子中影响很大。

图 4.11 《民报》

20 世纪初，中国资产阶级革命派与改良派开展论战。同盟会机关报《民报》（图 4.11）创刊后，公开宣布以“倾覆现今之恶劣政府”“建设共和政体”和“土地国有”为“主义”，用资产阶级的民族理论分析中国的满汉民族关系，指出满族对汉族实行高压的不合理性和汉族人民起来反抗的正义性；强调“专制之为祸”，并通过世界资产阶级革命的历史，说明只有与君权浴血奋战，才能争得民权，任何专制君王都不甘心放弃压迫人民的权力，清王朝兼有民族压迫者的性质，更加不会和平让出政权；除民族革命、政治革命外，还认为“社会革命当与政治革命并行”，热情地宣传了“土地国有”思想。用孙中山“三民主义”理论武装起来的《民报》，迅速占有了进步舆论的中心领导地位，大受海内外进步知识分子的欢迎。以康有为、梁启超为代表的资产阶级改良派，惊惧于思想界权威地位的动摇和丧失，企图驳倒同盟会提出的革命纲领，阻遏民主革命思想的传播。革命派清楚地认识到，对于改良派的进攻，必须予以有力的回击，才能进一步推动革命的发展。因此，革命与改良两条道路、两种思想的对立更加尖锐，两派之间的壁垒更加分明了。

1905～1907 年，革命派与改良派在政治思想领域内的论战达到了高潮。这次论战的规模之大，时间之长，斗争之激烈，影响之深远，在中国近代史上是仅见的。同盟会的机关报《民报》和改良派的主要喉舌《新民丛报》是双方论战的主要阵地，两派在新加坡、檀香山、旧金山、香港等地的报纸也都投入了这场斗争。论战涉及的范围很广，包括民主革命的对象、任务、方法、前途等一系列重大问题，归纳起来，主要是围绕“三民主义”进行的，即要不要“反满”和以暴力推翻清王朝的统治，政治革命的目标应是君主立宪还是民主共和，以及封建土地制度是否应当改革等三大问题。

论战表明，革命派和改良派代表着同一个阶级——资产阶级的利益，是这个阶级在政治上的两翼：左翼的革命派希望用革命阵痛为资本主义的发展开辟道路；右翼的改良派希望不冒革命风险为自己争得较好的境遇。两派的分裂和对立，正是中国资产阶级尚不成熟的表现。尽管革命派本身存在着许多严重的弱点，但他们以高昂的革命精神，决心通过暴力推翻清王朝，建立资产阶级共和国。这个主张，受到了当时进步人士的普遍拥护。《民报》风行海内外，多次重印，仍然供不应求。继《民报》之后，又一批革命刊物，如《复报》《云南》《鹃声》《汉帜》《河南》《四川》等相继创刊，和《民报》相呼应。国内许多城市如上海、武汉、天津、广州等地，都有革命党人主编的报纸出版。同时，大量秘密的和公开发行的革命书籍在人民群众中广泛流传。革命派已经以明显的优势占领了思想阵地，于是革命运动不可遏抑地迅猛发展。在论战中，革命派充分揭露了改良派“忠君保皇”的反动实质，捍卫了民主革命的纲领和原则，夺取了当时思想战线上的领导权，从而为辛亥革命作了重要的思想和舆论准备。

政党报刊时期的报纸重视政论而忽视新闻，政论观点的明显政治倾向使其客观性大打折扣。同时，政党报刊普遍不注重新闻事实的挖掘，没有抢新闻的意识，因而时效性不强。这一时期，报纸的主要读者定位是政界和上层社会，普通百姓对信息的需求不能得到满足，报纸的发行量和影响力有限。随着工业革命的兴起和完成，人类进入工业文明时代，政党报刊难以继续适应资本主义发展的需要，逐渐被商业报刊所取代。但是，政党报刊对新闻业也产生了积极的影响，它促进了报刊社论的产生。在政党报刊论战的年代，报刊对政党事业的支持是其存在的首要目的。为了实现支持党派事业这一伟大目标，报纸编辑极力运用社论专栏说服读者支持其鲜明的政治立场。此阶段党政报刊的主要特点包括：①政党报刊服务于政党斗争的需要；②报刊为社会服务的意识显著增强；③新闻自由思想萌芽，对新闻实践起到了一定的指导作用。

第六节　早期通讯社

随着人们的社会生活不断丰富，对信息的需求不断增加，原来的报纸、杂志等新闻媒介受自身规模的限制，难以对世界变化进行全面报道。基于经济领域的专业分工，新闻事业中出现了一种专门为报刊媒介提供稿件服务的企业——通讯社。通讯社并不直接面向广大的新闻受众，而是大规模地采集消息、进行加工，出售给媒体，因而通讯社也被称为“消息批发商”“媒体的媒体”。通讯社的出现对新闻事业的影响深远，它不仅加强了报刊媒介获取信息的能力，从而更大程度地满足了人们对信息的需求，而且打破了新闻媒介之间的壁垒，使新闻传播的内容实现标准化和一体化。

通讯社最早出现于率先完成工业革命的欧洲，继而在全世界得到发展和推广。工业革命带来了通信技术和交通工具的革新：1832 年，德国人韦伯和高斯制造出了世界上第一台电报机；1839 年，英国人惠斯通架起了世界上第一条商业电报线；1844 年，美国人莫尔斯发明了莫尔斯电码；1850 年，第一条海底电缆把英国与欧洲大陆联结起来；1866 年，海底电缆又通过大西洋把欧洲和美洲联系起来了。通信技术的改变使信息传递的范围和速度上打破了传统。尤其是随着工业革命在世界范围内铺开，各大洲、地区和国家之间的政治经济往来越来越紧密，统一的世界市场形成，使人们迫切地想了解世界各地的新情况，而近代报业所报道的内容大多限于局部地区，无力及时搜集更广范围内的信息，通讯社这种能跨国界搜集新闻的新式企业应运而生。新闻出版自由作为人的一项基本权利得到法律的确认后，近代报业得到了初步发展；工业革命中，蒸汽机的发明和它在印刷业中的运用使报业得到了进一步发展；而教育事业的进步，又使报纸的读者数量大大增加。种种变化都潜移默化地改变着人们的现实生活，为通讯社的形成和发展创造了有利条件。

一、哈瓦斯通讯社

哈瓦斯通讯社（L'Agence Havas）是世界上第一个取得成功的新闻通讯社，由夏尔·哈瓦斯（Charles Havas，1783—1858）于 1835 年在巴黎创办。哈瓦斯是一个有着匈牙利血统的法国人，他在拿破仑对英国实行大陆封锁期间，钻空子发了一笔财，变成了巴黎金融界大亨。拿破仑垮台后，哈瓦斯破产，1825 年哈瓦斯在巴黎创办了第一家新闻社。1835 年，哈瓦斯吞并了几家同行企业，改组成立哈瓦斯通讯社。哈瓦斯通讯社成立之初的主要业务是从外国报刊上筛选信息，翻译成法文出售，订户主要是外交官和商界、金融界人士。随着报业的发展，他向报社供稿的业务越来越成功，新闻社生意日益兴旺。随后他开始扩大采集、发布新闻的范围，开办快速翻译外国新闻、文章的业务，哈瓦斯通讯社把速度奉为根本，随着技术手段的进步，哈瓦斯不断改变传递新闻的方式，为通讯社开辟了广阔的市场。对此，巴尔扎克曾说：“世界各地的报纸都会很快地到达哈瓦斯手里”，“哈瓦斯先生比巴黎的任何人，都最先获知世界各地的消息”。到 1850 年，哈瓦斯能讯社已具有每日发稿的能力，向欧洲各国全面提供政治、外交、商业等方面的新闻。哈瓦斯曾雇用过两名德国人，一个叫沃尔夫，另一个叫路透。后来，两人均离开哈瓦斯通讯社，分别另起炉灶，成立了沃尔夫社和路透社，与哈瓦斯社构成了 19 世纪最有势力的三大通讯社。

二、沃尔夫通讯社

德国人贝纳德·沃尔夫（Bernard Wolff）于 1849 年创办了沃尔夫通讯社（Wolff Telegraphen Bureau），这家通讯社是德国新闻通讯业的始祖。沃尔夫原是柏林一个银行家的儿子，1848 年到巴黎，曾在哈瓦斯通讯社做过编译员。1848 年在柏林创办了《国家日报》，1849 年在德国亚琛利用电报收集和发布股票行情和经济信息，同年创办了沃尔夫通讯社。沃尔夫社创建后业务发展顺利，从 1855 年开始，增发政治新闻和其他非经济信息，从此成为了德国报刊重要的新闻供应者。在国外收集和发布新闻的过程中，沃尔夫社、哈瓦斯社、路透社三者之间曾一度保持合作与竞争并存的局面。它在政治上同当时的政府关系密切，经常为政府的决策提供信息支持。1865 年沃尔夫通讯社，改组成为了股份公司。

三、路透社

路透社（Reuters Ltd.）于 1851 年在伦敦问世，创办人是保罗・朱利叶斯・路透（Paul Julius Reuter，1816—1899）（图 4.12）。路透原为德籍犹太人，他也曾在哈瓦斯社当过编译员。1850 年他开始收集金融、商业信息，整理后在亚琛、布鲁塞尔、巴黎和柏林等地区发售，随后将大本营转移到伦敦，建立“路透办事处”，此时的工作人员只有路透夫妇和一名 12 岁的少年。路透本人极具商业敏感性，除了向银行、公司、交易所、股票商出售商业信息外，还建立了通信网络和“快讯”销售网，并且逐步增加了与经济形势息息相关的军事、政治、外交消息的报道，信息业务逐渐兴旺，并在欧洲经济界树立了良好的形象。到 1858 年，路透社正式把业务扩展到报界。由于路透社的报道商业价值高、时效性强且价格低廉，各大报社争相向路透社订稿。其后，路透社开始将目光瞄向海外，时常以准确快速的独家报道在同行竞争中取胜。1865 年 4 月，美国总统林肯遇刺，路透社驻纽约记者麦克林，十分机敏地驾着快艇将新闻稿送上了已经离港的商船，从而使路透社比欧洲所有新闻媒介提前两天报道了这一震惊世界的突发事件。19 世纪中后期，路透社继续在全球范围内扩张，不断开辟通讯市场，成了世界首屈一指的通讯巨头。

图 4.12　保罗・朱利叶斯・路透

四、美联社

美国联合通讯社（The Associated Press，AP），简称美联社，是美国最早成立、最有名的通讯社。它的成立要追溯到 1848 年的墨西哥战争时期，当时为了防止不正当竞争，保护各报的共同利益，纽约的六家报社合作，成立了一个联合采访部，此后发展成为“港口新闻联合社”，共同采访海外带回来的欧洲消息，这便是美联社的雏形。1856 年，港口新闻联合社改组成为“纽约新闻联合社”，其后迅猛发展成为了一家能与哈瓦斯通讯社、沃尔夫社和路透社媲美的世界通讯社。美联社的成立与当时欧洲的三大通讯社不同，欧洲的三大通讯社均是个人创立并以营利为目的，而美联社一开始是以报纸之间的合作方式出现的，并不以营利为目的，其存在和发展基于为报纸提供消息。

五、三社四边协定

19 世纪六七十年代，哈瓦斯社、沃尔夫社、路透社和美联社四家通讯社，为了争夺新闻采集发布市场，扩张势力范围，展开了激烈的竞争。为了防止恶性竞争带来的消极影响，1870 年，这四家通讯社共同达成了著名的三社四边协定，又称联环同盟。根据这个协定，世界新闻资源被划分为四大势力范围，在每一势力范围内，只由一家通讯社负责新闻的采访与发布。哈瓦斯社范围：包括法国及其属地，以及瑞士、西班牙、葡萄牙、意大利、比利时、罗马尼亚、土耳其、埃及（与路透社共享）、拉丁美洲等。路透社范围：包括英国及其属地、中东、远东、非洲大部及巴尔干半岛、东印度及南美一部分。沃尔夫社范围：包括德国及其属地、斯堪的那维亚、奥地利、匈牙利、俄国等地。美联社范围：包括美国及中美洲一部分。由此，四大通讯社垄断了世界新闻市场。

三社四边协定一定程度上缓和了欧美四大通讯社争夺信息资源的矛盾，但它们之间的竞争始终没有中断。19 世纪下半叶，资本主义国家发展变得不平衡，美国在此期间迅猛发展，国际地位显著提高，开始对“联环同盟”划分的势力范围感到不满。1907 年美国合众通讯社诞生，这家新兴的通讯社不受三社四边协定限制，自创立起便努力向拉丁美洲、远东以及欧洲发展。1914 年，美联社宣布退出“联环同盟”，同时开始向南美及远东地区争夺市场。此外 1909 年，美国报业巨头赫斯特创办了国际社，该社发展至 1930 年也成为世界通讯社。1934 年，各大通讯社在拉脱维亚首府里加开会，宣布废除三社四边协定，完全遵循新闻自由的原则，通讯社领域也和报纸一样，回到了自由竞争的年代。

第五章　报纸与通讯社（下）

第一节　新闻与革命（战争）

在人类新闻传播发展的历史中，革命和战争一直扮演着催化剂的作用。尽管新闻事业只是几百年前才开始兴起，但任何革命或战争的发生，都与新闻传播活动密切相关。因为在革命和战争期间，人们需要通过媒介传递信息来消除种种不确定性，而传播技术往往又在革命和战争中得到运用和发展。人类文明发源地是冷兵器时代战争的聚发地，远古时代的尼罗河流域、两河流域和恒河流域发生的战争，交战的两方民族众多，交替主宰，谁也无法长期称霸。中国则一直是以华夏民族为主体，战争的发生始终伴随着民族的统合。从传播学的角度看，战争本身也是人类交流的一种形式，尤其是民族战争和宗教战争的冲突和碰撞中，往往具有文明扩散功能，不自觉地传播着各自优秀的文明成果。

一、新闻传播技术的早期发展与战争直接相关

许多古代帝国为保证政令和军令的畅通与及时传递，都注重建立完善的信息传播系统。公元前 6 世纪，波斯帝国不但以烽火传信，还建立了可能是世界上最古老的驿使制度。据记载，波斯人为了提高传信速度，在传信的大道上准备马匹和信使分段传送，从而实现了远距离速报。罗马帝国建立了“公共邮路”制度，由《每日纪闻》眷抄后发行到帝国各地，有人认为“罗马帝国之所以能统治辽阔疆域，起码有部分原因在于它有一个包括《罗马公报》在内的传播系统，西罗马帝国的灭亡，与它扩张过甚、传播系统跟不上有关”①。中国历史上各类入侵、内乱和王朝战争都不曾受到侵蚀，有国外学者认为，“正是简、帛以及汉时发明的造纸术维系了中华帝国的政治统一”②。早在秦以前，烽火就是边关示警的主要手段，秦统一后，实行“书同文，车同轨”，修筑了贯通帝国、规格统一的交通干线驰道和栈道，并建立了中国最早的驿站传信制度。

早期的战争新闻经常以公文书和手抄新闻传递，造纸术和印刷术的发明与发展都和战争密切关联。公元 105 年，中国的蔡伦发明了“蔡侯纸”造纸术，但当时仅在东亚和东南亚范围内流行，到了唐代，造纸术才流传到阿拉伯帝国。由于阿拉伯帝国长期陷于内战，造纸术发展不快，直到十字军东征，造纸术经过西班牙传到了欧洲基督教世界。活字印刷术在欧洲的传播仍然是以战争为媒介的。1450 年，德国人古登堡在美因茨发明了活字印刷术，他的发明导致了一次媒介革命，迅速地推动了西方科学和社会的发展。1462 年，为争夺美因茨大主教职位，美因茨爆发了战争，大批印刷工人被迫逃亡，活字印刷术因此

① 张隆栋，傅显明．1988．外国新闻事业史简编．北京：中国人民大学出版社．

② 竹内郁郎．1989．大众社会传播学．张国良译．上海：复旦大学出版社．

很快传到了科隆、罗马、威尼斯和斯德哥尔摩等地。

二、战争对新闻传播事业有催化作用

活字印刷术在欧洲普及后，新闻书、新闻信、单面或双面报纸一类新闻性出版物迅速兴起。它们的早期历史表明，报业与战争有一种天然的亲和关系。从14世纪中叶起，土耳其人向欧洲扩张，灭亡了东罗马帝国，两度兵临维也纳城下，令全欧洲震骇不已，土耳其战争遂成为报刊新闻记事的主题。这一时期，土耳其为欧洲报业中心。在意大利和德国保存下来的早期报刊中，均有对这场战争的记载。欧洲各国的民族战争和王朝战争，也在早期新闻出版物上有所反映。15世纪下半叶的意大利报纸不时报道各城市共和国间的战争，法国国王查理八世出征意大利期间，意大利的报纸曾报道了战争的进展。英国现存最早的新闻书《真实遭遇战》印行于1513年，它共有10页，主要记述了当年9月的弗洛登之战。16世纪，法国境内爆发宗教战争，英国出兵干涉，英国公众从国内的出版物上可以了解战争的进程。1591～1594年，经英国政府批准出版的新闻中记载了126则时事新闻，在126则新闻中，关于法国战事的有53则，占42%。沃尔特·李普曼引用20世纪初的一项调查统计显示，“战争新闻占全部新闻的32.4%”[①]。

战争为欧洲报业由不定期到定期出版的转变提供了比其他活动更多的新闻，17世纪以后，早期的新闻传播及报业借助战争不断变革传播方式，迅速成长。

三、报刊推动革命发展

与战争对新闻传播事业的催化作用相似，新闻传播事业的发展与各国的资产阶级革命紧密联系。报刊不仅传播革命时期的新闻，作为传播的媒介，它更是宣扬革命理念和新思想的载体。随着报刊影响力的扩大，它在推动革命发展的同时，自身也不断革新，以适合时代发展的需要。

法国的资产阶级革命始于1789年，这场革命先后经历了主张君主立宪的斐扬派执掌政权、代表工商资产阶级的吉伦特派执掌政权和代表小资产阶级利益的雅各宾派执掌政权三个阶段。革命初期，资产阶级提倡新闻自由，推翻波旁王朝对报刊出版的限制，一时间，密尔顿的《论出版自由》译成法文广泛发行，各种报刊、传单、小册子纷纷涌现，并主张给报刊以“永久的、不可侵犯的、无限制的”自由。著名的《人权宣言》明确规定：“自由传达思想和意见是人类最宝贵的权利之一，因此，各个公民都有言论着述和出版的自由，但在法律规定的情况下，应对滥用此项自由负担责任。”这是人类历史上第一个明确规定出版自由的正式文件。1793年法兰西共和国的第一部宪法，又正式将出版自由写入法典。1788年的法国仅有报刊60种，第二年增至250种，整个革命期间，共出现过1350余种报刊。其中斐扬派米拉波主办的《普罗旺斯邮报》，吉伦特派布里索主办的《法兰西爱国者报》和雅各宾派的《人民之友报》《杜歇老爹报》《法国和布拉班革命报》最为出名。雅各宾派是法国大革命中最为激进的革命派，它们的报纸在革命进程中发挥了极为重要的宣传鼓动作用。

---

① 沃尔特·李普曼.1989.舆论学.林珊译.北京：华夏出版社.

雅各宾派的著名领袖马拉在1789年创办了《巴黎记者报》，后改名为《人民之友报》，成为资产阶级革命民主派的主要喉舌，是法国大革命中最有影响的报纸。该报时常刊文抨击封建势力的腐朽，揭露大资产阶级的阴谋，坚定主张依靠人民，实行革命专政。1789年巴黎人民第一次起义取得胜利后，国王路易十六秘密策划反革命政变，《人民之友报》及时作了报道和揭露，巴黎人民立即响应该报号召，挫败了反革命政变。革命期间粮食供应紧张，物价暴涨，人民生活艰难，《人民之友报》及时反映人民的呼声和要求，主张颁布限价法，严惩情节恶劣的奸商。马拉本人在极端困难的情况下坚持办报，千方百计使报纸每日出版，他当选为国民公会代表后始终坚持革命方针，不断揭露反人民政策。1793年6月1日晚，在巴黎人民反对吉伦特派的第三次起义的热潮中，马拉亲自敲响市政厅塔楼的钟声，向群众发表演说，号召人民积极奋起、保卫革命。第二天吉伦特派代表被驱逐出国民公会，政权转入雅各宾派手中，但是马拉却在一个月后被吉伦特分子暗杀（图5.1）。1790年，阿贝尔在革命高潮中创办了《杜歇老爹报》。这份报纸态度鲜明，言论泼辣，文字通俗，很受群众欢迎。这份报纸名字中的“杜歇老爹”是法国民间喜剧中的角色，机智灵活，疾恶如仇，是法国人民喜闻乐见的艺术形象，巴黎有不少报纸用过类似的名称。雅各宾专政后期，阿贝尔成为极左集团的代表，密谋反对罗伯斯庇尔的公安委员会，失败后被处死。

图5.1　《马拉之死》

北美报业在独立战争前夕，从报道过时外国消息，逐渐发展到提供生气勃勃、引人入胜同时具有战斗力的新闻报道事业，美国新闻事业经过战争的洗礼后，逐渐走向了成熟。塞缪尔·亚当斯被称为“宣传家”，他在独立战争中运用社会契约理论，反对英国议会对北美殖民地的高压政治，他还经常给《波士顿公报》撰稿，宣传激进思想，灌输民族意识，动员群众反对英国的殖民统治。托马斯·潘恩在美国独立战争前，撰写了铿锵有力并广为流传的小册子《常识》，极大地鼓舞了北美民众的独立情绪。在这本小册子中，他提出“和解与毁灭密切相关，独立才是唯一的出路”，“英国属于欧洲，北美属于它本身”。《常识》启迪了北美人们的思维，为北美人民提出了明确的斗争纲领。在美国独立战争这一伟大的历史进程中，对于是否独立的问题，各种新闻言论激发起人们保护自己财产的紧迫感，让他们坚信自己是命运的主人，使他们对自由和财富的热爱取代昔日的宗主国的感情，变成名副其实的“爱国者”，接受独立的观点。美国的小册子及报刊在美国独立战争中发挥了巨大作用，但是它们的产生到发展成熟也经历了一个为争取出版自由的艰难过程。

北美早期殖民地历史上，关系到新闻自由最著名的案例就是“曾格案件”，案件的过程不再予以赘述，著名律师安德鲁·汉密尔顿在为曾格的辩护词中说，这个时代是一个自由的时代，“当人们保持在事实这个界限之内时，我希望他们在谈论和写到对当权者品行的意见时，应当有安全保障……这种自由是上天和我们国家的法律所赋予我们的权利，以说真话、写真话来揭露和反对专制权力的自由……”，这一事件成为了美国出版自由的开端。在美国独立战争时期，新闻自由的思想进一步深化发展，新闻自由在《独立宣言》的起草人托马斯·杰斐逊的思想中占有极其重要的地位，他坚信“人民主权”，提倡出版自由，率先提出并积极努力为新闻自由立法。在1789年7月制定的《宪法修正案》中的第一条即为：“国会不得制定关于下列事项的法律：确立国教或禁止信教自由；剥夺言论自由或出版自由；或剥夺人民和平集会和向政府请愿申冤的权利。”该宪法修正案对美国新闻传播事业影响深远。

中国的国门在鸦片战争中被外国的坚船利炮打开，同时开始接触到外来的先进科学技术，中国的近代报业也是从这个时候开始在夹缝中生存和发展。外国人所办的报纸曾一度占据中国新闻传播的主导地位，对中国近代报业的发展影响巨大。

中国革命的各个时期，报刊都发挥着它的作用，并随着时代的发展不断变化、革新。维新运动中，中国资产阶级改良派借助报纸来宣扬变法，推动了维新变法的开展，维新派掀起了中国新闻传播史上的第一次国人办报的热潮，为我国报刊的发展开拓了道路。维新派运用报刊推动变法，而报刊也在维新运动中得以发展。辛亥革命时期，政党报刊在中国的新闻事业中占突出地位，各党派纷纷开办自己党派的报刊，大力宣传政党的政治主张。其中保皇派和革命派更是以报刊为主要战场进行了激烈的论战，这都是政治家们利用报纸来宣传自己的主张并同敌对思想进行斗争的典型案例。

报刊对革命的作用是不言而喻的，但报刊并不是在任何时候都能推动革命的进程。民国初期，政党报刊空前活跃，同盟会——国民党系统的报纸遍布全国，这些报纸表现了一定的民主精神，拥护共和，反对专制。但仍有封建势力创办的报纸反对民主共和，鼓吹封建专制。当时报刊的混乱斗争，使政局混乱不堪。袁世凯上台后，对新闻传播的控制，对言论出版自由的限制，对报刊的摧残和对报人的迫害，给中国新闻传播带来了深重的灾难。革命的言论被压制，革命事业处于低潮期，报刊事业也受到重创。

新文化时期，《新青年》杂志是最著名的舆论阵地。这一场文化的革命，广大革命派文人们，在杂志上发表政论文章、小说、杂文等，唤醒年轻的一代冲破思想的牢笼，揭露当时社会封建制度的腐朽，文字的力量在此刻显露无遗。改组后，《新青年》对马克思主义思想的宣传，给广大读者进行了马克思主义思想的启蒙教育。

报刊作为传播新思想的媒介，为中国革命做出了重大的贡献。虽然在不同的国家、不同的时期，报刊对于革命的作用有不同之处，但报刊最基本的新闻传播功能始终是一样的。报刊在中国革命的历史上有着重要的地位，其本身也在革命的进程发展起来，报业也不断庞大起来。

第二节　商业报刊

商业报刊，又被称为自由报刊，它是西方报刊继官报和政党报刊发展之后的第三个历史阶段。当一个国家大规模地出现售价比较低的大众化报纸，被视为商业报刊时期到来的标志，今天我们所看到的美国报刊就属于商业报刊体系。商业报刊时期到来以前，报刊主要被看作一种事业；而此后，报刊则被当作了一种产业。

大多数西方国家的政党报刊和商业报刊并存的时间较长，但是政党报刊的衰落和商业报刊的兴起，到20世纪中后期成为了一种普遍趋势，到了20世纪80年代，几乎所有西方国家都完全进入了商业报刊时期。以美国为例，美国的政党报刊存在了约70年，商业报刊与政党报刊有很大差异，它最显著特征是标榜政治独立，不受制于某个党派，对大众负责，而不是对政府负责，经济上自主经营，不依赖政府或政党的津贴。此外，商业报刊的内容比较新颖，实行企业化经营。商业报刊的形式多样，风格较政党报刊更为活泼，因为一般读者更愿意掏钱买一份自己感兴趣的而不是通篇政论、名人演说的报纸。商业报刊在内容和形式上赢得了广大受众，从而保证了广告客户和发行量，赚取利润，继而保证商业报刊的经济独立。

一、商业报刊兴起的原因

1. 工业革命

商业报刊的形成与工业革命紧密相关，18世纪后期起，欧美主要资本主义国家先后进行了工业革命，而后引起了社会经济、政治、文化各方面的重大变化，也给报业带来了重大影响。具体到美国报业，从19世纪20年代开始，工业革命的影响便开始凸显。工业革命带来城市的扩张，城市的扩张使得人们对信息的需求持续增长，经济持续发展，教育明显进步，教育又直接促进人的素质提高，为报刊准备了大量的潜在读者，读者增多又为报纸的发行创造了有利条件，促进了报业的发展，从而形成良性循环。同时，印刷技术的更新使得报业成为发展越来越快的行业。1814年，欧洲人弗里德里克·科尼希，发明了可同时印刷正反两面的双辊印刷机。伦敦的《泰晤士报》于1814年首次将这种机器用于印刷报纸，以每小时印报1100份的速度，战胜所有竞争者。1830年，英国人戴维·内皮尔改进了科尼希的蒸汽印刷机，又将印刷速度提高了3倍。美国的RM霍公司选择了以内皮尔的印刷机作为原型，为美国印刷商设计生产了新产品。霍公司的新产品实际上比内皮尔的印刷机有着更大的改进，每小时可印刷双面报纸4000份。这种技术上的改进，对于生产大众能够买得起的报纸，是必不可少的条件。因此，工业革命是商业报刊形成的动力。

2. 报刊自由理论

商业报刊的出现还受益于报刊自由理论的诞生。“观点的公开市场”和“自我修正过程”是现代自由主义理论的两个重要原则。自由主义报刊理论是随着商业报刊的发展不断付诸实践，并且在实践中引导商业报刊发展的；商业报刊的形成也促进了报刊自由主义理论的形成，二者相辅相成，共同发展。

二、上层报刊与廉价报纸

1. 美国

在美国，商业报刊出现后，就有上层报刊和廉价报纸的分流，经过了长达百余年的激烈竞争，形成了各自的主流性报纸。大众化报纸最早的代表是纽约的三大“便士报”。1833年，本杰明·戴创办《太阳报》，开创了新闻事业的新纪元。《太阳报》共4页，头版有3栏宽，无花哨排版；报道的内容大多是本地的奇闻轶事，尤其是暴力事件。该报售价低廉，创刊半年内，《太阳报》的发行量就达到了8000份，其竞争者难以望其项背。1836年，贝内特在纽约创办了《先驱报》。贝内特看到了把商业报纸做大做强的前景，到1860年，《先驱报》的发行量达到了7.7万份，成为世界上最大的日报，以致遭到了其他报业的联合抵制。所有反对它的报纸一齐上阵，展开了一场反对这个新闻界暴发户的“道德战”，指控贝内特使用了亵渎神明的言辞，迫使广告商撤回他们原准备刊登的广告。1840年，格里利在纽约创办了《论坛报》，格里利认为，对于民众既可用渲染情感刺激去吸引，也可以用讲道理去吸引，他的这种态度成为《论坛报》大获成功的一个重要因素。

与便士报的吸引力停留在诉诸情感刺激阶段，结果便产生了耸人听闻的新闻传播工具相对比，另一种脱胎于政党报刊的独立报纸也浮出了水面，它们与大众化报纸一起成为民营的商业性报纸。美国在这一时期的代表报刊是《纽约时报》。《纽约时报》的创始人亨利·贾维斯·雷蒙德在大学时，就曾为格里利的报刊投稿，毕业后即成为格里利的首席助手，后来同格里利发生冲突，便离开《纽约论坛报》，另图发展。1851年，雷蒙德和乔治·琼斯分析纽约报界的情况后发现：《纽约太阳报》《纽约先驱报》《纽约论坛报》这三大便士报虽然都获得了成功，但《太阳报》和《先驱报》的新闻过于刺激，而《论坛报》又过于偏激。于是他决定创办一份纯正、议论平和的报纸，来打破当时在纽约盛行的花花绿绿的新闻报道方式。《纽约时报》在报道社会大事中养成了一种相当正经的作风，这家报纸避免了《太阳报》和《先驱报》的耸人听闻，也避免了《论坛报》的兴致所至。在笔调上，将一贯公正作为立报之本；在发展中，仔细认真地研究报道技巧，因此，《纽约时报》一面市就略胜一筹。

2. 英国

英国的上层报刊代表是《泰晤士报》，《泰晤士报》诞生于1785年元旦，创始人是约翰·沃尔特。诞生之初，名为《每日环球纪录报》，1788年1月1日，正式更名为《泰晤士报》。约翰·沃尔特是《泰晤士报》的第一位总编。《泰晤士报》作为英国历史悠久的报刊经历了多个时期，从创办的沃尔特时期，到北岩报团时期、阿斯特家族时期、罗伊·汤姆森时期，到的默多克时期。作为英国最具代表性的商业报刊，《泰晤士报》一直秉承“独立地、客观地报道事实”“报道发展中的历史”的宗旨，但纵观其200多年的历史，该报的政治倾向基本上是保守的，在历史上历次重大国内及国际事务上支持英国政府的观点。

3. 法国

1836年7月1日，吉拉丹创办了法国的第一份廉价报纸《新闻报》，这是法国大众化报纸的开始。吉拉丹主张，报纸应是超党派的。《新闻报》创刊号宣称，该报无意阐发某种学说，它是不偏不倚的独立报纸，旨在为民造福。1836年，在吉拉丹创办《新闻报》的同一天，杜塔克创办了《世纪报》，在内容上，杜塔克的《世纪报》比吉拉丹的《新闻报》更具“煽情性”，更着重耸人听闻，语言上强调通俗生动，因而《世纪报》在社会中下层拥有广大读者（表5-1)。《费加罗报》为维尔梅桑1854年创办，开始是周报，侧重巴黎地方新闻，崇尚耸人听闻的手法，主张“报纸每天要把一块石头投进池塘”。1866年改为日报以后，加强了政治报道，立场保守。

表 5-1　《新闻报》与《世纪报》比较

报刊名称	新闻报	世纪报
创刊日期	1836 年 7 月 1 日	1836 年 7 月 1 日
创办人	吉拉丹	杜塔克
报刊特点	1）减少政治新闻和言论，大量刊登社会新闻和法院新闻 2）多刊登有关卫生、健康、生育、食品、服装、家庭方面的知识性、实用性材料等软新闻 3）多刊登文学作品，连载巴尔扎克的《老处女》，开法国报纸刊登长篇小说的先河 4）重视广告经营，在法国首创靠增加广告收入降低报价的先例	1）政治立场坚定、色彩明显，与共和党的论调保持一致 2）新闻业务上全面仿效《新闻报》，大量刊登社会新闻，报道广泛 3）刊登文学作品，更加娴熟地使用“煽情主义”手法，赢得大量底层读者 4）重视广告经营，组建广告公司，招揽广告

4. 中国

中国早期商业报刊的典范是《申报》（图 5.2）。《申报》原名《申江新报》，1872 年由英国商人查美等四人在上海创刊，1949 年 5 月 27 日停刊。它是近代中国发行时间最久、最具有广泛社会影响的报纸，是中国现代报纸的开端和标志。它前后总计经营了 77 年，历经晚清、北洋政府、国民政府三个时代，共出版 27 000 余期，在中国新闻史和社会史研究上都占有重要地位，被人们称为研究中国近现代史的“百科全书”。《申报》是在外国人办的报刊中，由中国人主笔执政的第一家报纸。《申报》对新闻业务进行了发表政论文章、重视新闻的真实性、注重反映社会实际生活、发表副刊性文字、重视经营副业等一系列改革，从而实现了“赢利”的目的。

申報
非常措置收拾時局
日皇頒和平詔書
命政府接受中美英蘇共同宣言

图 5.2　《申报》

图 5.3　史量才

《申报》除刊登国内外重要新闻、通信，发表著名人士文章、宣言之外，还增加篇幅辟出专栏和副刊，如“经济专刊”“教育消息”“商业新闻”“科学周刊”等专栏和副刊。1932 年有中国报业巨擘之称的史量才（图 5.3，时任《申报》总经理），改组《申报》副刊，聘请留法回国的黎烈文任主编，约请鲁迅和茅盾两大名家，以千字左右的文章刊登在副刊“自由谈”上。此举引来许多老作家和左翼青年作家撰稿投登。叶圣陶、老舍、沈从文、郁达夫、巴金、章太炎、柳亚子、吴稚晖也为“自由谈”写过文章。一时间“自由谈”的内容热闹活泼。

1937 年 11 月，上海沦陷后，日方企图控制该报，《申报》拒绝其新闻检查，于 1937 年 12 月 14 日宣布停刊。1938 年 1

图 5.4 《大公报》

月、3 月，汉口版、香港版先后复刊。1938 年 10 月 10 日，《申报》借美商之名在上海租界复刊。1941 年 12 月 8 日，日军开进上海公共租界，申报再次停刊。一周后，在日军威胁下，《申报》复刊，完全为日军报道部所控制。抗日战争胜利后，1945 年 12 月 22 日《申报》改组，到 1946 年 5 月，国民政府强迫《申报》实行官商合办，彻底改变了 74 年来申报的民营性质。1949 年 5 月 25 日，解放军接管上海，5 月 27 日，《申报》出至第 25599 号后宣布终刊。

《大公报》（图 5.4）于 1902 年由英敛之在天津创办，是中国迄今发行时间最长的中文报纸，在中华民国统治大陆时期，是当时最具影响力的报纸之一。

1926 年，吴鼎昌、张季鸾（图 5.5）、胡政之合组新记公司复办《大公报》。在复刊之日发表了《本社同人之志趣》，这篇文章提出了“不党、不卖、不私、不盲”的“四不”方针。

图 5.5 张季鸾

“不党”，是指“纯以公民之地位发表意见，此外无成见，无背景。凡其行为利于国者，吾人拥护之；其害国者，纠弹之”。

“不卖”，是指“不以言论作交易，不受一切带有政治性质之金钱补助，且不接受政治方面之入股投资”。

“不私”，是指“除愿忠于报纸固有之职外，并无私图。易言之，对于报纸并无私用，愿向全国开放，使为公众喉舌”。

“不盲”，是指不“随声附和”、不“评诋激烈，昧于事实”。

国民党元老于右任评价其主笔张季鸾：“季鸾是一位新闻记者，中国的新闻事业尚在文人论政阶段，季鸾就是一个文人论政的典型。他始终是一个热情横溢的新闻记者，他一生的文章议论，就是这一时代的活历史。……”1941 年 5 月 15 日，《大公报》获得美国密苏里新闻学院奖章的世界性荣誉。

抗日战争胜利后，《大公报》上海版于 1945 年 11 月 1 日复刊，天津版 12 月 1 日复刊，香港版 1948 年 3 月 15 日复刊，重庆版继续出版。《大公报》一度支持过国民党的内战政策，1948 年后因立场有所改变受到当局迫害，重庆版一度被强行接收。中华人民共和国成立后，《大公报》重庆版、上海版先后停刊。天津版改名《进步日报》，旋又恢复原名，迁至北京出版，主要报导财政经济和国际问题，1966 年 9 月 10 日停刊。香港版出版至今。

三、商业报刊催生的中国著名报人

商业报刊的发展，使得民国初期的新闻事业从政论时代向新闻时代转变，出现了许多著名报人。

1. 黄远生

黄远生（图 5.6），江西九江人，原名黄为基，字远庸，远生是他的笔名。1885 年 1 月 15 日生于“文彩秀发”的书香门第之家（一说生于 1883 年）。21 岁时中光绪甲辰进士，成为清末最后一批进士中最年轻的一位。但他无意仕途，以新进士之资格赴日本留学，1909 年毕业于日本中央大学法科。回国后先在清政府邮传部任职，辛亥革命后脱离官场，从业新闻，成为蜚声于世的著名新闻记者和政论家，是中国第一个以新闻采访和写作著称于世的人，时人誉之为“报界之奇才”。

图 5.6　黄远生

黄远生的记者生涯是从 1912 年创办和主编《少年中国》周刊开始的。最出名时，任上海《时报》《申报》驻北京特约记者，为其撰写北京通讯。他善于调查研究，勤于采访交人广，以擅长写新闻通讯著称于世，是我国新闻通讯的奠基人。他所写新闻作品辑为《远生遗著》4 卷，以新闻通讯为主，兼收政论、译文等，于 1919 年出版，是中国历史上最早的一部报刊通讯集。其中，《官迷论》《三日观天记》《外交部之厨子》《北京之新年》等通讯，对民国初年政局的黑暗和新官僚们的丑态，做了忠实的记录和辛辣的嘲讽。

黄远生以“能想”“能奔走”“能听”“能写”的“四能”记者自勉。

1915 年 12 月 27 日，避匿于美国的黄远生被革命党人以袁党人罪名枪杀于住宅内。

2. 邵飘萍

邵飘萍（图 5.7，1886—1926），浙江东阳人。革命志士，民国时期著名报人，《京报》创办者，新闻摄影家，中国传播马列主义、介绍俄国十月革命的先驱者之一，杰出的无产阶级新闻战士，是中国新闻理论的开拓者、奠基人，他是我国第一个通讯社——北京新闻编译社的创办人，我国第一个新闻学研究团体——北京新闻学研究会的倡导者和创办人之一。《京报》更是他从事新闻事业的重要里程碑。他被后人誉为“新闻全才”“乱世飘萍”“一代报人”“铁肩辣手，快笔如刀”等。1926 年因他发表文章揭露张作霖统治的种种黑暗，而被奉系军阀杀害。

图 5.7　邵飘萍

邵飘萍被人称为“新闻全才”，除办报、办通讯社外，还为后世留下了两本新闻学的开山著作：《实际应用新闻学》和《新闻学总论》。北京大官本讨厌见记者，邵飘萍却能使之不得不见，见且不得不谈，旁敲侧击，数语已得要领。例如，他夜探总理府，虚访美使馆，独家新闻总是被他抢到。邵飘萍风流倜傥，慷慨豪爽，善于言辞，广泛交游，上至总统、总理，下至仆役百姓，他都靠得拢，谈得来。他重交情，讲排场，经常在酒楼饭馆宴请宾客，以期从客人的谈话中捕捉信息。

邵飘萍作为记者 15 年，最著名的就是他的采访功夫。他之所以多次被捕入狱，是由于他常常能够挖到独家新闻，爆出常人不知但又想知道的政界秘闻，这也来源于他过人的采访功夫。正如他在自己的《实际应用新闻学》一书中所指出的那样，“在报纸的所有业务中，以采访为重要……因为一张报纸的最重要原料厥为新闻，而新闻之取得乃在采访”。

图 5.8 成舍我

所以，他也把毕生的精力都放在新闻采访上，他在自己的著作中总结了许多采访技巧，这些技巧成为后人模仿学习的范本，而且，不仅仅是采访当中使用的技巧，有些甚至成为我们为人处世的原则。

3. 成舍我

成舍我（图 5.8，1898—1991），中国著名报人，在中国新闻史上享有很高声望与影响。原名成勋，后名成平，舍我为其笔名，湖南湘乡籍人，出生于南京。从 1913 年他为安庆《民岩报》撰稿，到 1988 年在台北创办《台湾立报》，直至 1991 年去世，从事新闻业近 77 年，一生参与创办媒体、刊物近 20 家，直接创办 12 家，遭遇挫折无数，也是一位以个人力量从事新闻教育事业最长、影响重大的新闻教育家。

1924 年起，成舍我先后创办《世界晚报》（北京），《民生报》（南京），《立报》（上海），《香港立报》等，在新闻界影响强烈，打响名号的就是他第一份报纸——《世界晚报》。当时因为报社立场公正不阿、言论公正，即“第一是要说自己想说的话；第二是要说社会大众想说的话”，加上消息灵通正确，不畏强权暴力，完全做到民众喉舌之功能，所以民众都非常喜爱和支持，报纸销路极佳。

1925 年创办的《世界日报》（图 5.9）除揭载国内外要闻外，还设有经济界、教育界、妇女界等专栏。副刊《明珠》发表张恨水长篇小说《金粉世家》，连载 2196 次，历时七年，成为风靡一时的小说。报纸版面扩大后，增出“世界日报副刊”，由刘半农主编，约请许多学者名家撰稿。例如，鲁迅的杂文《马上日记》《马上日记之二》，张闻天的小说《周先生》，许钦文的小说《我的父亲和兰花》，沈尹默的旧体诗《杂感七首》等，都使副刊增色不少。《世界日报》创刊半年后，即 1925 年 10 月 1 日，将原先第五版的画报版，改出单张画报，即《世界画报》。至此，成舍我成为我国报业史上第一个独立办三份报的报人。

世界日報

金城銀行北平分行電話更改號碼

中國實業銀行換發新股票啓事

聯合勤務總司令部通告

图 5.9 《世界日报》

4. 邹韬奋

图 5.10 邹韬奋

邹韬奋（图 5.10，1895—1944），江西省余江县人，1922 年在黄炎培等创办的中华职业教育社任编辑部主任，开始从事教育和编辑工作。1926 年接任《生活周刊》主编，以犀利之笔，力主正义舆论，抨击黑暗势力，是我国杰出的新闻出版工作者。他一生主办过 6 刊 1 报，撰写评论、通讯报道达数百万字，他创办的“生活书店”在全国拥有 56 处总分支店，对中国进步新闻文化事业做出了创造性的贡献。他的《萍踪寄语》《萍踪忆语》两本通讯报告集，被读者赞美为“充满着爱与力的新游记”。

邹韬奋的办报思想和经验包括：第一，以大众进步和民族解放为目的；第二，适合大众需要的文风；第三，主张办报刊要有个性；第四，注重新闻工作者的道德修养（言论独立、工作敬业、读者至上）；第五，重视报刊经营管理。

5. 范长江

图 5.11　范长江

范长江（图 5.11，1909—1970），四川内江人，原名希天，著名记者，中国新闻家，社会活动家。1933 年下半年起，他开始向平津报纸投写新闻稿件，1934 年年底，首次用“长江”笔名在《北平晨报》署名发稿，并担任该报特约通讯员。这是他从事新闻生涯的起点。1934 年，红军撤离中央苏区北上。1935 年，范长江联系《世界日报》未果，后得《大公报》资助，赴西北采访。后来他出版《中国的西北角》一书，第一次真实、公正、客观地报道了红军长征的行踪和影响。

范长江生前写过大量的出色的新闻报道，担任过新闻机构的领导工作，为全国的新闻事业做出很大贡献。1991 年，中国记协与范长江新闻奖基金会联合设立了“范长江新闻奖”，这是表彰奖励我国中青年新闻工作者的全国性高层次新闻奖。该奖项于 2005 年与“韬奋新闻奖”合并成为“长江韬奋奖”。

四、商业报刊与大众报刊的区别

商业报刊并不等于大众报刊。首先，从销量上看，商业报刊与后来的大众报刊相比，仍然有一定的差距。其次，从时间上看，商业报刊大致兴起于工业革命开始初期，而大众报刊则兴起于工业革命后。最后，商业报纸对报刊的贡献是创建了不同于政党报刊的形式的报纸，实现了报纸的内容、形式的多样性，而大众报刊的贡献则是把报纸变成名副其实的大众报刊。

第三节　大 众 报 刊

大众报刊又名廉价报刊，是指工业革命后各国先后出现的面向社会中下层的通俗小报，因读者对象较政党报刊更大众化，售价更为低廉。大众报刊以大众普遍关心的内容为主，浅显易懂，迎合大众的心理需求和审美趣味，价格一般不高，主要利润来源于广告。大众报刊的价格策略是不求在零售或订阅价格上收回成本，而是以低廉的价格尽可能大地扩大发行量，然后再把大批的受众出售给广告商。有一些品种的大众化报刊甚至免费发放，这也是以尽量扩大发行，以换取广告为盈利手段（表 5-2）。

表 5-2 大众化报刊与政党报刊比较

项目	政党报刊	大众化报刊
经济上是否独立	否，依靠政党津贴	是，依靠发行和广告
定价	高	低
报道领域	窄，主要是报道政治新闻，反映政党利益	宽，重视地方新闻、社会新闻、人情味新闻、煽情主义新闻
受众群体	政党成员为主	社会中下层读者为主
版面编辑	单调、沉闷	能俗多样，白话文现代口语，多行标题，大量图片，刊登小说和知识小品等非新闻性材料，编排活泼花哨
经营管理	政党全权负责	实行企业代管理，商业管理广告是主要的收入来源

一、大众报刊产生的基础

19 世纪以前，报纸一直只在上层社会流行，一般的下层民众无由问津。因为下层民众在经济上难以承担报纸的高昂价格，艰深繁杂的内容也并非为一般民众所关注。尽管报刊在人类历史的进程中，扮演了重要的角色，但是对于普通民众而言，报纸并非物质生活的必需品。19 世纪初期，伴随着工业革命和政治民主化的进展，商业报刊开始出现，在欧美发达资本主义国家，涌现出了第一批面向普通大众的“便士报”。

政治民主化的完成是大众化报刊出现的基础。随着发行特许、新闻检查等制度的废除，言论自由作为人的一项基本权利得到法律保护。19 世纪初期，欧美发达资本主义国家，尤其是英、法、美等国的城市不断扩张，经济迅速发展，人们的物质生活得到保障后，开始寻求精神满足，读报逐渐成为生活习惯。工商业的发展，带来报刊广告市场的繁荣，当报刊与广告结合后，商业报刊由原来单纯依靠发行维持生计转为靠发行和广告来维持。印刷技术、交通电信技术和通讯社的出现更是为报刊的发展带来了革命性变化。

二、大众报刊的特点

几乎所有的大众化报纸，都标榜自己是超党派独立报纸，这与政党报刊公开表明党性原则决然不同。出于宣传的目的，政党报刊主要是讨论政治问题，攻击甚至是谩骂对方，客观报道不是它的任务。大众报刊的受众希望得到的是客观事实，此时在经济上变得自立的报纸不再依赖党派津贴，于是大众报刊普遍采取了超党派的独立立场。与此同时，出于拓展市场的需要，新兴的工商资产阶级大大地增加了广告开支，报纸的收入空前增加，广告成了支撑大众报刊的重要支柱。大众报刊为满足中下层读者的需要，大力拓宽报道领域，加大对地方新闻、社会新闻、人情味新闻和煽情主义新闻的报道力度。在文字上，摒弃了艰深晦涩的语言，转而以口语为主。在版面编排上，注重版面生动活泼，一改报纸过去庄重、呆板的传统。在内容上，还大量地刊用非新闻性题材，如刊登诗词、连载小说、知识小品等。在经营管理上，实行企业化运作。售价低廉，是大众报刊得以迅速扩张发展的最主要原因，报纸的廉价化，使得下层民众都有能力购买，从而拓展了报业的生存空间（表 5-2）。

三、世界主要大众报刊

大众报刊也是商业报刊，它为其消费者提供新闻信息和休闲娱乐。美国报纸大众化的初期，正是此前提到的四家商业报刊：《纽约太阳报》（图 5.12）《纽约先驱报》（图 5.13）《纽约论坛报》（图 5.14）《纽约时报》（图 5.15）。美国第一张成功的大众报刊，是由本杰明·戴于 1833 年创办的《纽约太阳报》，虽然在《纽约太阳报》之前，美国已有数家便士报，但它一出现便成了大众化报纸成功的典范。它每份售价一分钱，并且首创街头出售。虽然《纽约太阳报》取材庸俗，但是读起来极有趣味，《纽约太阳报》以其特有的风格和低廉的价格，深受读者的欢迎。《纽约太阳报》的成功，使得短时间内，美国各地出现了许多效仿者。其中影响最大的当数贝内特的《纽约先驱报》。他仿效《纽约太阳报》的作法，采用耸人听闻的题材，并加上自己的花招；在犯罪新闻的报道方面，也达到了登峰造极的程度。

THE SUN.

图 5.12　《纽约太阳报》

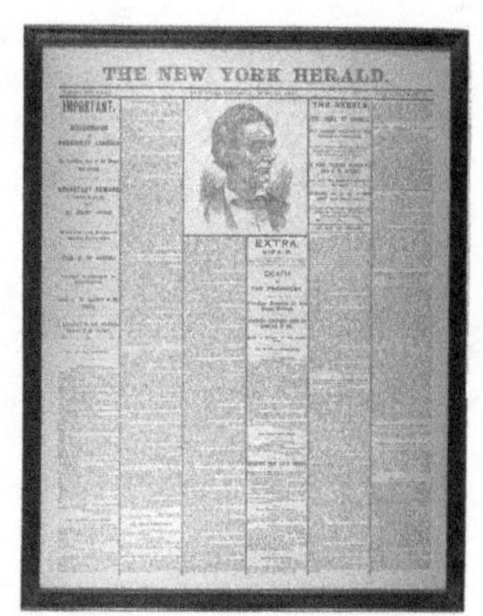
THE NEW YORK HERALD.

图 5.13　《纽约先驱报》

THE NEW YORK TRIBUNE

STRONG. CLEAN. ENTERPRISING.

图 5.14　《纽约论坛报》

The New York Times

ALLIES AND IRAQIS BATTLE ON 2 FRONTS; 20 AMERICANS DEAD OR MISSING, 50 HURT

图 5.15　《纽约时报》

图 5.16　格里利

为了战胜《纽约太阳报》，贝内特一方面扩大报道领域，创办富有特色的金融板块，报道金融市场、货币交易和证券行情，以吸引商业阶级读者；另一方面，他还提出了“人道主义”“改良社会”的口号，大肆攻击政客、议员和教会，以造成耸动性效果。如果说，《纽约太阳报》和《纽约先驱报》等大众化便士报的犯罪新闻与煽情宣传，使得它们还够不上称为一个负责的报纸，那么，格里利（图 5.16）创办的《纽约论坛报》，则以其高尚的理想、客观的态度和负责的精神，代表着便士报的最高典范。它的创刊、发展，标志着美国大众化报刊发展到了成熟阶段。而雷蒙德创办的《纽约时报》在笔调和内容上追求公正和准确，力求以高品位赢得受众的认可，雷蒙德本人热衷于政治，但是他主张报纸应采取摒弃党派偏见的客观立场，从而成功开辟了严肃报纸的发展方向。

英国虽然在历史上最早完成了资产阶级革命，但是由于这场革命并不彻底，一些控制言论的封建传统手段，得到了一定程度的继承。直到1861年知识税的最终废除，英国的大众化廉价报刊才出现。《每日电讯报》成为英国第一家成功的大众化便士报。与美国、法国、英国的大众化报业相比，德国的大众化报业显得相形见绌。它不仅在时间上出现得晚，而且在规模上也要逊色得多。德国新兴的廉价报纸多数是以订阅为主要发行方式的地方报，以广告和娱乐为主要内容。在它的版面上，无论是新闻还是政治，都很少有插足之地。日本报业的初期历史开始于德川幕府时代，但大规模发展是在明治维新时期。此时期，除了代表各个政治利益阶层的政论报刊之外，以东京和大阪为中心出现了一批以报道娱乐为中心的“小报”，它们价格低廉，文字简洁，适合大多数社会底层人民阅读。比较著名的大众报刊是《读卖新闻》和《朝日新闻》(图5.17)。

NHK「慰安婦」番組改変
中川昭・安倍氏「内容偏り」
前日、幹部呼び指摘
2氏「公正求めただけ」
出勤の
PTA

图5.17 《朝日新闻》

中国历史上大致有三种不同样式的报纸大众化。三种样式的大众化对“大众”分别作不同理解，在如何实现大众化以及大众化的目的也各有不同。一是以教化大众为目的的报纸大众化，白话报刊的出现当属中国报业史上的第一波大众化浪潮，这次报纸大众化发生在维新时期。二是旨在组织动员大众的报纸大众化，这一股报纸大众化浪潮在1930年前后由左翼文化团体发起，创办的报刊有《大众文艺》《文艺新闻》等。三是强调服务大众的报纸大众化，《申报》《新闻报》《大公报》等一批有影响的商业报纸都是这一时期的代表。

大众报刊的出现，标志着新闻业全面进入商业化的时代，使新闻业成长为一个具有独特职业追求的行业成为可能。在大众化报刊早期，报纸虽然不再是党派的工具，却演化为个人肆意妄为的场所，新闻常因编辑个人的立场而有所偏颇。值得肯定的是，大众报刊适应了公众和社会的需要。大众报刊的出现与政党报刊有一段交叉时期，在这样的政治和经济背景下，早期的大众化报纸还不具备与政党报刊彻底划清界限的全部条件，在公众对记者的社会角色认知尚未成熟的前提下，以格里利为代表的报业先驱产生了模糊的新闻伦理意识，通过追求不偏不倚、事实与意见，以区别于政党报纸，初步具有了职业理念，虽然个人色彩较为浓重，但是毕竟开始了宝贵的探索。

第四节 黄色新闻

一、黄色新闻的概念及特点

黄色新闻（yellow journalism）是对19世纪中期兴起的以极度夸张及捏造情节的手法来渲染新闻事件，尤其是关于色情、暴力、犯罪方面的事件，以达到耸人听闻，进而扩大销数之目的的新闻报道。黄色新闻是报业追逐利润不择手段竞争的产物。它起源于美国著名的报人普利策和赫斯特的竞争。

黄色新闻惯用手法包括：使用大字号煽动性标题，对不甚重要的新闻加以渲染、夸张，捏造访谈记录和新闻报道，采用易于引起歧意的标题和版式，大量采用未经授权或真实性可疑的图片，报道内容流于肤浅，标榜同情“受压迫者”，煽动社会运动，专挑耸人听闻的事件进行报道，甚至假造骇人的新闻。黄色新闻在大众化报纸之早期已初现端倪，其高潮源于19世纪末美国两位著名报业大亨约瑟夫·普利策（图5.18）与威廉·赫斯特（图5.19）的竞争，并由此向全世界泛滥开来。黄色新闻对新闻事业产生了多方面的影响，至今仍有不少市场。

图5.18 约瑟夫·普利策

图5.19 威廉·赫斯特

二、《纽约世界报》与《纽约新闻报》

1. 普利策与《纽约世界报》

1883年5月普利策接办《纽约世界报》，其言论严肃公正，与此同时，他继承和发展了廉价报刊时期的煽情主义，大搞耸人听闻的刺激性新闻，吸引读者打开销路，把这张报纸办得十分成功。普利策强调新闻的真实、准确，文字简洁通俗，重视社论，被认为是19世纪70～80年代兴起的“新新闻事业”的创始人。1890年辞去《世界报》主编职务。晚年双目失明。遗嘱赠款设立普利策奖，并捐赠200万美元作为创建哥伦比亚大学新闻学院的基金。

普利策的办报特点包括：①以国内外重大新闻为骨干，辅以轻松或有刺激性的新闻以吸引读者。②发起社会运动，推动改革，扩大影响。③重视社论，以支持新闻报道。④篇幅多，报价低。⑤广泛运用新闻图片。⑥重视报纸发行，用各种奖励办法扩大销路。这种办报方式代表了当时美国报业的新潮流，因而被称为“新式新闻事业”。

2. 赫斯特与《纽约新闻报》

赫斯特出生于旧金山矿业主家庭，19岁进哈佛，因违反校规被开除，其间曾在《世界报》实习。1895年赫斯特在纽约购得《纽约新闻报》（*New York Journal*）。该报惯用煽情手法，突出有关凶杀、抢劫、暴行和色情的报道，而且经常使用触目惊心的大字标题，虚张声势，哗众取宠。赫斯特被美国新闻界视为黄色新闻的鼻祖。

赫斯特挖空心思高薪从普利策手下挖走不少骨干编辑记者，其中包括著名专栏画家理查·奥特考特。奥特考特是《世界报》的著名漫画专栏“黄孩子”（图 5.20）的作者，“黄孩子”是一个仅有几根头发、没有牙齿的小孩，穿着一件又长又大的黄色衣服，到处游荡，在当时很受读者欢迎。“黄孩子”被《纽约新闻报》挖走后，普利策立即以赫斯特开出的同样高薪挽留这些编辑人员，但是赫斯特马上又再度提高薪金挖走了《纽约世界报》星期日版的原班人马。“黄孩子”的作者奥特考特被挖到《纽约新闻报》后，普利策一面重新聘请画家乔治·拉克斯继续在《世界报》续画“黄孩子”，一面将赫斯特告上法庭。这场争夺“黄孩子”的战争在整个纽约引起轰动，《纽约世界报》和《纽约新闻报》趁人们对此事的关注，大肆策划刺激性报道，争夺受众。当时著名记者华德曼将两报的新闻报道风格戏称为“黄色新闻”，“黄色新闻”一词很快被人们接受并沿用至今，成为新闻学术语。

图 5.20 “黄孩子”漫画

赫斯特的《纽约新闻报》大胆采用粗劣的黄色新闻，销售量迅猛增加。当时的新闻典型标题如《货真价实的美国飞兽和大龙》，是一条关于考古队发现化石遗骸的消息的标题；还有一些标题如《杀死小贝西的神秘凶手》《年轻姑娘为何自杀》和《为了爱情女人怪事多》等都取得了轰动性效应。在两报的激烈竞争中发展起来的黄色新闻，带来了巨大利润，引起了两报的其他竞争者纷纷效仿。当时美国的主要报纸中约有 1/3 是纯粹的黄色报纸。

三、黄色新闻的影响

黄色新闻对 1898 年爆发的美西战争起到了推波助澜的作用。战前，普利策和赫斯特都大肆鼓吹战争，大量刊登西班牙在古巴暴行的报道和图片，激发群众对西班牙的不满。1898 年 2 月 15 日美国战舰缅因号在哈瓦那被炸沉，《纽约新闻报》在事先未作任何调查的情况下断言是西班牙人所为，美国国内人声沸腾，要求政府立即对西班牙宣战。赫斯特曾经对他的员工说：“你完成图片，我完成战争。”战争一开始，赫斯特即特派数艘汽艇和拖船，率领 20 余名记者到战地采访，大量报道战争情况，《纽约新闻报》销量由 100 万份迅速增至 150 万份。

1901 年，赫斯特因支持落选总统的共和党领袖白里安而公然在《纽约新闻报》上煽动刺杀总统麦金莱。同年 9 月，麦金莱遇刺身亡，从凶手的口袋里搜出这份《纽约新闻报》。赫斯特随即遭到社会舆论的严厉谴责，《纽约新闻报》销量大跌。1906 年，赫斯特不得不解散《纽约新闻报》。随着《纽约新闻报》的解散，黄色新闻逐渐衰落。1937 年，更名为《美国人报》的《纽约世界报》停刊。

在黄色新闻盛行时期，美国仍有不少报纸坚决抵制黄色新闻的泛滥，主张维持严肃的风格，如《纽约时报》《纽约论坛报》等。尽管黄色新闻存在的时间是非常短暂的，但却对整个 20 世纪的世界新闻史产生了深远的影响，如英国的《太阳报》、德国的《图片报》、香港的《东方日报》等都是具有黄色新闻性质的大众报纸。这类报纸通常面对社会大众，发行量巨大，有巨大的利润空间。英国《太阳报》2004 年的日均发行量超过 450 万份，而严肃的《泰晤士报》仅不到 50 万份。美国新闻学者维拉尔德说："赫斯特降低了新闻事业的水平，他出版了美国最坏的报纸。"①

四、对黄色新闻的评价

黄色新闻作为一种新闻历史现象，有其产生的客观条件。19 世纪末资本主义由自由竞争阶段发展到垄断阶段，这是黄色新闻产生的经济基础。私人报业主办报最终目的是赚钱，报业资本家必须千方百计扩大报纸发行量，大肆刊登黄色新闻，以迎合读者的低级趣味成为了报业主的一项重要举措。新闻传播的自由主义理论又使得黄色新闻的发展理直气壮，没有任何组织和个人能对其进行规范和约束，因此黄色新闻大行其道。

新闻史学家埃默里父子认为：黄色新闻在获得了受众的同时，却"阻塞普通人所依赖的新闻渠道，把人生的重大问题变成了廉价的闹剧"；"不仅起不到有效的引导作用，反而为罪恶、性和暴力开脱"。

美国新闻史学家夏德森在其专著《挖掘新闻——美国报纸的社会史》中认为："黄色新闻"的"故事模式"是对新闻报道手法的发展，明确的受众定位满足了低层受众的知晓欲，报纸娱乐功能的扩大适应了城市居民不断改变的生活、感受和渴望。

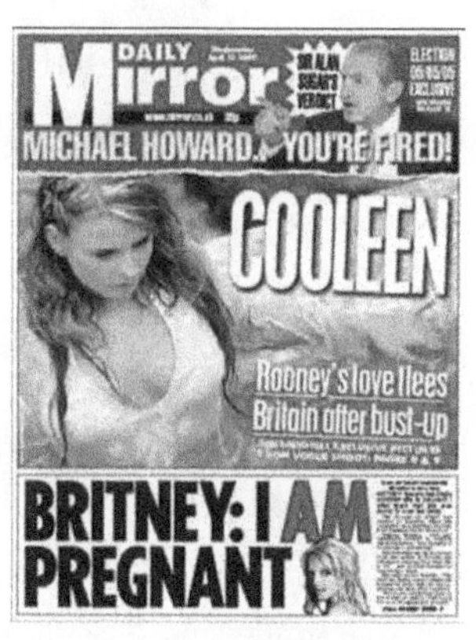

图 5.21　《每日镜报》中的色情因素

黄色新闻的煽情主义宣传，大大降低了新闻事业的水准，践踏了长期以来新闻界一贯奉行的真实性原则。在追求利润、追求发行目标时，黄色报纸将报刊的使命和社会公正弃之一边，煽情报道、犯罪报道、耸人听闻、哗众取宠助长了人性中低级趣味的一面，败坏了社会的风气（图 5.21）。当然，黄色新闻也并非一无是处，主要表现在：黄色报纸促使报刊更加大众化，由于吸引了更多受众，扩大了读者群，使大众化进程和程度大大提高；推动了新闻业务的改进，黄色新闻为了吸引受众而采用的图片标题等处理手法以及对新闻内容的报道方式，活跃了报纸版面，增强了对受众的吸引力，被现代报纸所继承和发展。

第五节　无产阶级报刊

一、无产阶级报刊理论

无产阶级的报刊理论即马克思（图 5.22）、恩格斯的报刊思想。马克思、恩格斯的新闻思想以 1848 年的《新莱茵报》（图 5.23）为界，可以划分为两个历史阶段。在前一阶段，作

① 张隆栋，傅显明．1999．外国新闻事业史简编．北京：中国人民大学出版社．

为革命的民主主义者，马克思、恩格斯以人民报刊思想为基础，其新闻思想的核心是自由报刊理论，对资产阶级的出版自由给予了充分的肯定。马克思赞美出版自由，追求出版自由，与上升时期资产阶级革命家的主张十分接近。后一阶段，随着欧洲大陆资产阶级革命的兴起，随着各国工人运动由幼稚逐渐走向成熟，马克思、恩格斯也由革命的民主主义者转变为共产主义者。伴随着这一变化，马克思、恩格斯早期的自由报刊思想也被无产阶级党报观念取代。马克思、恩格斯认为，无产阶级党报必须遵循以科学共产主义为指导的党性原则；报刊是社会的捍卫者，是热情维护自己自由的人民精神的千呼万应的喉舌。

图 5.22 马克思

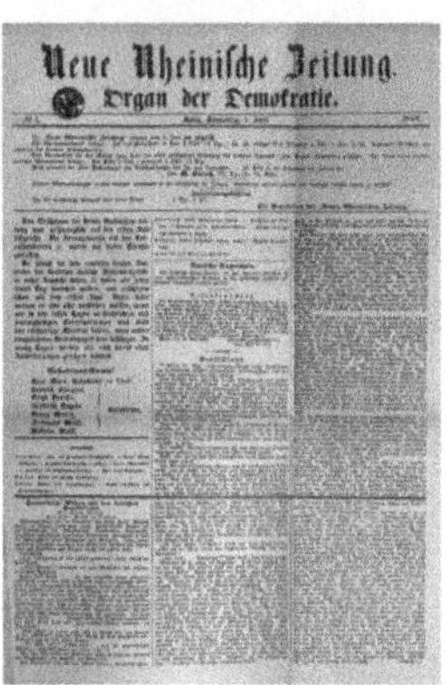

Neue Rheinische Zeitung.
Organ der Demokratie.

图 5.23 《新莱茵报》

二、早期的无产阶级报刊

较早的无产阶级报刊是法国大革命中巴贝夫于 1794 年创办的《人民论坛报》。1830 年由赫瑟林顿创办的《穷人卫报》，是英国反抗知识税时期的刊物，该报坚持出版了五年，表达了英国工人阶级的态度，是英国实行知识税后期较著名的刊物。19 世纪 30 年代初创办的其他较重要的无产阶级报刊还有《人民之声》《穷人律师》《先锋》等。美国第一家工人报纸《雇工机工拥护者》于 1827 年创刊于费拉德尔菲亚。伴随着工会运动，1827～1832 年各州出现了 50 多种工人报刊，其中最出色的是在纽约出版的《工人拥护者》。《工人拥护者》创刊号宣布："工人阶级已经占领了自己的阵地，在那压迫他们的势力全部消灭以前，他们决不会放弃斗争的。" 1842 年，最早的女工杂志《工厂女工》在新罕布什尔州创刊。在法国，圣西门派社会主义者出版了《地球报》和《生产者》杂志，傅立叶派社会主义者出版了《法朗吉》报。德国早期的无产阶级报刊是在国外出版的，较著名的是 1834 年在巴黎出版的《被遗弃者》杂志和 1841 年在瑞士出版的《年轻一代》杂志。

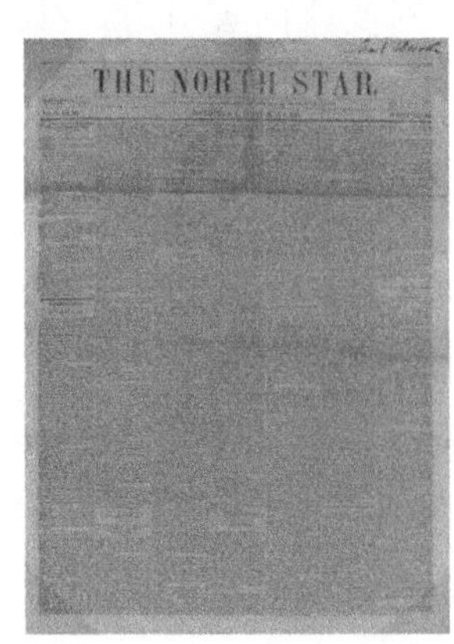

THE NORTH STAR.

图 5.24 《北极星报》

1838～1839 年英国的无产阶级宪章运动是早期无产阶级报刊发展的高潮时期。这一时期出现了一大批无产阶级报刊，其中最负盛名的是菲·奥康瑙尔于 1837 在英国北方城市利兹创办的《北极星报》(图 5.24)，该报对于席卷全国的宪章运动进行了及时、全面的报道，文字流畅，充满激情。它主张通过政治斗争以实现宪章主张，反对妥协退让；主张一切国家的工人阶级联合起来共同斗争，同时还把支持各国无产阶级和被压迫民族的革命运动，看成是无产阶级的义务，表明了无产阶级的国际主义立场。《北极星报》的宣传，使英国各地的宪章主义者联合起来，为宪章运动的发展做出了贡献，因而受到读者的普遍欢迎。它持续出版 15 年，最高发行量达到 10 万份，被公认为是与《泰晤士报》相匹敌的报纸。恩格斯称赞它是“欧洲最优秀的报纸之一”。

三、列宁与俄国的无产阶级报刊

图 5.25　列宁

俄国在农奴制废除后，无产阶级队伍出现并不断壮大。19 世纪末 20 世纪初，随着俄国资本主义经济的发展，无产阶级逐渐形成一支独立的政治力量，作为无产阶级的舆论机关，无产阶级报刊随之出现。俄国无产阶级深受沙俄政权压迫，从 19 世纪 70 年代起，工人罢工斗争迅速兴起。1878 年，彼得堡成立了“俄国北方工人协会”，并提出了言论、出版、集会自由等政治要求，并于 1880 年出版了俄国历史上第一个工人秘密刊物《工人曙光报》。1895 年 11 月，列宁（图 5.25）联合二十多个马克思主义小组，成立了“工人阶级解放斗争协会”，并先后出版了几十种传单和宣传品。随后秘密出版了《彼得堡工人小报》，以反映民众的疾苦、呼声为主要内容，号召民众组织起来，进行反对专制制度的斗争，但该报只出了两期便被沙皇政府查禁。

1. 《火星报》

19 世纪末 20 世纪初，俄国革命形势日益高涨，为了建立一个能领导革命运动的统一集中的政党，列宁认为首先要从办报入手。他主张通过创办革命报纸来统一思想、指导工人运动。1900 年秋天，列宁和普列汉诺夫等人拟定了出版计划。1900 年，列宁和普列汉诺夫等人创办了《火星报》（图 5.26），第一期在德国莱比锡出版，随后在慕尼黑、伦敦、日内瓦等地辗转出版。列宁实际上是《火星报》的主编和领导者，他在《火星报》上发表了许多有关党的建设和俄国无产阶级革命问题的文章，对国际生活的重大事件做了评论。

图 5.26　《火星报》

《火星报》的宣传内容主要集中在两个方面：同“经济派”论战和宣传党的纲领。恩格斯逝世以后，德国工人运动中出现了伯恩施坦为代表的机会主义思潮，俄国工人运动中的“经济派”便是俄国的伯恩斯坦主义支持者，他们利用所办的《工人思想报》和《工人事业》杂志，反对革命，鼓吹资产阶级改良主义。针对“经济派”的论调，《火星报》予以了坚决回击，继续引导工人运动。制定并宣传党的纲领，是《火星报》肩负的又一重任。1902 年，《火星报》第 21 期将党纲草案刊登出来，随后《火星报》又连续发表论文和文章，进一步阐明党的纲领和策略，还刊登了各地方组织的反映。在《火星报》的宣传和引导之下，列宁的建党思想深入人心。1903年7月至8月，俄国社会民主工党第二次代表大会秘密召开，讨论通过了《火星报》所提出的党纲。鉴于《火星报》为建党做出的巨大贡献，俄国社会民主工党第二次代表大会通过决议，表彰其历史功绩，并宣布它为“党的中央机关报”。

《火星报》时期列宁的新闻思想包括以下四个方面。

（1）党报使命观。党的报刊作为无产阶级先锋队的喉舌，对无产阶级的解放事业能起到很大的作用。

（2）党报与党的机关的关系。党报应是党的事业的一部分，党报必须与党的机关保持一致，并接受党的绝对领导。

（3）党报与工人利益。无产阶级党报应该反映工人的利益，反映广大群众的利益，如果党报轻视“工人所关心的东西，难道它还能够存在下去吗”。

（4）党报的工作原则。党报工作的创作自由必须服从于党的基本利益；宣传报道必须绝对真实；无产阶级党报应该是坚持原则、充满战斗性的机关报。

俄国社会民主工党第二次代表大会在关于建立什么样的政党问题上产生了分歧，出现了布尔什维克（多数派）和孟什维克（少数派）两个派别。随着普列汉诺夫转到孟什维克方面，从52期起，《火星报》的领导权被孟什维克掌握。为了制定统一的行动纲领和斗争策略，把革命引向胜利，布尔什维克决定创办布尔什维克党新的中央机关报——《无产者报》。《无产者报》于1905年5月27日在日内瓦创刊，列宁任主编，同年11月停刊，共出26期。

1905年12月，布尔什维克领导下的莫斯科工人代表苏维埃发动政治总罢工失败后，革命转入低潮，布尔什维克在国外秘密出版了《工人报》。1912年1月，布尔什维克正式成为独立的无产阶级政党，称为俄国社会民主工党（布），并将《工人报》定为它的正式机关报。

2.《真理报》

1912年5月，列宁在彼得堡亲自筹划创办了大型群众性政治日报《真理报》（图5.27），它大量刊登工人通讯，介绍工人生活、工作情况及各个企业罢工的消息。斯大林（图5.28）曾参与《真理报》的编辑工作，它的读者范围之广、影响面之大，是当时俄国的其他报纸无法比拟的。《真理报》引起了沙皇政府的恐慌，多次被查封，但每次被查封后，它都改用其他名称继续出版。《真理报》为布尔什维克党奠定了坚实的群众基础，造就了新的一代工人革命者，为十月革命的胜利做了充分的准备。1917年，布尔什维克党开始领导俄国革命，并决定将《真理报》定为党中央的机关报。而后《真理报》成了革命的旗帜，虽被资产阶级临时政府几次查封，但它不屈不挠，坚持战斗，为准备和实行十月社会主义革命做出了重要贡献。为避免临时政府的检查，《真理报》曾改名为《工人之路报》。俄历10月10日，布尔什维克党中央通过了关于武装起义的决定。但孟什维克的报纸上发表了反对武装起义的声明，从而泄露了党的机密，于是党中央决定提前行动。俄历10月24日，临时政府下令查封《工人之路报》，但在革命武装保护下，《工人之路报》随后发表社论公开号召推翻临时政府，号召“全部政权归苏维埃！”随着冬宫被攻克，十月革命取得了决定性的胜利。《工人之路报》迅速报道了攻克冬宫的消息，刊登了列宁写的

《告工人、士兵、农民书》，宣告了人类历史新纪元的到来。11 月 9 日，《工人之路报》恢复《真理报》原名继续出版，从此成为世界上第一个执政的无产阶级政党的中央机关报。

ПРАВДА
СЕГОДНЯ В НОМЕРЕ:
Декада советской музыки
УКАЗ
ПРЕЗИДИУМА ВЕРХОВНОГО СОВЕТА СССР

图 5.27　《真理报》

图 5.28　斯大林

十月革命胜利后列宁的新闻思想包括以下五个方面。

(1) 关于报刊的宣传组织作用。“报纸不仅是集体的宣传员和集体的鼓动员，而且是集体的组织者。”

(2) 关于报刊的党性原则。列宁一贯认为，无产阶级党报应该明确坚定地宣传党的纲领、路线和方针。

(3) 关于新闻出版自由。列宁十分重视新闻出版自由对无产阶级的重要性，又强调新闻出版自由的阶级性质，批判了资产阶级出版自由的虚伪性。

(4) 关于为社会主义经济建设服务。在党的工作重心转向经济建设以后，列宁提出了“报纸刊物应该成为社会主义建设的工具”的新方针。

(5) 关于群众办报和舆论监督。列宁一贯重视发动群众办报。一定要让所有革命民主主义者都来写稿，都来报道有关运动的消息，发表自己的意见。

四、苏联新闻体制及其崩溃

自苏联成立到 20 世纪 80 年代初，苏联一直是社会主义的大本营。它不仅以其强大的经济与军事实力确立了自己的国际政治地位，而且在新闻传播方面，也是社会主义世界发展水平最高的国家，建立了一个以共产党机关报为核心的报业体系。

苏联新闻体制的含义：一是指新闻媒介的所有制和经营管理机制，一是指国家对媒介的法律和行政管理方式。

苏联新闻体制的特点包括：①新闻媒介全部国有。②媒介管理高度集权。③媒介功能注重组织、宣传和鼓动。④信息来源十分单一。⑤媒介言论高度统一。苏联新闻业的这种体制，具有集中、统一、封闭的特征。

从 1968 年起担任过《真理报》20 多年副总编和总编的阿法纳西耶夫在苏联解体后所写的回忆录里曾经写道：“报纸的首要任务是提供信息，然后让人们自己去辨别是非真伪，可是，《真理报》并不总是能够这样做。我们往往不得不按我们主人的曲谱来演奏。”

五、中国的无产阶级报刊

在中国，辛亥革命后社会经济和思想文化开始转型，新文化运动和后来的五四运动成为了中国社会思想的启蒙运动，为中国带来了马克思主义。

1915 年 9 月，陈独秀（图 5.29）在上海创办《新青年》（图 5.30），此举标志着中国新文化运动的兴起。陈独秀在创刊号上发表《敬告青年》一文，针对封建思想的束缚，打出了科学和民主的大旗。《新青年》宣传的主要内容包括：提倡民主和自由，反对封建礼教；提倡科学，反对迷信；提倡新文学，反对旧文学；提倡白话文，反对文言文。陈独秀还为《新青年》制定了宣传策略，即以思想启蒙为要务，确立了开展思想文化斗争的原则。

图 5.29 陈独秀

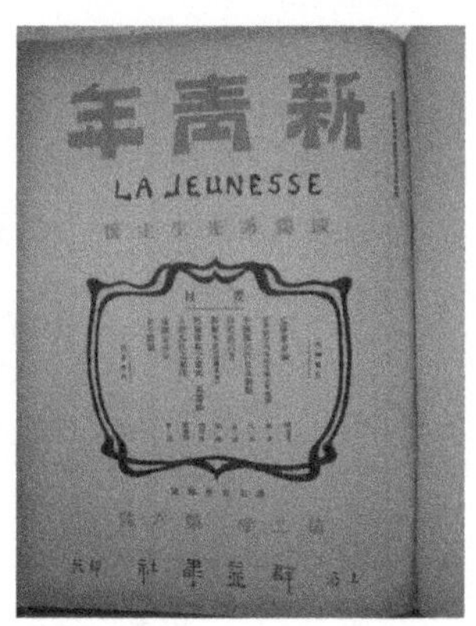

图 5.30 《新青年》

1921 年 7 月 21 日，中国共产党成立，中国革命从此走上了一条崭新的道路。党的第一次代表大会把出版杂志、日报、周报内容写入了决议。1922 年 9 月 13 日，《向导》（图 5.31）周报创刊于上海。中国共产党利用这一舆论阵地，大力宣传“二大”提出的民主革命纲领，并大量报道了全国各地工人阶级斗争的情况，激发反封建军阀的革命斗志，坚定了进行革命斗争的信心。《向导》周报自创刊之日起，就以其鲜明的革命性、深刻的思想性、犀利的战斗性深受广大劳苦大众的喜爱和欢迎，被称为“黑暗的中国社会的一盏明灯”。

1923 年 10 月 20 日，中国社会主义青年团创办机关刊物《中国青年》（图 5.32）杂志。共产党员恽代英、肖楚女曾担任过主编。这是我国近代史和中国共产主义运动史上最具战斗力和生命力的青年刊物，曾先后改用《无产青年》《列宁青年》等名称秘密出版，1941 年休刊，1948 年复刊，从 1949 年 4 月起，一直是团中央的刊物。《中国青年》努力在政治上指导青年，号召知识青年“到民间去”，到工农运动中去，批评不健康的思想和风气，指导青年学习马列著作。该报笔锋尖锐犀利，配有漫画，图文并茂；重视同读者的联系，发表读者的意见，不断改进工作，成为最受青年欢迎的刊物，在青年中广泛流传。

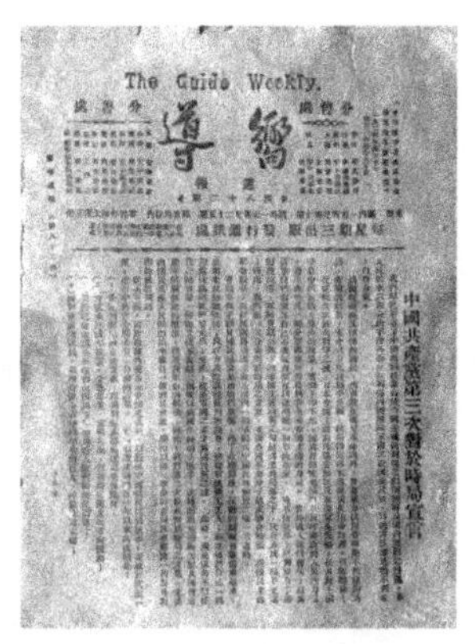
The Guide Weekly.

嚮導

图 5.31　《向导》

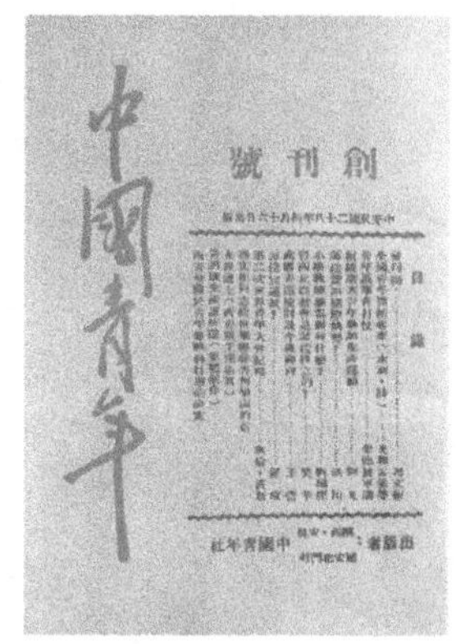
中國青年

創刊號

图 5.32　《中国青年》

《工人周刊》是由中国共产党北京党组织于 1921 年 7 月创办的群众性报纸，是中国共产党在初创时期指导工人运动的刊物。罗章龙、李大钊、高君宇等曾参加过该报的编委工作，辟有《评论》《劳动新潮》《调查》《特载》等栏目，报道各地工人受压迫的遭遇，刊登工人劳动、生活状况的调查，特别注重报道工人反抗压迫、要求改善经济状况的罢工斗争。《工人周刊》对陇海路工人罢工、香港海员大罢工、开滦煤矿罢工、京汉铁路工人罢工等工人运动作过详尽的报道和声援，并从中指导工人运动。

中共中央出版的第一家日报——《热血日报》（1925 年 6 月 4 日—1927 年 6 月 27 日）（图 5.33），是中共为加强五卅运动的宣传而专门出版的，共出刊 24 号，是一张 8 开 4 版的政治性报纸。它具有通俗化、群众化的特色，主编瞿秋白。

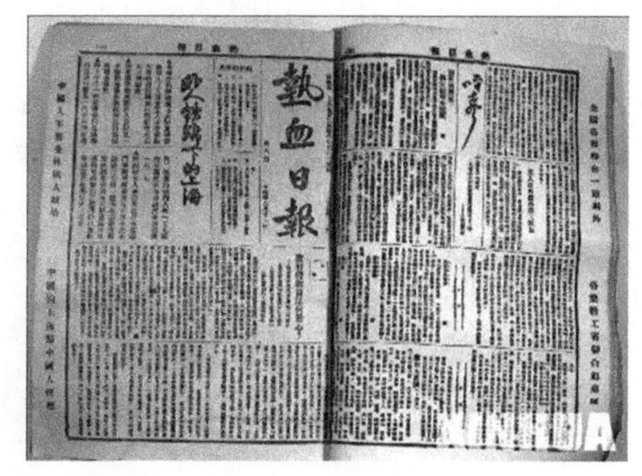
熱血日報

图 5.33　《热血日报》

《热血日报》迅捷地报道了五卅运动在上海和全国各地的消息和动态，并以社论的形式指导运动的健康发展。它几乎每期都有瞿秋白所写的社论，如 6 月 8 日的社论《工商学联合会与上海市民》、10 日的《五卅交涉的危机———注意亡国的外交政策》、11 日的《政府特派员是何居心?》、19 日的《推翻媚外的军阀官僚》、22 日的《谁是敌，谁是友?》、27 日的《五卅案与废除不平等条约》等。

1931 年 12 月 11 日，《红色中华》在江西瑞金创刊，这是中国共产党在革命根据地创办的第一份中央机关报。瞿秋白、李一氓、任质斌等人曾参与编辑工作。该报创刊后，配合当时党政中心工作，对巩固工农民主政权进行了积极宣传。开辟了“苏维埃建设”专栏，及时交流运动中的经验教训，推动各地建政工作的进展。毛泽东曾在《红色中华》上发表重要文章，揭露日本帝国主义占领中国东北三省，抨击南京国民党政府的妥协政策，宣传中国共产党的抗日救国主张。《红色中华》在瑞金时期共出 240 期，发行量约 4 万份。1934 年，因长征休刊；1936 年在陕北瓦窑堡复刊。“西安事变”后，根据中共中央决定，于1937年1月29日改名为《新中华报》。

图5.34 《解放日报》

《解放日报》(图5.34)创刊于1941年5月16日，是抗日战争时期在延安创刊的中共中央的机关报。它是在抗日民主根据地出版的第一份铅印对开大型日报，也是抗日战争到解放战争初期革命影响最大的报纸，是中国共产党早期的政治理论早期刊物，新中国成立后成为中国上海解放日报报业集团出版的一份日报，也是中共上海市委机关报。《解放日报》对敌后抗日游击战和敌占区人民的英勇斗争以及陕甘宁边区的成就进行了报道，对敌伪的暴行和国民党的反共阴谋也作了一定程度的揭露。该报在整风改革中走在了新闻界改革的最前面，发挥了重要作用。

1942年4月1日，《解放日报》改版。它登载了中共中央宣传部的《为改造党报的通知》，使《解放日报》能够成为真正战斗的党的机关报。改版前，《解放日报》过量的刊登国际新闻，严重脱离了延安解放区的实际和群众生活的实际。改版后，第一版主要是反映各抗日民主根据地的要闻版，第二版是陕甘宁边区版，第三版是国际版，第四版是副刊和各种专论。改革后的版面，把抗日民主根据地新闻报道提到了首位。

《解放日报》在宣传党的中心工作，在联系群众、联系实际方面向前迈进了一大步，从而大大克服了主观主义和党八股，加强了报纸的党性和群众性。改版后的《解放日报》在实际工作中发挥了宣传鼓动和组织作用，表现在：①重点报道了党的中心工作；②加强了大生产运动的宣传和军事宣传；③加强对敌对思想的批判，成功地反击了反共舆论。

《解放日报》经过改版确立了党报的性质、任务和作用，在党的新闻事业中起到了深远的影响，丰富和发展了中国无产阶级的新闻思想和新闻理论，是党报史上重要的里程碑。

图5.35 《新华日报》

《新华日报》(图5.35)是中国共产党在国民党统治区公开出版的机关刊物。周恩来任董事长，社长是潘梓年，总编辑先后是华岗、吴克坚、章汉夫，总经理熊瑾玎。

《新华日报》自1938年1月11日创刊到1947年2月28日停刊，共出版九年零一个多月。它诞生在抗日战争的炮声中，是国共第二次合作的产物，也是抗日民族统第一次世界大战线的号角和旗帜。

1945年11月20日，《大公报》重庆版发时评《质中共》，《新华日报》11月21日发表社论《与大公报论国是》。

1946年，我军在东北阻止国民党对东北进攻，4月17日重庆《大公报》转发上海

《大公报》社评《可耻的长春之战》，《新华日报》发表社论《可耻的大公报社论》，撕下了它“民主”“公正”的外衣。

《新华日报》初创时期为铅印 4 开 2 版，1946 年 3 月 1 日起改为对开 4 版，设有地方新闻、通讯、文艺、教育、国内外电讯等栏目，有效地指导了华中军民的解放斗争。该报几度搬迁仍然坚持出版，1946 年下旬与《大众日报》合并遂停刊。此份为创刊号，第 4 版是“一・二九专刊”。此份报纸集创刊和纪念专刊于一身，十分少见。

此外，1947 年 6 月起，《晋绥日报》认真检查了新闻报道工作中右的倾向和存在的新闻失实问题，采用在报纸上公开进行批评与自我批评的方式，发动群众揭露假报道，维护新闻真实性原则，反对“客里空”。

第六节　报业的发展态势

世界报业趋势如何？新华社新闻研究所主任编辑张宸结合 2014 年 6 月 8 日至 11 日在意大利都灵举行的第 66 届世界报业大会（以下简称大会），总结了世界报业发展的七大趋势。

一、危机持续之势

《世界报业趋势 2014》报告对我们了解世界报业趋势有重要价值。该报告对世界报业趋势的一个主要结论是，尽管印刷版和数字版共同为全球报纸读者的增加做出贡献，但是由于数字收入并没有同步增长，致使报业依然处于危机之中。具体来讲包括以下几个方面。

1. 印刷版发行量总体呈下降趋势

根据《世界报业趋势 2014》报告，总的看，世界报业印刷版发行量总体呈下降趋势，但是发展中国家市场和成熟市场有所不同。2013 年世界报业印刷版发行量同比增长 2%，但在 5 年内下降了 2%。目前全世界约有 25 亿人阅读印刷版报纸，8 亿人在数字平台阅读报纸。在中产阶级不断壮大和宽带普及率较低的国家，印刷版报纸发行量继续增长；但是在成熟市场，随着读者将注意力从印刷版转移到数字版，印刷版发行量出现长期的结构性下降。2013 年，亚洲报纸（印刷版）发行量同比增加 1.45%，拉美增加 2.56%；北美下降 5.29%，大洋洲下降 9.94%，欧洲下降 5.20%，中东和非洲下降 1%。5 年来，亚洲报纸（印刷版）发行量增长 6.67%，拉美增长 6.26%，中东和非洲增长 7.5%；北美下降 10.25%；大洋洲下降 19.59%；欧洲下降 23.02%。

2. 印刷版广告总体呈下降趋势

世界报业印刷版广告总体呈下降趋势，但是各个市场的情况有所不同。2013 年世界（报业）印刷版广告同比下降 6%，在 5 年内下降了 13%。2013 年，拉美印刷版报纸广告同比增长 3.9%，但是其他地区均出现下降：亚太下降 3.2%，北美下降 8.7%，欧洲下降 8.2%，中东和非洲下降 1.8%。5 年来，亚太印刷版报纸广告增长 3.3%，拉美增长 49.9%；北美下降 29.6%，欧洲下降 17.9%，中东和非洲下降 21.1%。

3. 数字广告增势明显，但报业依赖印刷版收入的状况将持续

世界报业数字广告增势明显，但在整个报纸收入中所占比例依然很小，因此报业依赖印刷版收入的局面依旧会持续。2013 年报纸数字广告增长 11%，5 年内则增长了 47%。尽管数字广告持续增长，但是它依然只占整个报纸收入的一小部分。全球范围内，整个报纸收入的 93%仍旧来自印刷版。英国媒体培训和咨询公司 The Byrne Partnership 主管埃蒙·拜恩说："报纸的主要收入仍然来自印刷版，数字收入只是我们的未来，是还没有实现的未来。"不仅如此，报纸数字广告在互联网广告总量中依然占较小部分，很多互联网广告收入进入少数公司腰包，其中大部分为谷歌所有。

4. 出版收入总体呈下降趋势

2013 年世界报业出版收入（包括印刷版发行收入和广告收入）为 1630 亿美元，与去年同期数字相比保持稳定。但是与 2008 年的 1870 亿美元相比则减少 140 亿美元，明显减少。

5. 对报纸出版商来说，最大的挑战仍然是如何在数字平台上吸引更多的受众

该报告还发现，尽管报纸吸引很大一部分互联网受众，但对出版商来说最大的挑战仍然是如何在数字平台上吸引更多的受众。虽然 46%数字人口访问报纸网站，但是报纸只占整个互联网消费的一小部分，只占总访问量的 6%，占页面访问量的 0.8%，占数字平台总时间花费的 1.1%。一些报纸已经开始采取吸引受众的措施。

除了诸多消极趋势外，世界报业也有一些积极的发展趋势。例如，付费数字发行量大增。2013 年付费数字发行量增长 60%，在过去的 5 年里则增长了 20 倍。

二、新闻编辑室呈不断转型趋势

作为报业及整个新闻业的枢纽，新闻编辑室趋势是世界报业乃至整个新闻业趋势的组成部分。实际上，新闻编辑室趋势是报业趋势及新闻业趋势在新闻编辑室的体现。这次大会讨论的一个主要话题就是，新闻编辑室数字转型所取得的进展。《新闻编辑室趋势 2014》报告所提到的全球新闻编辑室十个趋势中有以下几个趋势需要特别注意。

1. 随着可穿戴设备冲击市场，移动策略再次更新

FT.com 运营主管莉萨·麦克劳德说："（台式电脑）桌面是新的印刷版，它是静止的、一维的，并且对我们的业务来讲它正慢慢变得越来越边缘化。"但是，在这个移动先行的时代，试图维持一个"不断被破坏的存在"是一种永久的斗争。随着可穿戴式新闻传递设备的到来，"移动先行"这一术语到了该更新的时候了。

2. 数据与分析在新闻编辑室扮演日益重要的角色

关于数据与分析在编辑过程所起作用的争论仍在继续，但是 Gruppo L'Espresso（意大利最主要的出版集团之一）全国内容执行主编安德烈·亚努奇说，现在是打开灯的时候了。"数据就是灯：到底是火把还是灯塔，取决于数据的准确性和深度，以及我们读取和解释数据的能力。今天，记者以及生产内容的任何人，如果拒绝使用实时数据分析评估，那么他或她与读者的互动程度就像那些不开灯呆在黑屋子里的人一样。"

3. 在线视频故事出现，成为广播公司的一个潜在挑战者

在多数新闻编辑室里，视频现在已经成为一个稳固的故事讲述平台。卫报美国版主编珍妮·吉布森说："你几乎不会再把视频与讲故事看作是两码事，它不过是讲故事的另一方式罢了。"现在，重点是让产品特征适合点播网站和移动设备观看。根据法新社视频主管玛丽·诺伊尔·瓦莱斯的观点，"视频短片是发展趋势，其特点是简短、灵活、节奏快"。

4. 全球新闻协作产生作用，它打破了国家间的壁垒

随着犯罪和腐败的全球化，协作调查新闻产生了。《新闻编辑室趋势 2014》作者之一的罗森塔尔·卡尔蒙·阿尔维斯教授认为，协作调查新闻已经成为当代新闻业最重要的趋势之一。

5. 大型数据新闻报道产生影响

美国 WeMedia（自称"是一家全球机构，数字时代的工作室与思想孵化器"）总编辑安德鲁·纳齐森认为，大型数据新闻报道"预示着一个潜在的在线游戏规则改变的新方向"。他指出，由卫报美国版所做的关于美国国家安全局文件泄密事件的革命性的作品，是一篇十分成功的大型数据新闻报道，它确立了此类报道的新基准。

6. 主编角色在发生改变，以应对新业务新技术的挑战

今天在新闻编辑室只有一件事情是确定的，就是变革。因此，主编们必须相应地改变，以承担越来越多样的职责范围。他或她不仅必须是一位专业的编辑管理者、优秀的人力资源管理者和团队领导者，而且是一位有欲望领导创新的人，对新技术和产品有企业家的态度，甚至可能应该是一位 MBA。即将就任卫报数字执行主编的阿隆·菲尔霍夫说："主编们应该成为其新闻编辑室的改变者，为了做到这一点，大家需要知道 Buzzfeed 在做什么。"

此外，面对数字技术的快速发展，这一长达 120 页的报告也聚焦新闻编辑室的演变。世界编辑论坛总裁埃里克·毕尔莱格说："数字技术的不断进步继续重新定义新闻编辑室，影响我们的组织方式、吸引读者的方式、发现和核实日益多样内容的方式，以及讲述故事的方式。"他认为，数字优先环境走向已经表明，有许多做法亟待重新考量，许多道德规范需要更新，许多新技能需要引入，以使新闻生产者保持竞争力和价值。他强调，要成功，唯一的途径是创造、创新和再造。

三、付费发展趋势

从近几年美国和欧洲的付费墙的发展状况看，付费墙是报业发展的一个大趋势，尽管在不同的市场进展情况有所差异。报纸过度依赖印刷版收入的局面将逐步改观，来自读者付费消费数字内容的收入会逐步增加。媒体分析师肯·多科特密切关注美国的付费墙采用情况。他发现，41%的美国报纸已经实施严格的付费访问，其中多数采用计量模式。世界报纸和新闻出版商协会"塑造新闻出版未来"项目报告《付费数字内容：旅程的开始》的作者瓦莱丽·阿尔努说，就报纸建立付费墙而言，欧洲仍然没有达到美国的水平。欧洲采用付费墙的报纸所占比例依然较低，但是这种情况将在未来两年改变，因为绝大多数报纸或者正准备推出付费墙，或者在检查其可行性。这一过程可能是长期的。迄今为止，欧洲报纸倾向于采用免费增值付费墙模式（即核心产品是免费的，但是额外功能或内容是付费的）。以德国为例，目前近80家报纸已经采用付费墙，其中50家采用免费增值模式，只有几家采用硬付费墙（访问任何在线内容前，必须付费订阅）。瑞典国际媒体研究公司RAM副总裁和创始人斯塔凡·胡尔腾也认为，付费墙将成熟，并广为接受。

显然，这一趋势对困境中的报业是一大利好。它将逐步改变报纸收入片面依赖广告、依赖印刷版的局面，来自读者付费的收入将进一步增加，甚至占据较大比例。正像肯·多科特预测的那样，（来自）读者收入的革命已经到来。

四、移动发展趋势

随着进入移动互联网时代，移动平台已经成为一个具有决定意义的战略平台。因此，对于世界报业来讲，要适应移动互联网时代，就必须开拓移动平台业务，在移动平台上占有一席之地，这是大势所趋。目前包括报纸在内的很多新闻出版商正在向移动平台进行业务转型。

Digital First Media（美国一家多媒体管理公司，总部在纽约）首席执行官约翰·帕顿说，移动和创新是我们要面对的两件事情，这两件事情我们并没有做得很好。出版商急需处理好这两件事情。帕顿说："现在你不得不接受移动，移动不是寻常意义上的一个平台，它是至关重要的平台。现在你不得不利用这个平台。"

美国数字网络公司Deseret Digital Media总裁克里斯·李说，研究表明，大量的受众正从台式电脑蜂拥转向手持设备。因此应修改数字策略，为抓住移动机遇而做好准备。李警告，与台式电脑相关的收入处境危险，特别是陈列广告。虽然数字陈列广告依然在增长，但是移动收入增长得更快。李说："我的观点是，赢家未必是已有玩家。移动革命将很快到来，我们不得不为此做好准备。"罗兰贝格战略咨询公司（全球领先的战略咨询公司之一）法国办事处负责人杰罗姆·科林说："媒体已经走到十字路口，由于广告变化的压力，印刷版业务正在衰退，现在我们的大部分潜力在于移动业务。"Newspapers Canada（是加拿大报业协会和加拿大社区报纸协会的联合组织）营销和创新副总裁苏珊娜·雷特也认为，报纸广告的未来在移动和平板设备。肯·多科特认为，报纸当前正处于一砖一瓦地重建阶段。他称之为"转型时代"。他认为，报业（向）移动（平台转移）是下一个转型，这是世界报业的一个大趋势。

五、融合发展趋势

媒介融合被认为是新闻业革命性的趋势。在数字时代，对报业乃至新闻业来讲，媒介融合既是机遇，也是挑战。媒介融合是指各种媒介呈现出多功能一体化的发展趋势。

《今日美国》主编大卫·卡拉威说："我们依然有人说'我们应该为了印刷版保留这个（那个）'，而我说'为什么不干脆把它扔到垃圾桶里呢？'融合是唯一的前进方向。你不能老是维持印刷版和数字版分离状态。（因为）这样做不会有什么好的效果，在不断发展的背景下更是如此。"

对广告商而言，媒介融合趋势也意义重大。NASA（英国一家全国广告销售机构，总部在伦敦）总经理加里·麦克尼什强调，印刷、数字和移动媒体融合对增加收入很重要，尤其在广告方面。麦克尼什认为，媒体融合是提供了一个创造性的观念模式，为广告商和竞争者提供了更多的选择，以拓展他们的品牌。

肯·多科特把媒介融合作为报业趋势之一，并称“（媒介）融合（的时代）已经到来”。

六、合作发展趋势

在当今时代，报业要在困境中生存，要摆脱危机，要扬长避短，单打独斗是下策，而通过合作取长补短，缩小差距，是世界报业的一个大趋势。无论发展移动业务、媒介融合，还是创新，都离不开合作。

约翰·帕顿在谈到新兴科技和业务模式时说，新闻出版商容易为遗留问题所困，这些问题阻碍了其发展速度及灵活性。这就是为什么合作意义重大的原因。他说，移动业务需求此刻如此巨大，但是移动客户端研发天才缺乏。“没有合作，我不知道你怎样能把移动业务做得最好。”星传媒体集团（全球最大的品牌传播公司之一）法国区总裁卢克·特兰桑说：“在资源开放的世界，合作是非常重要的方式。”他认为，对移动平台的终端用户来讲，新闻出版商必须做到三点：培养兴趣，建立忠诚，使其转变观念愿意付费。为了做到这三点，“你应当寻找合作伙伴，用新技术覆盖所有这三个方面。因为移动领域好的伙伴已经建立了自己的业务模式，具有必要的灵活性，能够充分把握时机和速度”。

对全世界众多中小出版商来说，在多媒体转型过程中，随着市场压力逐步增加，有效利用有限的资源是其要面对的主要挑战，而合作是应对挑战的重要策略之一。奥地利信使报首席数字官乔治·尼姆伊说：“尽管我们经常说，小而灵活更好，但是我们大多数（小出版商）的灵活性都近似一艘大货船。”因此，小出版商必须精通合作与分享的艺术。要同纯玩家合作，同技术提供商合作，以检验新产品和创新。

七、创新发展趋势

创新是发展的动力。在充满危机的报业出版环境中，创新的重要性愈加重要。通过不断创新来谋求发展，成为决定报业未来的关键因素之一，是报业不得不顺应的大势。因此，作为传统媒体的报业，要跨越数字鸿沟，就必须要更加注重创新。

金融时报实验室主任安德鲁·贝茨说，该报在过去几年已进行了相当多的创新，现在他们的数字订户比印刷版订户更多，付费订户数量也达到了该报 126 年历史的最高点。贝茨说：“抱住旧模式不放决不是应对变革的好方式。”挪威网络公司 DB Medialab 数字主编希尔蒂格·索尔达尔说，不断创新已经成为其发展的秘诀。索尔达尔说，今天为了成功，不断进行创新和产品开发是绝对必要的。“你必须实验、实验、实验，分析数据，不断地发展和创新你的产品，特别是移动产品。”

在报业创新过程中，主编的角色不言而喻。美国费城天普大学媒体与传播学院院长大卫·博德曼认为，在新闻业不断发生重大变革的时代，一位有影响力主编的关键特征之一就是，要敢于创新，要将创新作为一个过程，而非终点。

当然，上面提到的趋势并非世界报业趋势的全部。这些趋势都有一个根本的动因，即数字技术所带来的颠覆性变化。因此，要探知世界报业趋势，要顺应趋势开创未来，就必须要深刻理解这个动因。正如奥地利信使报首席数字官乔治·尼姆伊所说："如果你不每天思考你的数字之旅，那么你就会深陷麻烦之中。"

第七节　第二次世界大战后的通讯社

第二次世界大战以后，世界通讯事业有了很大的发展，通讯社作为一种以经营消息为主要业务的新闻企业，在新闻传播领域占据了独特而牢固的地位。

一、通讯社的分类

就通讯社的服务范围而言，可以分为世界性通讯社、国际性通讯社、地区性通讯社和国内通讯社。世界性通讯社可以在全世界范围内采集和发布新闻，对世界舆论有重大影响。世界性通讯社具有遍布世界各地的新闻采编人员，遍布全球的新闻传播网和遍布全球的新闻用户。对于哪些通讯社属于世界性通讯社，国际上尚无统一公认的说法，但诸如美联社、合众国际社、路透社、法新社、塔斯社、新华社等通讯社财力雄厚、人才众多、设备精良、工作高效，被新闻传播界普遍认为是当今世界最大和最主要的通讯社。新闻采集和发布的范围超越一个国家和地区，但尚未达到覆盖全世界的程度的通讯社，便是国际性通讯社。第二次世界大战后影响比较大的国际性通讯社主要有：西班牙的埃菲社、意大利的安莎社、德国的德新社，俄罗斯的俄通社、日本的共同社，埃及的中东社等。国内通讯社的业务范围和服务范围主要局限于本国，这类通讯社的影响力相对较小，但数量众多，如蒙古通讯社、伯斯通讯社等。地区性通讯社是指某个地区的通讯社组成的合作性质的通讯社，如泛非通讯社，它是由非洲各通讯社共同经营的，其人员和经费均由各通讯社分摊。

从通讯社的经营形态看，可以分为私营通讯社、官方通讯社、半官方通讯社和合作性质的通讯社。私营通讯社受某一私人或集团控制，大多数通讯社都以营利为目的，如美国道·琼斯新闻社，但也有的私营通讯社以扩大影响为目的，如合众国际社。官方通讯社是指受政府控制，代表国家利益，反映政府立场的通讯社，如我国的新华社。半官方通讯社在形式上是私营或合作性质的通讯社，但实际上在政治立场、人事任免和经济独立性上，大多会受政府干预，一般反映官方立场，如法新社。合作性质的通讯社是由许多媒体共同出资组成的，但在经营上，这类通讯社是独立的，美联社是这类通讯社的典型代表。

就通讯社提供的产品而言，通讯社还可以分为综合性通讯社和专业性通讯社。综合性通讯社可以同时提供文字、图片、视频等新闻产品，新闻产品的题材基本涵盖了社会生活的各个方面。而专业性通讯社一般只提供某一类新闻产品或某一领域的新闻，例如图片新闻社通常仅提供图片新闻，宗教新闻社通常只提供宗教新闻。

二、当今世界的主要通讯社

1. 美联社

美联社（The Associated Press，AP），美国最大的通讯社，也是国际性通讯社之一，全称为“美国联合通讯社”。美联社最初稿件只供给本社成员报纸，1945 年以后开始向非成员媒体供稿。目前全社工作人员约 3000 名，其合作伙伴包括 1700 多家报纸，超过 5000 家电视和广播电台，拥有 240 多家新闻分社，在全球 120 多个国家设有办事机构。美联社的前身是前文提到过的“港口新闻社”，1948 年改组成立的美联社还是一家不以营利为目的的合作社。美联社第一任社长斯通曾说，“一个全国性的新闻合作组织是这样一种机构，它属于而且只属于各个报纸，它不出卖新闻，不谋私利，不付股息，仅仅是各个报纸的代理人和公仆。参加者应该包括一切党派、宗教界、经济界和社会各界的新闻工作者，但他们对新闻事业同样热情积极，所采集的消息应该严谨、准确、公正和完整。这就是我们梦寐以求的美好愿望”。美联社于 1946 年成立国际服务部，1954 年成立广播电视部，20 世纪 70 年代以来，租借规模庞大的电话线路播发文字新闻和图片，90 年代还创办了电台网，提供 24 小时语言新闻服务。美联社的服务对象遍布全球，规模庞大，与全球许多通讯社都建立了合作关系。美联社记者在新闻业务中创造出了丰富的新闻文体，如美联社“5W1H”的导语格式和倒金字塔的新闻结构，而这些都成为了新闻写作的标准模式，风行世界。

2. 路透社

路透社，是世界上最早创办的通讯社之一，也是目前英国最大的通讯社和西方四大通讯社之一，向来以迅速、准确享誉国际。路透社名义上是私人企业主所有，实际上受政府控制，是英国的官方喉舌，其新闻报道的主要对象是国外，它的国际新闻紧密配合英国政府的外交活动，它对体育新闻也很重视。该社的经济新闻主要是商情报告，为英国和西方大企业服务。路透社的消息大致有特急快讯、急电和普通电讯三种，这三种电讯的时效按顺序递减，篇幅按顺序递增。特急快讯主要针对商业用户，快讯主要适用于政府机关及电子媒介订户，普通电讯则主要服务于其他新闻媒介订户。如今，路透社在全球 94 个国家，200 个城市设有营运处及 197 所新闻分社，提供 19 种语言的新闻，几乎所有主要的新闻媒体都有订阅路透社的新闻。除一般新闻外，经济新闻和体育消息占很大比重。每天 24 小时，通过电子计算机控制以电视、电传和油印稿形式，向世界各地的银行、经纪人和工商企业提供经济、金融情报。

3. 法新社

法新社，全称为法国新闻社，成立于 1944 年，是与路透社、美联社和合众社齐名的西方四大世界性通讯社之一，前身是由夏尔·哈瓦斯于 1835 年创建的“哈瓦斯通讯社”。1944 年 8 月，巴黎解放，为战争所迫而离开哈瓦斯通讯社的工作人员纷纷返回，而后哈瓦斯社与其他几个通讯社合并，并在哈瓦斯社原址上成立了法新社。同年 9 月，法新社以法令的形式获得临时公共机构地位。法新社名义上是独立的报业联营企业，实际上是法国官方通讯社。法新社领导机构包括三个组织：管理委员会是法新社最高领导机构，委员任期三年，管委会由社长兼总经理主持；高级委员会负责监督法新社章程的实施；财务委员会负责监督预算的执行和财务管理。法新社每天通过各条线路用各种文字编发新闻稿，在全世界 160 多个国家和地区有新闻稿订户约 3500 家。1957 年，法国政府规定法新社应准确、迅速、清晰并完全独立地每天 24 小时向全世界各地发消息，报道世界政治、金融、体育新闻和传送各种图片，报道分别用法、英、西、德、阿、葡文供稿。法新社的技术设施非常先进，拥有多台计算机、无线电发射台及5颗不同的人造卫星，用于编稿的显示终端数十台，拥有电传机数千台。

4. 合众国际社

合众国际社（United Press International，UPI），是美国的第二大通讯社，也是国际性通讯社之一，与英国路透社、美国美联社、法国法新社并称为西方四大通讯社。西方四大通讯社又同中国新华社和俄罗斯塔斯社并称全球六大通讯社。为了与美联社竞争，创办于1907年的合众社和成立于1909年的国际新闻社于1958年合并成为合众国际社，总社在华盛顿，其新闻图片传输网络中心设在纽约。两社合并前的十多年里，长期亏损，其新闻和图片多不受订户欢迎，无力同美联社较量，所有权几度易主。1985年申请破产，同年11月出售给墨西哥报业主M. V. 拉纳。1987年全社有记者、编辑1200人，其中在国外200人，用英文、西班牙文发稿，每日发1300万字，全世界有订户约5000家，1988年2月该社被世界新闻电信集团公司接管。1991年8月再度申请破产，并大量削减雇员和关闭部分分社。1992年6月被设在伦敦的中东广播中心公司买下。

5. 俄通社-塔斯社

俄通社-塔斯社，外文简称ITAR-TASS。塔斯社是前苏联国家通讯社，国际性通讯社之一，前身是1917年11月18日成立的俄国彼得格勒通讯社。1918年与全俄中央执行委员会所属的新闻局合并，命名为俄罗斯通讯社，简称罗斯塔，1925年又改名为塔斯社，总社设在莫斯科。对外用俄、英、法、西班牙、葡萄牙、德、意、阿拉伯8种文字发稿，向115个国家和地区的新闻机构或商务代表处提供新闻或经济信息。苏联解体后，俄罗斯总统叶利钦签署命令，塔斯社同前苏联新闻社的一部分合并，组建新的国家通讯社——俄罗斯通讯社；同时，在俄通社中保留独立的塔斯社机构，1992年1月30日开始以俄通社-塔斯社名义发稿。1993年宣布俄通社-塔斯社为国家通讯社。俄通社-塔斯社比前苏联时期的塔斯社减少了1/4多的人员。目前有国外订户500户，国内订户7500户。该社还成立了俄塔电视部，开发商业信息产品，建立科技咨询信息部、信息职业服务公司等，较为活跃。

6. 新华社

新华社，是中国的国家通讯社，法定的新闻监管机构，同时也是世界性现代通讯社，总部设在北京。新华社是中国共产党早期创建的重要宣传舆论机构，从诞生起就在党中央的直接领导下开展工作，在世界各地有一百多个分社，在中国各地都设有分社，有的地区还设有支社。新华社是中文媒体的主要新闻来源之一，每天24小时以中文、英文、法文、日文、西班牙文、俄文、阿拉伯文和葡萄牙文发稿。新华社的前身是1931年11月7日在江西瑞金成立的红色中华通讯社（简称红中社），1937年1月在陕西延安改为现名。1949年10月中华人民共和国成立后，新华社逐步统一和调整了全国各地的机构，成为集中统一的国家通讯社。20世纪50年代中期，新华社在强化国家通讯社职能的同时，开始建设世界性通讯社。新华社多媒体数据库是中国媒体行业最大的多文种多媒体数据库，也是世界上最先进的多媒体数据库之一。截至2010年年底，已存储1.2亿条文字信息，1000多万张新闻图片和图表，3.5 万多小时音视频新闻信息，并与日俱增。通过不断改造提升，新华社多媒体数据库将逐步建成多语种、多媒体、全方位展示新华社新闻信息产品并直接面向海内外终端受众的商业数据库。

80 多年来，新华社的职能也在逐步加强和拓展。新时期新华社的职能主要有四项：一是党和人民的耳目喉舌；二是国家通讯社；三是消息总汇；四是世界性通讯社。履行上述四项职能主要通过三种形式：一是传统形式的报道，主要是公开报道（包括通稿、专线稿、专稿）和参考报道；二是新形式的报道，主要是在新技术条件下兴起的网络、信息和音频、视频、手机短信等报道；三是社办报刊。这三种形式的报道互为补充，形成合力，在正确引导国内舆论、积极影响国际舆论上发挥了重要作用。

第六章　报人与新闻报道

第一节　新闻的性质

一般我们认为新闻是“新近发生的有影响的事实报道”，可是许久以来，中外新闻界对新闻本身的内涵却没有取得共识，当然基于陆定一提出的上述观点，也有懈可击。上述观点隐含的意思是：没有报道出来的就不是新闻。众所周知，由于新闻管制等缘由，有不少重大且敏感的新闻被迫沉寂在编辑的收稿箱里。又或者一个普通的新闻稿件与一件重大突发事件撞车而被压稿，这些没被报道出来的内容就不能算作新闻吗？答案显而易见，它们肯定是新闻。

那么，社会上每天都在发生许许多多的事情，哪些事情才能算得上是新闻呢？新闻有些什么特点？什么属性？学习新闻，那你一定知道大名鼎鼎的李普曼。这位大佬认为，新闻首先得是社会中的非普通事件，“是生活中的反常现象”。只有区别于平常的、普通的、大家熟悉的，才会引起人们的关注。

其次，任何突发的事实，能被确定的因素越多，事件越具体化，则能被报道的内容就越多。简单来说，新闻的“5W”要素中，能被确定和详细化的“W”越多，新闻就越多。

再次，新闻不仅仅是原始消息内容，而是经过加工的准确事实和巧妙陈述的集合。记者首先要对新闻事实做出判断，还要思考将事实以何种方式呈现出来最易被大众接受。当然，记者的陈述可以是文字的也可以是声音或图像，无论何种形式，不可或缺的都是记者陈述的过程。

新闻的这些特性赋予它在某种程度上的模式化和类型化，使得后来者可以有迹可循，可以模仿、学习。要学习新闻，就得掌握它的属性。

所谓属性，就是指新闻区别于其他社会意识、由新闻事实与新闻形式所构成的特性。通俗来说，新闻由两个要素组成：一是新闻内容即事实本身；二是新闻的陈述形式。所以新闻的属性即是二者属性的结合，这样我们就不难理解，新闻本身具有双重属性。

一、新闻的自然属性

新闻的自然属性又称自身属性，是新闻内涵产生的自我结构上的特性。一般来讲，新闻的自然属性是指多重空间性和相对性。“when”说明事实发生的具体时间，是新闻事实中的一个基本要素，它说明新闻是时事性作品。新闻以现实生活的发展、变动为中心，在逻辑上，它归属于瞬间的存在。还有“where、what、why、who”几个要素均在以不同角度说明新闻事实发生的具体方位、社会环境、历史环境。一个事实发生在某一具体场所，这一场所同时也是一定历史空间的组成部分，所以新闻不是一个孤立事件，而是具有不同时空、由诸多事实发展和纠合的事态。

打个比方，近些年来媒体报道的“癌症村”已不胜枚举。若单单以某一个村子而言，无非是饮用水、土壤等受到工业污染，但从全国范围来看，难道不是经济快速发展带来的后遗症？若放到全球范围的历史环境中，我们就可以看到目前我们国家正在步西方发达国家的后尘，仿佛又是一段历史重演。小小一个“癌症村”里某一个人和其他人一样也得了癌症，把这个事实放到大社会环境、历史环境乃至不同的时空下，还能是孤立的事实吗？这就是新闻所谓的多重空间性。

新闻的相对性又是指什么？组成新闻的大量要素都是相对性的，事实的知悉意义、新与旧、已知与未知的程度，将其相互比较都是相对的。即一件事实能否构成新闻，是由各种相对的条件决定的，而不是绝对的。打个比方，北京的冬天下几场雪再正常不过了，但要是放在海南呢？或者把北京的雪放在夏天呢？

新闻的相对性还体现在它的对象要素，新闻不是媒介的自我需求，而是为了满足公众需求；实体要素，事实是新闻的主体，一切议论、分析皆依附于实体，紧贴实体；知悉要素，新闻必须消除公众的未知，使公众了解他不知、欲知和应知的事实。满足受众的知悉需求，提供有用的内容，有用即对生活有帮助。另外，如果没有记者的陈述，没有被发现和转告，事实只能是事实。

二、新闻的社会属性

概括起来，新闻的社会属性有意识性、信息性、宣传性、舆论性。新闻是一种社会意识形态，是媒介对世界动态的直接反映。新闻对外部世界的反映又有别于文学、艺术作品。文学、艺术作品是基于真实生活之上的再创造，而新闻则是纯粹的社会真实。新闻意识性的载体是信息本身，所以新闻又具有信息性。信息性又决定了新闻是以传达事实为基本要务，所以这是新闻最主要的一个属性。

一篇新闻报道在采访并成稿之时，就已经肩负着表达媒介观点、立场的任务，任何一个媒介都希望通过对事件的报道让大众知悉它对该事件的看法，这是新闻最基本的宣传目的。新闻的宣传性又会牵扯出它的舆论性。任何新闻在传播的过程中，都会引起公众的反响，形成社会舆论。许多新闻尤其是涉及公共生活、公众利益的，人们首先会希望详细地了解新闻本身的内容，了解了之后就会积极地参与到讨论中。这类新闻能在相关范围内迅速引起受众的讨论，并产生引导性的舆论观点，这是新闻内在价值对社会意识激发的结果。

第二节　报人的工作

扒手偷的竟然是逃犯的手机　然后两人双双落网

从西安到杭州，1300多公里，伏某出逃6天，跑了这么远，惊魂未定就被杭州余杭民警给逮住了。

为啥会这样呢？这事情说起来再巧也没有了，有个扒手偷了他的手机，警察抓了小偷，正急着找失主呢。

这事儿先得从江西小伙子陈某说起。18岁的陈某从江西来杭州找工作，一直到身上的钱花完了，也没找到饭碗——这事儿最常见了，人总得吃饭，吃饭就得花钱，通常混到这一步田地，不是偷就是抢。

7月16日，陈某的口袋里只剩孤零零一张10元人民币了。住不起旅馆了，他决定到附近网吧凑合一晚。

天蒙蒙亮，小陈一睁开眼，就被邻桌的“土豪金”亮瞎了！iPhone5S手机啊，值一个肾呢！他的目光再也挪不开了，他一看，邻桌的小伙子还在呼呼大睡。于是小陈毫不犹豫伸出手，拿了手机，离开网吧。

一路向西。他走到瓶窑镇安溪路口时，被设卡的民警拦下盘查。一个灰头土脸的打工仔，揣着一个土豪金手机！民警两问三问小陈就暴露了：他连开机密码都不知道，怎么证明这手机是自己的？偷手机的小陈，被余杭警方依法行政拘留12日。

为了查证案件，让手机能物归原主，良渚派出所民警们开始寻找失主——万万没想到，机主是22岁甘肃男子伏某，负案在逃的公安部网上通缉逃犯。今年7月11日，伏某涉嫌在西安灞桥区盗窃一辆汽车的两只轮胎后脱逃。

通过网吧监控以及周边搜寻，余杭警方发现伏某还在良渚一带，并未离开。7月18日早上，在旅馆里呼呼大睡的伏某被民警喊醒了，去看守所继续睡吧。

经民警查实，这只“土豪金”是山寨机。

这篇新闻发表于2014年7月23日的《钱江晚报》，不足600字，却饶有趣味。小偷偷东西很常见，但小偷偷逃犯却稀奇。小偷偷东西把自己送进监狱很常见，但偷东西却帮警察抓住了逃犯这事儿却不常见。结尾一句“经民警查实，这只‘土豪金’是山寨机”不由让人唏嘘。本来一个平常的“落魄少年见财起意终致身陷囹圄”的法案稿件，记者在原本枯燥的内容里发现了小偷偷逃犯这一“闪光点”，并通过诙谐有趣的语言，将整个案件加以还原，在有效引起读者共鸣的同时，顺便进行了普法教育——天网恢恢，疏而不漏！

以上只是记者每天都在记录的无数新闻中的一个。简单来说，记者的工作内容大致分为两方面——采访和写稿。很多初入媒体行业的人总是要问老记者：碰到一个新闻事件，我要怎么采访？采访哪些内容？我们能告知的经验是，某个新闻事件发生，除了事件当事人，其他人包括记者在内对事件内容都是一知半解，这个时候记者的任务就是尽可能全面地了解事件内容，然后传达给公众。因此，采访的基本规则就是遵循“5W”要素，即发生了什么事，事件发生的时间、地点，事件涉及哪些人，如何发生又造成了什么影响，怎样解决等。

如果你还是茫然，那么谨记，在这个事件中，你作为旁观者，要向所有不清楚这件事的人转述该事件，所以你自己得先搞清楚这件事，不仅要掌握全盘，还要了解细节，做到自己心中有数，才能在向别人转述的时候不磕磕绊绊、拿捏不准。有人问，要是对方不接受采访或者采访不到内容怎么办？记者是个跟别人打交道的职业，如何撬开别人的嘴，使他愿意同你说话，并愿意告诉你他没有告诉别的记者的，这不是一朝一夕且能从书本上学到的，一切尽在实践。

完成了采访，接下来就是写稿。有人又要问了，稿子怎么写？好稿子怎么写？一篇好的新闻稿是建立在丰富的新闻事实素材之上的，有了全面的“访”，写起来才能有素材可“采”。写稿是一个新闻事件由记者转述给公众时另一个很重要的环节。这个时候考验的就是记者的笔下功夫，可以说，新闻事实能传播多远多广，记者的文笔起着很重要的作用。

一篇好的稿件，首先肯定有一个引人入胜的导语，这样才能引起读者的阅读兴趣。有些导语简明扼要地说明稿件的大致内容，是整个稿件的浓缩；有些导语则将稿件涉及的核心内容以问题的形式提出来，吸引读者往下读；另有一些导语，会截取新闻事件中某个带有故事性的片段，同样是为了吸引读者的眼球。以上这些举例，都是一些行文、表达技巧。每个人都有自己的写作风格和行文规范，在符合新闻稿件规范的前提下，只要能真实、准确地陈述新闻事件的内容，稿子要写成什么样，全凭记者的“奇思妙想”。但是切记，新闻稿件忌拖沓、重复，一篇拖泥带水的稿件，会把编辑“逼疯”的。以上内容，同样适用于除文字之外的图片、音频、视频新闻。

一篇新闻报道要见报，除了记者之外，还有一个很重要的角色——编辑。新闻报道的三个基本环节是采访、写作、编辑。记者完成前两个环节，后一个则由编辑把控。接到记者提交的稿件之后，编辑首先要对稿件进行二次信息核对，判断这个新闻报道的价值，并决定稿件的走向，还要在同一个版面的稿件中分出主次。编辑部里经常发生删稿、压稿的情况，相较于记者的身体力行，编辑更多的是站在宏观的高度把握稿件的政治导向，考虑新闻刊出后的舆论引导方向，所以删减工作必不可少。另外，如何用版面语言将一篇稿件尽可能生动地展现，如何在有限的版面上体现尽可能多的信息，也是编辑工作的重要内容。

可见，记者的工作并不光鲜亮丽，编辑的工作内容也并不是删删减减，要想成为一名合格的报人，你得有足够的耐心和足够的吃苦精神，还得有足够的政治、社会学知识，并有充分的决断力。然而让不少人矛盾的是，这些内容无法从书本上习得，只能在实践中不断地积累。

第三节　受　　众

受众，就是新闻传播的对象，是新闻信息的接收者。在新媒体出现以前，他们是新闻信息传播的终点，但有了新媒体，状况就大不相同了。

传统的概念里，按照接触媒介的机会划分，受众被分为目标受众和随机受众。目标受众作为某一媒介稳定的收阅群题，是媒体传播的长期对象，很少会发生变化。例如，《人民日报》作为我国的第一大党报，从省到市、从区到县，没有一个党委机关不是它的订阅用户，这就是目标受众。假如有一天，某个新闻事件发生，《人民日报》因为它的信源渠道畅通，对该事件的报道全度、深度均超过其他媒体，有不少关心此新闻事件的人就会专门去找当天的《人民日报》详细了解新闻内容，这便是随机受众。

另外，受众还可以按照其他方式来划分。按照媒体稳定占有的受众规模来划分，可以分为广众和小众，一般以 25 万人为界。在有些国家，新闻资源按照整治要求和社会等级实行配置，使得新闻在传、受的方式、渠道和范围上都有严格区分，受众被划分为特权受众和平民受众。

一般情况下，受众是均匀地分布在社会的各个角落的，编辑、记者所提供的信息必须是便于大多数人接受的，这样新闻内容才能被大家所关注。传统的概念里，媒介是信息传播的主动者，媒介决定受众接受哪些新闻，受众则是被动接受。但从另一个角度而言，受众会积极寻求自己所需要的信息，在大量媒体形态竞争日益激烈的情况下，受众关注的除了信息内容，还有信息的形式，所以他们又具有主动性。

在我们以往的概念里，相较于传播者，受众更为被动。但在新媒体迅猛发展的今天，受众的概念已经发生了翻天覆地的变化。从 2009 年开始，以微博为代表的新媒体迅速发展并拥有大量的用户。之后，微信又席卷大江南北，受众从以往的接收者开始向传播者的身份转变。任何人都可以在虚拟的网络上自由地发表言论、对消息不加甄别地传播，这直接导致许多新闻事件被公众知悉后，经过发酵，又掀起二次传播风暴。

2015 年开年最热闹的当属 1 月份的第三个星期。先是 1 月 14 日《人物》杂志一篇取材于以另类歌曲《我的滑板鞋》走红网络的约瑟翰·庞麦郎的文章——《惊惶庞麦郎》刷屏了朋友圈，而后 1 月 16 日，著名歌手姚贝娜的离世又掀起了一股舆论风暴。

当天，《惊惶庞麦郎》一文刊出后，遭到疯转，该文仅在朋友圈的转载阅读量就达到 100 000 多次，所有的焦点都集中在该文的作者——一名 1994 年出生的在读大学生身上。文章对庞麦郎极富代入感的描述让不少人记住了这个当时还在实习期的记者姑娘。

“你们谁最好看？可以把她介绍给我吗？”以《我的滑板鞋》一歌走红网络的约瑟翰·庞麦郎先生在 QQ 上问。接到采访邀请后，他把《人物》所有记者的微博关注了一个遍。

“最好看的已经结婚了。”记者说。

“那你怎么样？”他补了个笑脸。

“……还可以吧。”

“那你来上海我们再说。”他同意了。当天凌晨 3 点，他给记者打电话，说睡不着要聊天，不陪就取消采访。聊到 5 点，他想挂了，因为“我要看电视了，《西游记》要放了”。

第二天，见到《人物》记者后，庞麦郎收起了此前的戒备，没再要求查验记者证和身份证，也没再提接受采访要收费。他的头发板结油腻，弓着身子站在上海普陀区的街道十字路口，羞涩得似乎想把自己藏起来，抠着手说：“去我酒店吧先。”

一推门，一大股食物腐烂、被单潮湿的味道。他挺不好意思，招呼服务员来打扫。

房费每天 158 元，位于转角，不足 10 平方米，没窗，大白天也得开灯。床脚的被单上，沾着已经硬掉的、透明的皮屑、指甲、碎头发和花生皮。唯一的板凳上堆着他的褐色牛仔布大包。房间的床头，他郑重放了一张歌单，选了 5 年来写的 10 首歌，打算出专辑用。

看到这里，相信这个“油腻腻”的形象已经在你心里活起来了。然而第二天，网络上的言论发生了逆转，从对记者的赞叹开始转向对媒体人“天生优越感”的抨击。网络上一些具有代表性的言论开始发挥作用，并通过自媒体这个平台开始二次传播。

《惊惶庞麦郎》通过直白的描述，将一个与社会大流格格不入但却对名利狂热，最后通过包装，以一首毫无旋律、韵味的另类歌曲走红的底层人物，以近乎赤裸的方式展现在公众面前。但从一开始，“庞麦郎事件”争议的焦点不是“公众人物”庞麦郎是否撒谎成性，不是庞麦郎与包装公司之间的种种纠缠，反而集中在记者和媒体身上。更荒谬的是，针对这篇报道的非议不是关于新闻的真实性、客观性，而是在指责当事记者和媒体“居高临下”“消费弱势群体”“缺乏温度”。

整个事件的过程大致可以分为三步：发出报道，赞扬记者塑造人物形象的手法精妙→舆论发声，批评记者和媒体的价值取向，并由此引出新闻当事人庞麦郎的进一步回应，新闻事件二次传播→专业角度评判声音出现，舆论回归冷静。

庞麦郎事件仅隔几天之后，一场更为猛烈的舆论风暴来袭。

2015年1月16日19点47分，《深圳晚报》独家发布《歌者姚贝娜的最后一周》，披露歌手姚贝娜乳腺癌复发病逝并捐献眼角膜的消息。此时距姚贝娜离世不过3个小时，舆论的声音还在集中表达对姚贝娜去世的哀思和她捐献眼角膜的敬意上。但20点之后，舆情的方向开始发生剧变。自媒体圈中开始传播向采访此事件的记者发难的声音，称《记者们在病房外，焦急地等待着她的死亡》，舆论开始愤怒攻击以《深圳晚报》为首的媒体的操守。有声音称“昨天姚贝娜去世的消息，媒体转的都是某报的独家新闻，今天就成独家耻辱了”。

舆论的方向发生了不可控制的逆转，理智的声音在愤怒的人潮中被淹没，《深圳晚报》当事记者、姚贝娜父亲、当事医生和医院清晰表态澄清事实后，网络声音依然没有停止攻击和诋毁谩骂，舆情仍被愤怒牵引，一场舆论风暴席卷全国。

回顾事件本身，在《深圳晚报》的文章发出后，当晚8时许，《记者们在病房外，焦急地等待着她的死亡》的网文经由一个名为“中传人生活圈”的微信公众账号发布出来，这篇文章引用了一段姚贝娜生前所在医院一位自称“淼哥”的医生发在朋友圈的文字，将矛头对准媒体记者，斥责“他们蹲守在病房外等着她死”，称记者在医生宣布姚贝娜死讯之前，就已经写好了稿子。此文的出现极大地刺激了粉丝的不满情绪。舆论很快转移到对媒体记者的指责上，《深圳晚报》遭到的指责也格外猛烈。随后，不少记者反击指责该文对媒体业的无知和浅薄：“记者等待的是‘消息’，并非‘死亡’，用泛道德化和滥情的视角去看待一切，只会搅浑真相，煽动公众情绪。”

17日凌晨，另一则微博消息再次点燃公众的情绪。“@娱乐圈揭秘”发出微博称：“惊闻！《深圳晚报》记者为博头条，伪装成医护人员，进入北大医院太平间，对姚贝娜尸体进行惨无人道的拍摄……”这些充满刺激性的描述，在本不是社交活动密集的时段仍旧引起了疯狂的转发和评论。

当日上午，一则貌似“披露”现场更多“细节”的微博发布，不仅公开《深圳晚报》三位当事记者姓名，还编造记者在现场与有关人员发生争吵、“大喊新闻自由”“姚母在混乱中被推倒”等谣言。一时舆论哗然，3名记者则被人肉搜索，恶意攻击。

17日下午，姚贝娜生前所在的公司——华谊兄弟音乐，公开抗议《深圳晚报》记者未经家属同意拍摄遗体以及成立“姚贝娜光明基金”。18日凌晨，《深圳晚报》在其官方微博发布致歉声明，承认其记者在姚贝娜去世后的确曾进入临时手术室拍摄眼角膜手术过程。“当亲属表示拍照不妥时，记者当即删除了所有照片，此举获得姚父谅解。此后，本报与姚贝娜亲属一直保持持续沟通。我们对此给亲属、歌迷和网友造成的困扰和不安，表示诚挚歉意！”同时承诺撤销募捐退回捐款。

据新浪数据中心统计，1月17～18日是《深圳晚报》遭受网络攻击的高峰时段。17日共有260万人访问了《深圳晚报》微博主页，发送了24万条评论，15 000条私信。18日，147万人访问了《深圳晚报》微博主页，发送了6.5万条评论，2777条私信。随机抽样显示，这些评论、私信99%都是辱骂攻击的言论。

不过，从17日开始，理智的舆论也开始逐渐发声，当天中午12点15分，质疑的声音开始出现。此后，越来越多的网友开始批评煽动舆论进行炒作的行为。

17日中午，《深圳晚报》发文："在众声喧哗之中，请让我们安静地为姚贝娜致哀。"算是正式回应此次事件。这一天，《深圳晚报》用了头版封面外加11个版面来报道姚贝娜，超过了所有媒体的报道强度、深度。与此同时，在微博、微信朋友圈里，希望冷静地获知真相的声音也在慢慢被转发。19日，微信认证公众账号纷纷指出恶意引导舆论的"零头账号"有营销背景。之后，网络水军伪造当事人微博混淆视听的行为也逐次被挖出。

在这场次舆论风暴中，网络舆情的发展轨迹引人深思。营销账号们的借势炒作，不明真相的大众在错误言论影响下的攻击谩骂，加上记者在报道过程中出现的疏忽被恶意利用，使得虚假信息、攻击谩骂如潮涌动，真相一度被遮蔽，舆论被错误引导，传统媒体在新媒体阵营中陷落。

之所以在此大篇幅地赘述这两起网络舆论事件，是因为媒体发展到今天，新媒体已经占据了半壁江山，其影响力绝对不容小觑。这两起事件深刻地反映了传播者与受众之间身份、地位的改变，传播方式的改变，媒介影响力度及方式的改变，以及因这些改变带来的所有改变。

受众已经由传统的被动接受转变为主动搜寻，由接受转变为二次转述，由接受信息者转变为整合所接受信息并创造新的言论再次传播者。传统的传播方式也发生了剧变，"魔弹论""把关人"等理论已不再适用于今天的新闻传播环境。互联网发展几十年来，以"丑化"为卖点的炒作，一直是避不开的诟病。而受众媒介素养的欠缺，正是这种炒作得以生息的土壤。互联网正在迅猛发展，媒介也紧跟其脚步，新媒体如汹涌大潮，裹挟着杂质汹涌袭来，泥沙俱下。受众的角色在转变，他们的媒介素养水平也亟待提高。

第四节　新闻选择

是不是在新闻报道中，新闻事件中所有的细节都要铺陈出来？答案是否定的，一般我们在报道新闻的时候，会着重选取那些有价值的、公众希望知道的信息，而砍掉一些无关紧要的内容，这个过程即新闻选择。新闻选择是新闻工作最重要的内容之一，是新闻学的全部知识、新闻工作经验和其他社会科学、自然科学知识的综合运用。

任何一篇新闻报道稿件都是采访、写作、编辑过程对新闻选择结果的呈现，所以新闻学也是一门选择事实的艺术。采访、写作、编辑，是新闻业务的三个主要环节，都和新闻选择有着密切关系：采访是不断挑选事实的过程；写作是重新挑选事实的过程；编辑则是再一次挑选、审视事实的过程。简单而言，对发生的事实加以鉴别，选出新闻媒介值得传播的信息内容，这就是新闻选择。

在实际操作中，对新闻事实的选择都有哪些标准呢？实践中，一般会以新闻报道刊发所需要考虑的实际问题来对此进行斟酌。

最基本的，要公开报道一个事实，首先得考虑它的真实性。所以第一个标准便是以新闻的定义为基准进行选择——一要真实，二要新鲜。以这个角度，我们必须淘汰虚假的

"事实"、陈旧的事实（但可以用作新闻报道的背景）、人们司空见惯的普通事实、尽是空口号没有实际意义的"事实"。这个标准是所有选择的基础，如果抛开新闻真实，其他所有选择便毫无意义。

在选择真实的基础上，进一步需要考虑的便是新闻价值。新闻选择的第二个标准便是新闻价值。新闻价值就是事实本身能否引起社会广泛层面的共同兴趣，还需要考虑传播的内容所产生的社会效应。主要体现在阅读率、收听率、收视率等方面。新闻价值主要表现为：时新性（新近发生且是公众不知道的）、重要性（与公众切身利益相关）、接近性、显著性（名人、名胜、不平常的、反常的）、趣味性。事实中所包含的上述要素越多，这个事实就越有新闻价值。

在以上要素中，能激发公众的广泛兴趣是一项基本的新闻价值。这意味着被报道或将要报道的事实反映的是社会大众普遍关心的事实，而不是个别人关心的。大众传播媒介本身决定了只有吸引大众的共同兴趣，媒介产品才有销路，媒介才能生存。而有时媒介传播新闻并不仅仅是为了满足受众的需要，而是宣传自己的主张。这就要求在选择新闻事实时，在兼顾真实、有新闻价值的同时，还要考虑事实本身所包含的有利于传播者，能够证明和说明传播者主张的素质，即有宣传价值。

在去伪存真后，新闻选择的最后一道关口便是新闻法规。等同于在社会中的活动就要遵守各项法律法规，任何一个国家的新闻报道活动都要遵守新闻法律法规，毫无例外。这道关卡的目的是"去毒"，禁止危害国家或人民大众利益的新闻公开传播。例如，在任何一个国家，公开的媒介平台都不会传播任何宣扬暴力、恐怖的新闻信息。再比如，涉及国家公共利益的内容也不允许被报道，所以你肯定没见过哪个媒体公开报道关于国家粮库的信息，因为这些内容普遍对外保密，一旦公开报道，轻则造成具体信息泄露，重则引起社会动荡。所以不符合新闻法规的内容，即使有新闻价值、宣传价值，也绝不能报道。

以上四个标准的关系是：新闻定义是基本前提，没有真实则无所谓新闻；做任何新闻，都不能违背新闻法规；新闻价值与宣传价值不能画等号，所以在宣传的同时要力求具有一定的新闻价值；新闻价值和新闻法规、宣传价值之间，既有相辅相成的一面，也有相互制约的一面。

新闻选择极其重要，新闻选择的过程也极其复杂。它是对新闻工作者政治、经济、社会、文化和新闻素质全面综合的检测，能反映出新闻工作者对党的国家方针、政策熟悉的程度，对时局认识、把握的能力，对实际工作、对受众理解的程度。

第五节　新闻报道理念

同样是转述消息，但新闻报道不能等同于街谈巷议、道听途说，作为一种特殊类型的社会意识，新闻报道必须坚守新闻的底线，新闻传播者必须遵守职业道德，并以此自律，指导自己的采访、写作工作。

新闻媒介必须以服务大众为宗旨，新闻工作必须遵循真实、全面、客观、公正的原则，其核心实质就是媒介必须承担社会责任（新闻媒介是社会公共事业，必须为公众服务，新闻从业人员必须承担起社会责任）。为什么看似简单的新闻专业理念实践起来并不容易？因为在实施的时候会受到各种干扰，从历史上看，对新闻专业理念干扰最大的是来自政治上的压力和经济方面的市场压力，而坚守新闻专业理念却是极为重要的。

虽然我们一再强调新闻的客观性，但只要有人的介入，就避免不了主观。值得一提的是，事实即事实，任何带有主观色彩的内容都无法强加给事实，记者的主观意识只能影响再现事实的形式，而无法改变事实的内容。真实是新闻的生命力之所在，所以新闻报道的理念便建立在维护新闻真实的基础之上。

新闻报道必须坚持新闻的真实性。任何报道都必须保证新闻是对客观实际的反映，这是任何情况下都不能动摇的准则。世界上很多记者组织机构每年都要通报一批假新闻案例，处罚一批参与虚假新闻报道的媒体从业人员。相较于其他不良社会行为，新闻造假的危害甚大。

在新闻报道中，记者必须具备社会责任感，服务于社会公共利益，尽可能避免报道带来的负面效果。在我国，新闻报道的公益性原则主要体现在新闻报道要为人民服务，防止危害社会整体利益上。目前整个世界都处于传统媒体与新媒体此消彼长的混乱局面中，互联网的发展带来的冲击是巨大的，在这种混乱中，个别记者片面追求个人效益，违背社会公众利益的新闻报道不时见诸报端。

除了服务社会公众利益，新闻报道还必须客观公正，维护真理和社会正义。使受众从新闻报道中获取利于健康精神生活的有用信息，遵循客观公正，坚持正确的舆论导向，是新闻报道的重要准则。客观和公正相互依存，也是新闻的受众对新闻的期许和追求。对于大众而言，新闻报道是人们了解外部世界的主要渠道，如果转述者夹带了偏见，新闻失去了真实，人们将无从了解世界的真相，无法正确地认识世界。

因为客观公正，所以新闻报道必须完整全面，不遗漏、不偏颇、为维护人民的知晓权而努力。一篇报道，必须提供各方面的事实和意见，不隐瞒、不遗漏重要事实，不能以片面的真实误导受众、扭曲受众认识。在这一点上，必须要结合新闻选择，辩证地看待。

2013 年 12 月，中国记协通报，当年轰动一时的新闻《约会女网友，见面竟是儿媳》一文为假，一时舆论哗然。

2013 年 10 月 24 日，黑龙江晨报刊登《老汉旅店见网友，一开门傻了——“跟我开房的咋是儿媳妇”》一文。经查，穆棱市电视台记者以派出所提供的一件曾经处理过的纠纷为原型，编造了《穆棱：开房约会女网友见面竟是儿媳》的假新闻。《黑龙江晨报》未经核实，修改标题后刊登了该报道。经查实后，相关新闻单位和责任人分别被予以行政警告、行政罚款、吊销记者证等处罚。

2013 年 5 月和 2014 年 2 月，《南方周末》先后刊发记者柴会群采写的《“疯子”医生：你砸医院招牌　医院砸你饭碗》《“创收”院长》《公立医院创收潜规则》3 篇报道，揭露四川省绵阳市人民医院“为正常人安装心脏起搏器”“高价购买老款医疗设备”“公推直选科主任从未有过先例”“四维彩超机每天收入近万元”“2007 年超声科收入比 2006 年增长 45%”，经查失实。相关行政主管部门进行立案查处。

2015 年 1 月 29 日，中国记协通报了 3 起虚假、失实报道，其中包括《南方周末》记者柴会群关于四川省绵阳市人民医院的多篇揭露性报道。

新闻工作者的职业道德涉及四个基本方面：职业理念、职业态度、职业纪律、职业责任。新闻工作者必须以严肃、严谨、认真、踏实的态度从事新闻工作。新闻工作者不应任意曲解事实，不能任意中伤、污蔑、诽谤和缺乏根据地指控，不能抄袭剽窃，要对公众忠实。当前新闻界在职业道德方面存在的主要问题：一是工作敷衍，导致报道失实；二是动机不纯，编造虚假新闻；三是不顾影响，经营“有偿新闻”；四是不择手段，进行煽情炒作；五是贪图钱财，大搞钱稿交易；六是无视法纪，侵犯他人权益；七是猎奇求异，制造“文化垃圾”；八是不计效果，刊播虚假广告。

有人把以上现象归纳为“五大害”——虚假新闻，有偿新闻，侵权新闻，低俗新闻，虚假广告。

记者被冠以“无冕之王”，尽管今时今日，这个称呼已不具当年的含金量，但身为媒体从业者，对自身的要求依然应该是“铁肩担道义，辣手著文章”。媒体是社会发展的瞭望塔，记者便是瞭望者。尤其在当下自媒体蓬勃发展的势头下，新闻报道若不坚守底线，记者若不严于律己，则社会如一锅混汤，各种信息良莠不齐，发展必受影响。

第六节　新闻报道方法

按照采访对象的不同和新闻事件的不同，新闻报道也因事而异。如果你所要报道的事件核心是人，那你可以选择进行跟踪式采访报道或者人物专访；如果你所要报道的事件波及面广，会造成较大影响，且事件内容具有隐蔽性，不易被了解，那么这应该是一个调查性报道或深度报道。

一、常见的几种报道方法

（一）消息报道

消息是最常见的一种新闻报道文体和方法，它以最直接、最简练的方式，迅速及时地告诉读者客观世界的变化发展。如果一个新闻事件较独立，核心信息很明确且时效性很强，那么记者在采访的时候就应有意识地按照消息的写作需要来发掘内容。内容真实、文字简洁明确、字数较少，这是消息的显著特征。消息可以看作是其他一切新闻文体的基础。在长期的历史发展中，消息的写作已经形成一个比较固定的结构模式——“倒金字塔”结构。以内容的重要性程度和受众的关心程度为顺序安排新闻中的各项事实，重要的往前放，次要的往后放。

（二）人物专访

如果报道内容与人密不可分，那么人物专访是一个不错的选择。相较于其他体裁，专访更具有针对性，选择的采访对象应具有代表性，涉及的问题应该更具有明确的背景和强烈的现实性。选定采访对象后，记者应该尽可能地熟悉并研究访问对象的有关情况，制订周密的采访计划及谈话提纲。在整个访问过程中，记者应该尽可能地控制谈话提问的方向，紧紧围绕事先设定的主题，除非你在谈话中发现了更好的主题。

需要提醒的是，很多新入行的记者在碰到采访对象对提问“无可奉告”的时候，便知难而退了。其实我们可以通过转换话题或改变提问方式来“诱敌深入”。除了记录交谈内容，还有一个很重要的环节就是观察。观察周围的环境、受访对象的衣饰和打扮还有对方的情绪等，这会在你写稿时起到很重要的点睛作用。

（三）事件通讯报道

事件通讯是较详尽反映具有典型意义的新闻事件的体裁。如果被报道的事件具有非常显著的典型性，那通讯则是不二选择。与消息相比，事件通讯更为具体、形象，令读者有如经其事、如临其境之感。这就要求记者在采访中注意主题，清晰把握时间脉络，将一个个细节弄得清清楚楚。如果你不知道哪些事件可以被写成通讯，可以推荐的是，在我国历次发生的社会灾难中，尤以地震为例，在事件发生后，总会出现一批优秀的事件通讯报道，来向世人详尽地展示事件发生的经过、事后的援救及造成的社会影响等。

除了文体的不同，可延续性强也是通讯的一个显著特征。许多“一次性”的新闻事件记者可以一次搞定，但若有相当部分的事件具有延续性、连续性，或是同类事件接二连三地发生，记者可以深入作战，弄清连续事件背后的真相，揭露深层次的原因，挖掘背后的新闻。2011 年上海甬温线“7·23 动车追尾事故”就是一个典型例证，这一惨烈事故发生后，地铁信号故障、各地地铁信号不统一等事实渐次浮出水面，参与报道的记者们也写出了一系列有分量的连续性报道。

（四）特写

所谓特写，就是把能反映人物、事件的本质、特点的某个细节或片段“放大”和“再现”。它有别于一般的消息和通讯，兼具两者特点，是“杂交”后的产物。特写使得新闻事实具有“镜头感”，因而给读者强烈的情感刺激，这种“可视感”甚至赋予了纸质媒体与电视媒体竞争的能力。

特写重在反映事物的某个细节或片段，注重“可视性”，所以记者在采访时一定要仔细观察。只有细致的观察和还原才能带来细节的真实，这是特写报道中一个很重要的环节。要点突出、语言简洁、细节明快，这就要求记者具备敏锐观察、能在短时间内快速描绘事物的能力。此外，记者的写作还必须结构紧凑、篇幅短小、角度奇特。

（五）特稿

特稿是西方新闻写作中的一种特殊文体。它是以形象生动的手法，将新闻事件、人物、场景、气氛等具体、生动地再现出来的报道形式。不仅西方，特稿在我国的新闻事业发展中，也受到相当的重视。

特稿写作是在遵循客观的前提下，描写新闻故事、刻画新闻人物性格，并以此来推动新闻故事的情节发展，使读者在阅读的新鲜感中逐渐接触文章所反映的深层次主题。在采访中，特稿需要大量的故事性素材，这些素材的收集必须以同一个主题为核心。相较于其他报道方式，特稿对记者的文笔要求更高，所要表达的内容体现在稿件的写作手法中。一般来说，特稿以小角度切入，在对现场情景和人的描述中逐步展开情节，刻画人物，在此基础上显现作品的社会意义。所以特稿最值得称道的是它将情节、文字的可读性和严肃的主题相结合，因此它对记者采访的深入和细致程度要求很高。

如前文提到过的人物特稿《惊惶庞麦郎》，作者以一段 QQ 上的对话内容展开文章，记者直接描述采访对象与记者见面时油腻的头发、微躬的身材和他有别于常人的谈话思维和方式，将一个社会底层人物的敏感、混乱、渴望成名却又缺乏应对经验的姿态活生生地展现在读者面前。

（六）深度性报道

所谓深度性报道，是一种涉及重大题材，系统提供新闻事件背景，以客观形式进行解释分析，从而拓展新闻内涵的报道形式。深度报道侧重于回答新闻要素中的 why 和 how，旨在揭露新闻深层次的内涵。主题的鲜明性、题材的重要性、表现手段的多样性等都是其特征。

有广度，还需有深度。采写深度报道，记者必须要从整体出发，广泛地考察、分析事物的各个部分，从而对事物内涵进行深刻挖掘。因为深度报道涉及的是重大题材，反映的是社会广泛层面的问题，所以这种报道形式对记者的要求也是极高的。上到国家政策，下到社会生活，如果不能全盘掌握，就会直接影响报道的深度。

2012 年 8 月 16 日，《南方都市报》刊文《男子扶起老太遭连环索赔自杀事件还原》，讲述湖南省湘潭市一菜市场鱼贩王培军因撞倒一名老人而遭连环索赔最终导致自杀的事件。当时中国各地频发“扶老人反被诬陷撞人”的事，全民道德都在经受“扶不扶”的拷问，记者将这一具有显著典型性的偶发事例放诸整个时代背景下，对造成“扶不扶”难题的整个社会体制进行了深层次的拷问，报道影响甚广。

二、模式化报道方法

（一）财经新闻写作《万能表》

在____以来的大好形势下，在____会议精神的鼓舞下，____党委认真贯彻执行____精神，组织党委一班人围绕____专题，反复学习了____文件。通过学习，深刻认识到____的重要性，进一步明确了开展____的重要意义，从而大大增强了贯彻执行____的自觉性。在提高认识的基础上，他们针对本单位____的特点，狠抓了____工作，做到了____，从而有力推动了厂里的生产。

到____为止，全厂已超额完成了____计划的百分之____，总产值达到____，比去年同期增长____。群众高兴地说：____。目前，____厂的干部群众正在成绩面前找差距，力争为____做出新的贡献。

注：本表结构严谨，层次分明，段落清楚，主题突出，适用于所有工矿企业的新闻报道。大、中、小学文化程度的同志均可使用，使用时稍加填写就可成为一篇正规的新闻稿了。

（二）很“新闻联播”的小学生报道

“六・一”前夕，五年级一班学生刘小华因患感冒请假。班主任指示班干部们自发组织到刘小华家里慰问。第二天，班里黑板报登出了一篇《本班新闻》，全文如下。

本班讯　昨天上午，阳光明媚，鲜花斗艳。刘小华同学家里欢声笑语，人头攒动。五年级一班班长赵官、副班长张僚僚在体育委员欧阳猛南、文娱委员李美媚陪同下，不远千米，深入到患感冒发低烧的班级成员刘小华家中，为他带去节日的问候和良好的祝愿。赵班长与张副班长兴致勃勃地参观了刘小华的小房间，饶有兴趣地玩了四盘“魂斗罗”游戏，与普通同学同乐。

接着，班级领导与刘小华同学的双亲亲切地拉起了家常。赵班长还愉快地回忆起去年和刘小华开始一起作弊的往事。在交谈中，赵班长多次关心地强调：“刘小华生病了，就不要做作业了。好好休息，身体是革命的本钱嘛！”刘小华激动地说：“感谢班干部的关心！我一定要战胜病魔，克服一切困难，早日回到温暖的大集体中，回到亲爱的老师和同学中间！”接着，赵班长一行又在刘小华家门口兴致勃勃地踢起了毽子。蓝天如洗，鸟儿也受到这集体温暖的感染，唧唧喳喳，歌唱美好的生活。中午，刘爸爸买来香喷喷好吃看得见的某某牌牛肉干和清凉可口的鲜榨橙汁，宴请赵班长一行。席间，宾主就小学生连吃两根冰棍是否会闹肚子等问题进行了深入愉快的双边会谈。

三、流行报道方法

（一）华尔街日报体

“华尔街日报体”（简称“华体”）是《华尔街日报》头版上常见的一种新闻写作形式，即在报道非事件性新闻时，开头往往先讲一个与新闻主题有关的人物故事，通过这个人引出所要报道的新闻，进而一步步展开、深化新闻主题，使本来抽象、枯燥的非事件性新闻，因人物的介入变得容易赢得读者的注意，用人情味提高传播效果。它的报体模式是：第一部分，人性化的开头，即与新闻主题有关的人物故事；第二部分，过渡，即从人物与新闻主题的交叉点切入，将真正的新闻内容推到读者眼前；第三部分，展开，即集中而有层次地阐述新闻主题；第四部分，回归人物，即重新将人物引入新闻，交代此人与新闻主题的深层关系。

“华体”注重：一是“调查性报道”的重要地位；二是“新闻故事”的魅力——小故事，大主题；三是处理数据与引语的诀窍；四是新闻报道中“人性”的视角。

“华体”写作方式的不足包括：尽管“华体”通过见事又见人的故事描述手法，特别是透过普通人这个点以深化新闻主题的面，在赋予了人情味的同时又突出了贴近性，极易使读者产生共鸣，但是框架结构的固定陈设使得在借鉴“华体”写作风格之后，很多特稿（甚至消息性报道）写作出现了雷同的面貌，对“华体”的滥用让报道者往往生搬硬套开篇起着“导语”作用的人物故事，这也让越来越多的特稿（甚至消息性报道）表现得“千人一面”。追求“华体”的写作风格同时助长了部分不良新闻采写方式的出现。

（1）“华体”的最大特色在于运用作为导语的小故事情节吸引读者，利用精心选择的事例过渡至新闻主题，并在结尾时返回开篇故事，从而串联全篇报道。这势必使得导语故事的选择成为特稿“抢眼”的很大一块筹码。因此，很多报道过分倚重导语小故事的写作，使得小故事喧宾夺主，而新闻主题反而平平淡淡。

（2）对于导语故事的过分要求，会使得记者或撰稿人在采写新闻事件的时候，过分注重对旁枝末节的追逐，而忽略了主题事件的挖掘。我们并不是否认在新闻采访中重视细节的做法，然而，当特稿写作框架过分依赖于“华体”模式时，采访观察难免会陷入“只见树木，不见森林”的狭隘视角，撰稿人会偏离主体新闻的采撷和挖掘，转而寻求过分琐碎的事件。

（3）更有甚者，为了寻找到具有阅读冲击力的小故事，个别人采取杜撰和虚构的方式，将自己的意图糅杂进编造的故事，以期待获得读者的认可。这无疑大大伤害了新闻真实性的本质要求。

（二）马伯庸：新闻写作的三种手法，以《鸿门宴》为例

“倒金字塔体”最早出现于南北战争时候，战地记者们为了抢先发回报道，用这种方式一段一段在电报局里拍发，先发核心信息，再慢慢把事情说清楚（顺便说一句，有的记者为了不让别人抢到头条，发完正经报道以后，还会继续拍发一些大部头的东西如《圣经》来挤占电报机，让竞争对手发不出去。《神秘岛》里的吉丁史佩莱就干过这种事）。真正把这个体系发扬光大的契机是林肯遇刺，美联社最先发了一条新闻“今晚总统在剧场遇刺，身受重伤”，一共才12个单词。这个记录后来在1945年被打破，还是美联社的新闻“罗斯福总统今日突逝”，6个单词。

“华体”的写作原则是“由小及大”“窥叶知秋”，结构上，开头从非常个人的视角切入，再从这个小细节推展开来，逐渐论及全局，最后还要勾连回开头，一般用于深度报道。这种写法更显人情味。“倒金字塔体”则正好相反，讲究“言简意赅”“由重及轻”，开头说最核心的新闻点，接着说次重要的新闻点，然后是支持核心的材料和证据，最后是补充性材料，叙述多，议论少，时效性强，一般用于突发报道。

“新华体”和我们高中写议论文的结构是类似的：开头高屋建瓴，然后夹叙夹议，论点＋论述＋论据＋名人名言＋论述＋论点，最后概括成数个排比句，进一步拔高主题。优点是磅礴大气，鼓舞人心，看完以后让人热血沸腾；缺点是容易腻。

倒金字塔体标题：刘邦出席宴会时险遭刺杀

（汉元年十二月，法通社灞上电）刘邦在项羽举办的鸿门宴会上险遭刺杀，已返回灞上军营。（开头开宗明义，直接把新闻最核心的点出。）

此次宴会旨在解决项羽与刘邦关于关中占领问题的争端。在宴会期间，项羽的堂弟项庄要求舞剑助兴，借此靠近刘邦，但被及时阻止。（**杀手身份、行刺手段及结果，属于次要新闻点。**）

刺杀事件发生后，刘邦很快离开席位，宣称去上厕所，但他没有再次出现在宴会场合，而是与樊哙、夏侯婴、靳强、纪信等四人经骊山、芷阳小道返回灞上军营。（**针对“返回军营”做进一步解说，至此鸿门宴的核心新闻已经报道完整。**）

据信，阻止项庄刺杀的人，是项羽的叔父项伯。他当时也同时起身舞剑，阻挡住了项庄。项庄被迫退后，但宴会并未因此而中断。（**针对刺杀一词做详细解释，解释为什么是“险遭”。**）

刘邦离开以后，他的幕僚张良向项羽和范增做出了解释，声明刘邦已经喝醉，并进献

了白璧一双、玉斗一双表达歉意。**（对刘邦如何离开鸿门的详细解释。至此，对核心新闻的细节补充也完整了。）**

有宴会出席者指出，在此刺杀事件发生前，项羽的重要幕僚范增曾数次举起自己的玉玦。在宴会结束后，他还用剑将张良进献的玉斗击碎。**（补充性材料。）**

目前鸿门和灞上的军队没有异动，但据信刘邦的左司马曹无伤已被处决。**（事件发生后的后续动向，不分析，只罗列事实。）**

在刺杀事件发生后不久，刘邦的一名部属樊哙曾闯入宴会现场，痛斥项羽。但项羽赞扬了樊哙的举动，并赏赐他一块生猪肉。樊哙未经烹煮即行食用。如果没有他的出现，刘邦的事业恐怕会遭遇失败。刘邦离开时，他也随之护送离开。**（对宴会细节的描述，但这条信息与核心信息关联少，重要性比较低，所以放在后面说。）**

唯一仍留在现场的张良和项伯关系良好，曾经救过后者的性命，两人来往十分密切。**（这里仍在罗列事实，但记者已经通过事实罗列在表达自己的观点。）**

华尔街日报体标题：鸿门宴，一次几乎爆发的政治危机

（汉元年十二月，墨通社灞上电）樊哙闯进鸿门宴会的时候，他的双手紧握着短剑和盾牌，头发直竖，眼角几乎要裂开。守门的持戟卫士试图要阻止他，但失败了。这位年轻时在沛县从事狗类屠宰业的平民，此时正面对着天下最有权势的贵族项羽，高声发出严厉的指责。整个宴会现场鸦雀无声。**（开头从小人物的视角切入，设置悬疑。）**

樊哙本来是在门口担任警卫工作，没有资格出席。但他突然收到同僚张良的提醒，自己的主君沛公在鸿门宴会上差点遭遇了一次刺杀，而刺杀者项庄显然得到了项羽的默许。他情急之下不顾自己的低微身份，未经许可闯入宴会，试图履行自己的职责。樊哙和所有沛公幕僚都很清楚，这次危机并不只是沛公一个人的危机，而是樊哙、张良这些部属乃至整支沛军的危机。如果任由项羽阵营充满敌意的态度发酵，将会对天下局势产生不可逆转的深刻影响。**（从樊哙个人的遭遇过渡到政治层面的危机。）**

在这次宴会不到一个月之前，反秦联军在关中取得了一次辉煌的胜利。刘邦军团攻克函谷关，占领了秦的首都咸阳。

但这次胜利引起了项羽的不满。他当时刚刚打破秦军对赵国的围困，却被告知刘邦已经进入关中。项羽认为自己受到了侮辱。在此前的一次政治会议上，楚怀王与将领们约定，先入关中者为王——这被认为是项、刘之间发生争执的重要动机之一。“我兄长对刘邦的这一无耻举动非常愤怒，这个卑贱的小官吏窃取了不属于他的贵族荣誉。”项羽的堂弟项庄说，后来正是他主导了鸿门宴上的刺杀。

刘邦的左司马曹无伤向项羽写信，指称刘邦试图在关中称王，这成为激怒项羽的最直接因素。这次政治纠纷随即演变成了军事摩擦。项羽调动了四十万军队驻屯在鸿门，而刘邦的军队数量只有十万。虽然两军暂时并非发生冲突，但局势一触即发。刘邦阵营的一位军事观察家郦食其表示：“如果两军开战，刘邦军队将没有任何胜算。”但同时他也指出，这对于反秦的整体战略是个非常沉重的打击。项羽阵营也有人持同样的意见。“与其对军队实施打击，不如直接对刘邦采取必要手段。项王不能接受反秦联军失去十万名勇士，但他并不介意只失去一个厚颜无耻的同僚。”范增如此说道。他是项羽的高级顾问，在决策圈拥有很大的影响力。

当然，并非每一个人都和范增持同样意见。项羽的叔父项伯利用和张良——后者是刘邦的军事顾问——的亲密私人关系，成功说服了项羽在鸿门召开一次会谈，以求尽快消弭双方的分歧。在发出的公开声明中，项羽表示愿意尽最大的诚意与刘邦当面沟通，并以已故将领项燕的名义起誓保证他的安全。刘邦很快做出了回应，说他将亲自前往鸿门赴宴，为自己之前鲁莽的军事行动道歉。

沛公的这一回应让爱好和平的人们如释重负，范增也是。（**这一部分从樊哙扩展到天下大局，简要概括了双方起冲突的大背景，然后又将视角缩小集中在鸿门，转到中心问题。要尽可能地直接引用多方发言，不要简单概括成“他们纷纷表示”，或者“大家都认为”，要细致到每一个人的立场表达，这些人一般都经过精心挑选，可以代表一个阶层或者一个团体的普遍意见，也可以通过当事人身份表达重要信息。**）

在鸿门宴开始后，刘邦很快就发觉自己陷入了危机。据一位不愿意透露姓名的侍者宣称，他清楚地看到范增先后三次举起玉玦，这应该是某种危险的暗示。但项羽并没有做出任何回应，显然他还没在现实利益和名誉之间做出任何抉择。范增很快找到项庄，项庄起身表示要临时增加一项娱乐活动。他舞剑助兴，并慢慢靠近刘邦。促成这次会谈的项伯这时也拿起剑来，借舞剑之名阻挡了项庄的攻势。“我当时没想那么多，和谈必须进行下去。何况如果沛公被杀的话，那么张良也会遭到连累，他是我最好的朋友。”项伯在事后如此表示。

舞剑结束以后，刘邦安然无恙地留在自己座位上，暂时。张良认为危机仍旧没有解除，他立刻通知正守护在门外的樊哙。樊哙采取了非同寻常的做法，他直接闯进宴会大厅，斥责项羽背离贵族道义。项羽面对斥责显得很愧疚，他赏赐了生猪肉和酒给樊哙，并称赞他是勇者。樊哙趁机再度阐明刘邦的立场：我方无意占据咸阳，更无意称王，目前的军事调动，只是一种保护性的临时占领，可以随时解除。“这是一个最鲁莽的人做出的最明智的举动。”张良事后评价。

数刻之后，刘邦起身去厕所，他再也没有回来过。据信，刘邦是在樊哙、夏侯婴、靳强、纪信等四人的护送下，经骊山、芷阳小道返回灞上军营。而张良确信刘邦离开之后，才向项羽表示刘邦喝醉了，已经早早返回，并进献了白璧一双、玉斗一双表达歉意。耐人寻味的是，项羽居然收下了这件礼品。范增是如此失望，以至于拔出剑将玉斗砸碎。“啊，真是一个缺乏头脑的蠢货。将来夺取天下的，必然是沛公。”有人听到范增言辞激烈地批评道。

刘邦回到灞上的第一件事，就是处决了曹无伤。处决是在一个深夜进行的，没有棺材，也没有墓地。（**叙述新闻核心事件，多人物，多视角，按时间顺序。**）

鸿门宴结束后，刘邦履行了自己的承诺，将军队撤出了关中，避免了一次惨痛的失败。项羽立刻占领了咸阳，并指使军队进行了数次劫掠。项羽错失了一次打击潜在竞争对手的机会，但他至少如愿以偿地得到了咸阳。刘邦虽然被迫撤离，但至少保住了有生力量和良好的声望。在秦朝灭亡后的政治版图中，他仍旧可以发挥显著作用。

当然，刘邦的占领并非一无所获。不止一名目击者报告，在刘邦军队撤离时，用几十辆大车运走了地图、政府档案等物资，这为这名野心勃勃的平民领主做了一个意味深长的注脚。“我们只是出于学术目的才搜集的，反正项羽将军没兴趣。”萧何断然否认了这个猜想。

樊哙在鸿门宴后的工作暂时没有任何变动，但在关键时刻的突出表现，让这位勇者的职业生涯一片光明。当被问起未来五年的职业规划时，这位勇者谦逊地引用了陈胜的一句话："王侯将相宁有种乎!"**（做简单的总结和分析，并回到开头故事。）**

新华体标题：沛公完成战略转移，项贼图谋破产

（汉元年十二月，儒通社灞上电）严冬十二，关中灞上，野火燎原，意气风发。沛公在鸿门又一次成功挫败了野心家窃取反秦果实的图谋，率领军队胜利西上。**（开头先用套句抒情一二，然后定出一个基本调子，用宏大叙事勾勒出新闻主体的重大意义。注意细节，比如"又一次"，表明成功不是偶然的，是持续性的。）**

东风吹，战鼓擂。六国人民反秦反暴政的运动正如火如荼地在神州大地进行着。在沛公的英明领导之下，大军率先开进关中，占领了暴秦首都咸阳，彻底打碎了绑在六国人民头上的枷锁。沛公心系人民安危，入关之后，立刻废除暴秦法律，只约法三章，让关中父老欢欣鼓舞，奔走相告。开心的笑颜，回到每个百姓的脸上，他们自发地打出横幅，编写歌谣，齐声称赞还是沛公的领导好。**（"新华体"最重要的特征是夹叙夹议，即在描述新闻时，随时予以评论，或点明其历史意义，或宣扬其效果。）**

然而，在这暴秦摇摇欲坠、全国即将解放的大好形势之时，总有一些野心家蠢蠢欲动，意图窃取反秦果实。旧贵族势力的代表人物项羽对沛公的成就非常惧怕，唯恐平民阶级的觉醒会危及贵族统治。他突然率领大军攻打函谷关，进逼关中，想要扼杀沛公。

根据此前达成的协议，先入关中者可以称王。项羽这一背信弃义的举动，让六国人民为之震惊，良知之士齐声叱责。关中军民纷纷向沛公请战，甚至有战士写下血书，流着泪激动地说："沛公是我们的大救星，谁对他不利，谁就是百姓的敌人。"

其时暴秦余孽未平，战事未消。沛公审时度势，思虑再三，为了不影响全国反秦大业，决定暂时放下恩怨，与项羽进行谈判。项羽要求沛公只身前往鸿门参加宴会，反动势力代表范增公开叫嚣说"他刘邦心虚根本不敢来"，只等着沛公拒绝，就把开战的罪名扣在他的头上。

沛公置自身安危于度外，毅然决定只身前往。面对同事和部下的担心，沛公笑着说道："项羽和范增一直要求我一个人去，说明他们心里是害怕的，外强中干。你们想，我刘邦一个人，就能把他们吓成这样子，说明这四十万大军，也没什么好怕的嘛。"**（新闻叙述以时间顺序为主，尽量不插叙，不倒叙，主体人物要始终保持正面，基调要昂扬。）**

在鸿门宴上，范增施展出卑劣手段，安排了特务进行暗杀。沛公几次面临危险，却一直镇定自若，谈笑风生，即使是敌人，也暗暗佩服他的大气。在张良、樊哙以及进步人士项伯的协助下，沛公义正词严地谴责了项羽的不义之举，让他哑口无言。沛公的大义凛然，始终主导着谈判的节奏。巨大的舆论压力，让范增等人不得不放弃了刺杀计划。沛公再次成功地阻止了敌人的阴谋，完成了谈判。

从鸿门宴返回以后，沛公首先揪出了隐藏在反秦队伍里的叛徒曹无伤，然后召集全体大会。在大会上沛公指出，当前全国斗争的核心，将从秦与六国义军的矛盾，转移到六国旧贵族与平民阶层之间的矛盾。这个矛盾十分尖锐，不可调和。考虑到旧贵族势力在一段时间内仍占有优势，沛公决定从大局出发，利用谈判所赢取的宝贵时间进行战略转移，不执着于一城一地的得失，大踏步地让出关中，跳到更广阔的天地里去。为此，必须要西上汉中，暂时接受汉中王这个称号。关中军民虽然不舍，但时间就是命令，理解了要执行，不理解也要执行，他们已在紧锣密鼓地做着相关准备。每一个人都深信，在沛公的带领下，迟早是要回到关中的。

沛公的举措，极大地震惊了敌人。项羽的狗头军师范增在得知沛公让出关中后，惶惶如丧家之犬。他向别人哀叹说："项羽为人太过善良，不足为谋，我看这天下呐，早晚会落到刘季业手里。"（**叙述一定要有技巧，多用形容词、成语，部分细节可以适当避开或改动，紧紧围绕主题。**）

这一次关中到汉中战略转移，以鸿门宴为转折点，将开启反秦运动的新篇章。鸿门宴是宣诏书，是烽燧台，是铁犁铧，它是项羽的催命符，是沛公的里程碑。旧贵族必将灭亡，新朝代必将兴起。让我们再次喊出反秦元勋陈胜的那句话吧：王侯将相，宁有种乎！（**结尾要铿锵有力，至少三联排比，然后提出一个押韵口号，总结宏大意义。**）

因大家对《鸿门宴》较为熟悉，马伯庸先生的改写稿迅速引来网友围观，有的甚至提出批评，更有好事者提供了财富体和哈佛商业评论版。

财富体：

【标题】LIU'S LEFT

要诀1：《华尔街日报》是日报，标题要动态。《财富》是月刊，标题要静态，但有张力。

【开头】鸿门宴开始后不久，刘邦很快就发觉自己陷入了危机。"范增先后三次举起玉玦。"他微笑着告诉我。

要诀2：CEO视角，一定要用第一人称。记住：《华尔街日报》是给金融民工看的，《财富》是给CEO看的。最好用一句直接引语。一定不要写告诉本刊记者，要写告诉我。下一句一定要写清楚刘说这句话时是在什么场景。详细描述：穿了什么衣服，坐在什么材料做的桌子旁，喝的什么品牌的酒。

要诀3：《财富》特稿永远以在一个特殊场景回忆一个关键时刻开头，必须详细罗列该场景各种细节，品味你知道吗？品味。

哈佛商业评论版：

【标题】危机领导力：关键时刻的5E分析

要诀1：突出领导力、必须得有5个左右要素。

要诀2：必须得国际；最好还有来自实业界的第二作者；如果书有中文译本最佳，必须得中信出版社或者机械工业出版社。

【提要】本文通过对刘邦、项羽、小布什、傅成玉等全球156位政商领袖面临重大危机时领导力表现的问卷及面访调查，得出关键时刻影响领导力的5E模型。本文发现，传统领导力理论忽略了屌丝的关键作用。同时，本文亦分析了事件发生时，中层对危机的理解差异、响应速度决定了危机的烈度及广度。

要诀3：如果你不是杰克·韦尔奇，就老老实实去做问卷调查；必须建立模型；必须指出传统理论缺陷；必须有前瞻性。

第七章 报社与新闻教育

从一定程度上来说，教育也是新闻媒体的社会责任。具体来看，我们需要认识媒介及媒介的属性，这有利于帮助我们认清新闻媒体的工作本质是什么，新闻是如何产生的，媒体单位又是如何进行经营运作的，以及新闻垄断是怎么形成的，从而增强新闻媒体与新闻教育之间的互动。

第一节 媒介的属性

对媒介的认识，要从它的基本定义开始。从古至今，我们对“媒介”的定义，并不是单一的，而是复杂多变的。在现代社会中，我们也可以从我国政治的发展阶段来进一步认识媒介属性的特点。

一、媒介的基本定义

“媒介”这两个字，看起来是一个非常抽象的概念。从我国的历史上来看，“媒介”一词，最早见于《旧唐书·张行成传》中的“观古今用人，必因媒介”。最早的时候，“媒”字是指媒人，到后来才引申为事物发生的诱因，“介”字则是指在两者之间的中介体或工具。

在西方，媒介研究学者麦克卢汉提出了“媒介是人体的延伸”的观点，即媒介即万物，万物皆媒介，而所有媒介都可以与人体发生某种联系。

因此，从广义上来说，媒介指的是使双方（人或事物）发生关系的人或事物。

实际上，在具体的现实意义中，媒介是看得见、摸得着的。例如，我们通过书籍获取知识，从报纸上读取新闻，从电视上看到资讯等。那么，从狭义的层面上来看，媒介是传播信息的载体，是报纸、杂志、书籍、广播、电视、网络等大众媒介的总称。

二、媒介的双重属性

对于新闻媒体来说，媒介是传递信息的重要载体。无论是哪一种媒介，其背后都是有组织性的团体单位在进行运作。一直以来，媒介的属性是业界争论比较多的问题。跟随着社会发展的脚步，媒介属性的界定也逐渐清晰。目前，业界专家学者普遍认为，媒介具有政治属性和经济属性的双重属性，具体形式表现为“事业单位，企业经营”。

那么，如何理解媒介的双重属性呢？

媒介的政治属性表现为坚持党性原则，是无产阶级的宣传工具，是党和政府的喉舌，即事业单位性质。以党报为例，媒介的政治属性表现得最为明显，所有新闻媒体都必须在政治上与党保持一致，无条件地宣传党的方针政策、国家的法令法规，以及政府的施政举措，并以行政手段和财政手段确保媒体的市场占有率与媒体组织的正常运转。例如，《人民日报》是我国的第一大报，也是最具代表意义的一份党报。一直以来，《人民日报》积极宣传党的理论和路线方针政策，积极宣传中央的重大决策部署，是中央政府发出“声音”的重要平台，读者群涵盖了党政机关、企事业单位、学校等组织机构。

以政治服务为主的新闻媒介，一直到改革开放以后，借助社会主义市场经济的发展步伐，才逐步强化了其本身的经济属性，具体表现为信息产业化生产，进行市场化运作，自主经营，自负盈亏，依法纳税，即企业管理。自党的十一届三中全会召开后，我国开始进行社会主义的市场经济建设，对媒介的运作也发生了巨大的改变，开始进行市场化的初步运作。随着市场经济的不断发展，以盈利为主要目的的新闻媒体进行企业化的管理，以谋求更好的经济效益和发展空间。

三、对新闻事业的影响

作为信息产业，媒介的双重属性意味着，新闻事业走向了市场化运作，新闻媒体逐渐摆脱了政治上的过度控制，有了更多自我发展的空间，对新闻事业的发展带来了革命性的意义。

一方面，媒介的“企业管理”追逐效益最大化，开始围绕受众进行运作，争取得到更大的市场占有率，赢得广告主看重的传播力度和社会影响力，获得更多的广告收益，从而促使媒体之间形成了积极竞争的局面。在这样激烈的竞争环境下，新闻媒体出现了一大批个性鲜明、具有特色理念的媒体。媒体市场化运作的高度发展，需要更多优秀的新闻人才加入，进而推动了新闻人才的培养和新闻教育的发展。

另一方面，新闻媒体的市场化运作，也有可能会带来一些不良的影响。由于自负盈亏、以盈利为目的，新闻媒体可能会过于追逐利润，屈从广告主的意图，丧失公正、客观的立场，做出有失公允，甚至报道没有新闻价值、趣味低俗的新闻内容，造成新闻报道失实、质量下降等问题。在利益的面前，新闻媒体有可能会迷失自我，忽视了媒体原本的社会责任。

值得一提的是，媒介的双重属性是相互矛盾的。“事业单位”的性质，要求新闻媒体做党和政府的耳目喉舌，做以宣传为主的新闻工具，而“企业经营”的市场化运作，则要求新闻媒体应以盈利为目的，尽可能地为广告主服务。如何把握好这两个属性之间的尺度，至今仍是新闻媒介一直在探索的问题。

第二节　报社的运营

媒介的多样化，使得我们接受信息的渠道也变得丰富多彩，包括广播、电视、报纸、网络等。作为自主经营的媒体，没有“皇粮”可吃，背后没有政府的财政支撑，媒体该如何“活下去”？大多媒体的运作都是大同小异，从报纸来看，其成本构成是怎么样的？新闻又是如何生产的？报纸又是如何盈利的？因此，要了解媒体是怎么进行运转的，就必须了解整个报社体系是如何运营的。

一、报纸的成本分析

在满城大街小巷的报刊亭里，报纸卖多少钱一份？日常生活中，稍微留意一下，我们不难发现，一份报纸有卖 0.5 元、1 元、2 元、3 元等不同价格，有的甚至是免费的。1999 年，英国的第一份免费报纸《伦敦都会报》面世，引起了业内的轰动。而 2002 年，我国香港的首份免费报纸《都市日报》创立，并全面派发。值得注意的是，免费报纸大多是在地铁站、写字楼等人流比较集中的地方进行投放，因而也赢得了很多广告商的青睐。另外，免费报纸的办报质量多少也会受到质疑，发行渠道的效果也不能进行规范化的管理。

正所谓，天下没有免费的午餐。然而，对于媒体行业来说，像报纸这样的信息商品，却一直以远远低于生产成本的价格出售。表面上来看，这样的“商品交易”是不合理的。实际上，报纸的销售收入只是报纸收入来源的一小部分，而更大的收益则来源于广告收入。

一叠厚厚的报纸，成本是如何构成的呢？一般来说，报纸的成本包括采编、发行、印刷、纸张等。通常，报纸的纸张和印刷成本占据了报纸成本的 60%左右，而采编成本，包括记者、编辑、广告营销人员等的工资费用及办公费用占据了 18%左右的成本。此外，发行报纸也需要投入很大的人力、物力。比如，一份日发行量为 20 万份的报纸，根据发行分布，则需要三四百人的发行队伍。因而，发行报纸过程中产生的人员工资、销售费用、投递费用等，则约占报纸成本的 22%。报纸的生产流程是一个复杂的过程，这就注定了报纸的成本也是复杂的。

二、新闻的运作模式

在报纸的整个成本构成中，我们会注意到，发行、印刷、纸张等工作内容几乎都是日复一日的，而采编工作却是每天都在发生变化。报纸不同于一般的商品，不是进行功能性的实物销售，而是以信息服务为主，卖的是“内容”。那么，报纸的内容是如何产生的呢？这也是报社运营中的重要部分。

我们从报纸上看到的新闻，大多都是要经过严格的采编流程，才得以见报。一般来说，比较规范的报社采编流程为：报题（发现线索）—确定统筹记者—细化采访思路—进行采访—成稿并按时交稿—编辑改稿—编辑进行排版—美编美化版面—进行校对—付型—二次校对—出片。

经过采编流程之后，新闻已经基本成型，再送去印刷，最后再通过发行把报纸投放到各渠道，才完成了报纸新闻的整体运作。

在新闻报道之前，尤其是专题报道、系列报道等，报社的采编部门都会召开报题会，主编、编辑、记者可以自由提出新的视角、新的线索等，策划主题，在报题会上通过后，再进行采写。对于突发性的新闻来说，尤其是社会新闻，一般都是当天发生，当天采写，而主题性的报道大多都是通过提前报题而进行报道的。

新闻经过一整套的采编流程，再到报纸的印刷、发行，时效性往往没有网络那么强。然而，通过信息技术的发展以及网络的普及，网络成了报纸的延伸，报纸新闻的运作模式也得到了发展和升级。1997年1月1日，人民网正式创办，它是《人民日报》建设的以新闻为主的大型网上信息交互平台，同时也是国际互联网上最大的综合性网络媒体之一。第二年，光明网也正式面世，成为《光明日报》在网络上的新阵地，也是国内唯一一家定位于思想理论领域的中央重点新闻网站。如今，我们也可以注意到，无论是党报还是都市类报纸，都有相应的网站作为支撑，成为报纸的一种延伸。网络上的新闻生产可以缩减纸张、印刷、发行等成本，给报纸的发展渠道带来了更多的空间。

凭借报纸的公信力和影响力，报纸延伸出来的媒体网站也得到了相应的发展。如今，新媒体、自媒体纷纷崛起，也为报纸的发展注入了新鲜的活力。在微信里，《人民日报》《光明日报》《南方都市报》《凤凰周刊》等媒体的公众号都可以进行搜索并关注。

三、报纸的盈利模式

在认识了报纸的成本以及新闻的运作之后，我们不难发现，报纸的收入来源主要分为两部分，分别为报纸销售收入和广告收入，而广告收入则是报纸的经济支柱。

一直以来，“亏本销售”早已成为报纸行业的一个“潜规则”。通过报纸的成本分析，我们也了解到，一份售价一两块钱的报纸肯定是要亏本的，更不要说免费了。有专业研究学者表示，财经类周报的印刷、发行、纸张成本在5元左右，销售报纸只能回收报纸成本的1/3左右。当然，具体的报纸成本也要根据版面的大小、报纸纸张数等诸多因素来考虑。试想一下，一天20万份报纸，每一份报纸成本在5元左右，而报纸只卖2元钱一份，如果只按照一般的商品交易来算，报社每天至少要亏损60万元。

在这样的“亏本”生意中，报纸如何盈利？这才是运营的关键。

显然，单纯卖报纸是亏本的，因而经营好广告业务成为报纸收入的重头戏。亏本卖报纸的牺牲，换来的是发行带来的市场占有率，以及做新闻内容带来的影响力。相对于网站而言，报纸的公信力是消费者所信赖的，在报纸上打出的广告信息可以让消费者引起关注。同样的，报纸的公信力也往往是广告商最看重的，因此也就形成了与广告商之间的良好合作。

翻开报纸，尤其是都市类的报纸，我们可以很明显地看到报纸的一些版面上都放有广告内容。通常，报纸的广告主要分为硬广和软广。硬广主要指画面性的广告，就像海报一样，以图片为主，配以少量文字。而软文硬投则指的是软性的广告，在新闻话题报道中植入广告内容，表现形式以文字为主，一般用新闻性的话题带入广告内容，引起消费者的关注，输出商品的价值。软文硬投是报纸利用专业新闻媒体的优势，通过专题报道，也是报纸相较于其他媒体的明显广告投放优势。广告的费用，则根据不同报纸的定价而不同，包括版面的大小等因素，从几百、几千到上万不等。报纸的主要广告客户涉及地产行业、汽车行业、家居、家电、百货商场等各行各业。随着网络媒体的发展，报媒受到了一定的冲击。近几年，报纸的广告收益不断下滑，也造成了报纸版面的缩减。

近年来，关注度比较高的硬广是苏宁、天猫双十一“互抽打脸”广告。2014年11月10日，苏宁易购在《南方都市报》《扬子晚报》《京华时报》齐发六个“打脸双11”的连版广告，微博、微信朋友圈被严重刷屏，在网络上也引起了热议。这六个版的广告语言和画风都非常网络化，如“下单不比价 你丫首富啊这个TM的双11你该多一个选择”，苏宁易购大胆直接地公开挑衅阿里巴巴，悉数吐槽天猫光棍节大促销的弊端。随后，天猫也用六个版的广告做出回应。这次的“互抽打脸”广告能引起社会广泛的关注，说明报纸的广告影响力较大，同时也体现了报纸广告经营的新玩法。

如今，新媒体、自媒体的发展，也拓宽了报纸的盈利模式。目前，这种新媒体的盈利模式仍处于初步发展阶段，而真正能够运作成功的报媒也只是少部分。以《成都商报》为例，由于凭借报纸本身的影响力和公信力，《成都商报》的公众微信号成了广告商投放广告的一块阵地，是国内为数不多的报媒新盈利模式。关注其微信号，微信上的新闻标题大多比较活泼、俏皮、新奇，点击进去，配有图文、视频，可以给阅读带来更多愉悦，当看到新闻的最后，我们就会注意到底下有一小块的广告。

总体而言，报社的盈利模式主要是通过报纸销售、广告收入，以及拓展新的盈利渠道来实现正常运转的。值得注意的是，报社一般采用采编和经营分离制度，因此新闻的运作方式和广告的运作方式相互配合，两者之间不过分干扰，在一定程度上形成了良好的新闻报道系统和经营环境。

第三节 新闻垄断

垄断，表现出来的是超强的控制能力，具有明显的排他性。原本，垄断多在经济行业上出现。经济垄断表现为，经营者或者经营者的联合体凭借自身强大的经济优势，利用非竞争手段，控制和支配市场商品的生产和流通，独自占领市场。对于新闻行业而言，新闻垄断则意味着一家或者少数几家媒体凭借自身的经济实力，通过不断收购、兼并较小的媒体，从而控制消息的来源、新闻的发布，把所有的新闻资源集中在自己手中，形成少数媒体存在的控制局面。

一、新闻垄断的起源

在20世纪20年代之前，报刊在新闻传播领域独占鳌头。因而，新闻垄断最初的表现就是报业垄断。报业垄断是指报业通过兼并、联合、重组，形成集团化经营实体。最初的报业垄断，是从19世纪90年代的美国开始的，后面逐渐扩展到英国、德国、法国等国家。

19世纪末，随着第二次工业革命的爆发，美国进入垄断资本主义发展阶段。在这样的政治背景下，垄断资本主义要求对经济、思想、文化等各个领域进行控制，进而垄断资本开始掌握国家的经济命脉，垄断经济发展得非常迅速。为了彻底实现政治、经济上的垄断，巩固资本主义的统治地位和经济操控，这就要求报纸的宣传必须对其有利。此外，资本主义利用经济上的优势地位，把媒体资源高度集中，可以对经济垄断形成有利的舆论，以垄断的市场和价格获取高额的利润。

垄断资本主义阶段的政治和经济需求，促使报业垄断的形成。不容忽视的是，媒体本身也有自身的原因。当时的一些较小的媒体缺乏规范的经营管理，没有经济、设备、人才等方面的支撑，缺乏创新精神，而竞争压力大、广告收入少也让报社的发展走得很艰难。综合政治、经济、自身原因等方面的因素，报业垄断是在特定的资本主义垄断时期的产物。

二、欧美国家的垄断报团

伴随着垄断经济的不断发展，报业垄断也成为一种普遍现象。欧美国家的垄断报团主要有美国、英国、德国、法国等国家，这些报团巨头在当时有着巨大的影响力。

美国最有影响的垄断报团，主要有斯克里普斯报团、芒西报团、赫斯特报团等。斯克里普斯报团由爱德华・斯克里普斯和密尔顿・麦克雷创立于 1889 年。1878 年，他创刊了该报团第一家报纸《克利夫兰新闻报》，1889 年正式与麦克雷组建报团。斯克里普斯一直坚持用小标题和短消息，使报纸刊登尽可能多的消息和评论，目标受众定为中小工业城市的工人。至 1911 年时，该报团已拥有 18 家报纸。另外，芒西报团是由弗兰克・芒西创办的，他的理想是建立一个庞大的全国性的报纸联营组织。1901 年，他买下了《纽约每日新闻》《华盛顿时报》《波士顿新闻报》《巴尔的摩新闻晚报》《纽约报》《太阳报》等多家报纸，自己创办了《费城时代报》。此外，赫斯特报团是从创办《美国人报》开始起步的。为了强大报团的发展，赫斯特在 1922 买进了 7 家报纸。至此，赫斯特报团已拥有 20 家日报、11 家星期报、2 家通讯社等庞大的新闻体系。

第二次世界大战前，英国的报业垄断已经开始逐渐呈现，其中最有影响力的有北岩报团、比弗布鲁克报团、西敏斯特报团等。北岩报团是由艾尔弗莱特・哈姆华士创立的，他是世界新闻史上最有影响力的报人之一。他创办了《回答》《每日邮报》《每日镜报》等杂志、报纸，收购了《新闻晚报》《星期快报》《观察家报》等。1908 年，哈姆华士取得了对《泰晤士报》的控制权，加上前期创立和收购的报纸、杂志，哈姆华士建立起了英国有史以来最大的报业集团。在新闻史上，比弗布鲁克有“英国赫斯特”之称。1917 年开始，他先后收购了《每日邮报》《每日快报》《标准晚报》等报纸，成为当时英国具有影响力的报团之一。此外，西敏斯特报团的核心报纸为伦敦的《西敏斯特公报》。第二次世界大战后，西敏斯特报团拥有 4 个早报、9 个晚报和 1 个星期报，分布在英国的 9 个城市。

三、新闻事业的发展

垄断取代了竞争。报业垄断造成了西方报业大规模的缩减，出现了一城一报现象的日益普遍，舆论为少数垄断报团所控制，而垄断寡头又控制了报团。第二次世界大战结束后，报业垄断又有了新的发展，跨媒介、跨行业、跨国等新闻垄断层出不穷，如《纽约时报》、汤姆森新闻集团。随着世界经济一体化的推进，加之现代新闻通信技术的发展，新闻垄断扩展到了前所未有的世界规模。

直到 20 世纪 20 年代，随着媒介多样化的实现，形成了多种媒体传播的局面，报业垄断逐渐被弱化。广播的出现，延伸了人们的听觉，打破了时空传播的局限性，新闻不再只是依靠报纸进行传播。继而，到了 20 世纪 50 年代，电视又延伸了人们的视觉，拓宽了信息传播的方式。20 世纪八九十年代，互联网的兴起，让信息传播得更加灵活、自由。

在报纸、广播、电视、网络等多种媒体的共同发展下，全方位、立体式、多样化的传播，给人们带来了全新的视野，信息传播的力度空前扩大。信息渠道的拓展、媒体资源的整合，使得新闻垄断无法继续发展。例如，凤凰卫视卫星频道以“拉近全球华人距离”为宗旨，为全世界华人提供高质素的华语电视节目，而凤凰卫视在世界各国、我国内地都有强大的影响力，成为国际社会享有盛誉的国际性媒体。

在信息时代，发达的信息技术缩短了人与人之间的距离，也加强了信息的流通，全球化、地球村等概念逐步打开。在现代经济和技术高速发展的背景下，世界新闻事业也面临着巨大的挑战。实际上，西方发达国家在新闻传播领域拥有比较明显的优势，包括新闻资源、新闻传播手段、新闻事业的经营和管理等。自新中国成立以来，我国的新闻事业也在不断发展中，随着资本的深入、文化的渗透，意识形态的构建也成为我国新闻媒体发展的内在动力。尤其是在改革开放以后，在“事业单位，企业管理”的理念下，我国的新闻事业蓬勃发展，标新立异的新闻媒体不断涌现，如《南方周末》《南方都市报》等。

第四节 新闻教育

在社会的应聘广告中，往往可以看到，一个职业通常要求应聘者有相关的专业教育，比如银行招聘的是会计、金融等相关专业的，媒体招聘的是中文、新闻等相关专业的。社会职业的需求刺激了相应的教育培养。对于新闻行业来说，新闻教育也是至关重要的。

一、新闻教育的兴起

最早的新闻教育，起源于西方国家。随着工业革命的发展，西方国家的经济进入了新的历史发展阶段，传媒业也蓬勃发展。报纸的生产过程需要一系列专门的人才来完成，包括印刷工、记者等。印刷是一门技术活，如何对报纸进行排版、印刷，如何加快工作效率，都要经过系统的培训。而对于新闻报道而言，要培育出一个好记者，能够熟悉新闻写作流程，做出更好的新闻报道，也需要进行专业的培训。最早起，德国就开始针对新闻人才进行培养，对应直接的工作岗位。

后来，随着新闻事业的不断发展，新闻教育开始得到发展，德意志新闻学院就是德国历史最悠久的新闻学校。在发达国家，美国、英国、法国、俄罗斯等开展了新闻教育，开办学校，创立课程体系，培养专业的新闻人才。

媒体行业的发展，也造就了一大批专家学者，他们毕生研究新闻理论体系和完成的著作，也成为新闻教育的重要组成部分。库尔特·卢因（1890—1947）是传播学四大奠基人之一，是传播学“把关人”理论的创立者。而哈罗德·拉斯韦尔（1902—1978）曾被美国人称为“研究领域的达·芬奇”，他在1948年发表的《传播在社会中的结构与功能》一文中，最早以建立模式的方法对人类社会的传播活动进行了分析，提出了新闻的“5W”模式，对新闻传播学研究的影响极为深远。被称为“传播学之父”的威尔伯·施拉姆（1907—1987）建立了世界上第一个大学的传播学研究机构和第一个传播院系，编撰了第一本传播学教科书《大众传播学》。这些新闻传播理论的研究，为新闻教育提供了系统的专业知识。

二、公众的新闻教育

从新闻发展的历史来看，公众的媒介素养也是新闻教育的一部分。我国最早的公众新闻教育应该从中国近代报业说起。1815年，我国第一个中文近代刊物《察世俗每月统记传》正式创立。当时，民众的总体文化水平偏低，不知道报纸是什么，因此首先要让民众去认识报纸。《察世俗每月统记传》序言表明了报纸的教化作用："浅识者可以明白，愚者可以得成智，恶者可以改就善，善者可以进诸德……"这就是最早的公众新闻教育，也是大众媒介意识的启蒙。

现如今，随着公众文化水平的不断提高，人们对新闻的认识越来越清晰。一开始，受众只是一味地接受新闻媒体传播的信息。媒介多元化发展之后，人们开始对新闻内容进行选择，只阅读自己感兴趣或者对自己有用的信息，细分化受众逐渐形成。随着网络的普及，新闻的反馈也成为受众接收信息的一部分，网络互动、网络舆论把公众的新闻教育提升到一个新的高度。博客、微博、微信等媒体的出现，让公众彻底转变了"信息接受者"的唯一角色，自身也成为一个信息的传播者。套一句俗话说"群众的眼睛是雪亮的"，在这样的形势下，新闻媒体人必须要提高自身的专业技能，以更加独特的视角和更加脱颖而出的写作吸引读者的关注。

三、高校的新闻教育

媒体职业的需求，促使了高校新闻教育的发展。早在民国时期，我国还产生了众多的新闻群众团体，如报界协会、报界公会等，他们经常举行新闻讲座、座谈会、讲演等，一起探讨各种新闻学话题。随着公众对新闻兴趣的高涨，函授、夜大、自修、训练班等社会化的新闻教育方式得到发展。1925 年，上海新闻大学设立新闻函授部，报名人数有 700 多人。1930 年，成都的黎明社、中华通讯社联合组织成立了新闻函授社。1946 年，四川大学夜校新闻专修科，招考学生 44 名，学制为 3 年。前期，通过新闻团体、院校提供的新闻教育，很多青年获得了专业的新闻知识和技能培训。

近年来，随着传媒业的不断发展，新闻教育也提上了日程，我国高校的新闻教育发展迅猛。2008 年，我国新闻学类专业点已达 877 个，在校生超过 15 万人，新闻学也成为关注度较高的专业。在学校里，新闻教育的专业知识通过课程设置得以体现，一般涵盖了中外新闻史、新闻传播学、新闻报道、新闻评论、新闻编辑、大众传播学、新闻道德与法规等多种课程。

在学习新闻理论的基础上，我国各大高校已经逐步重视新闻实践，打造集采、写、编、评、摄等综合技能的"复合型新闻人才"。在不断的实践中，有部分高校的新闻专业开始注重培养专门人才，如摄影、写作等方面的专门人才。每当暑假、寒假期间，学校也鼓励学生走出校门，到媒体单位进行社会实践，提升自己的新闻写作技能，增加实操工作经验。为了提高学生的就业竞争力，许多高校通常与媒体签订教育实习基地，推进校企合作。

四、媒体的新闻教育

一直以来，高校新闻教育与实际新闻工作存在严重的脱节现象。实际上，并不是课堂上学到的东西没有用，而是学生缺少实际操作的经验。在一定程度上来说，新闻教育也是媒体的社会责任。

那么，媒体的新闻教育是如何体现的呢？这就要从媒体实习说起了。在校或者毕业的大学生，首先要进入媒体实习，在这期间，媒体单位通常会支付固定的实习工资，但一般比较少，有的媒体单位甚至没有实习工资。对于刚毕业的大学生来说，媒体的实习期一般为三个月、半年不等，要根据具体的媒体以及自身的能力来定。在实习期间，通常有老记者带着写稿，实习记者在一定的时间内进行实际新闻的采写工作，成稿后由老记者进行修改，方可见报。在这个过程中，需要实习生个人的勤奋和努力，才能在短时间内对新闻采写进行很好的提升。

在老记者的指导下，通过部门领导的评定，实习记者若是能适应采访工作的强度和压力，基本可以进行独立采访写稿，则实习记者可以转为见习记者，就能享受报社的固定工资待遇。随着工作的进一步加深，见习记者要学会策划新闻专题，发现独特的新闻视角，具备独立的专题策划、采写能力，经过三个月到半年的观察，见习记者就可以转为正式记者，享受报社的正常待遇。从实习记者、见习记者到正式记者，在这个过程中，媒体对新人的系统训练，是培养新闻人才的最终体现。

新媒体、自媒体高速发展的时代对新闻工作者提出了更高的要求，新媒体的技术人才、运营人才等也引起了传媒界的重视。新闻教育不能只依靠新闻媒体的后期培养，新闻从业人员也应当不断地学习，自觉加强自身职业技能的提升。同时，高校的新闻教育也应当增加相应的课程知识，以适应社会发展的需求。

第八章　电子新闻：广播

广播无疑是20世纪初期最伟大的发明之一。广播的诞生弥补了传统的印刷媒介给读者造成的阅读障碍，使受众接收到更加通俗易懂的信息，提高了信息传播的质量，而通过电子信号传播信息，又加快了信息传递的速度。作为20世纪大众传播领域新生的媒介，其发展并非一帆风顺，电子技术持续进步所催生的新媒介也在不断挑战广播的地位，在几经沉浮之后，广播的发展又迎来了新的机遇。

第一节　电子技术的发展

经过数十年的孕育，广播开始从科学家的实验室构想中走向了实际应用，其艰辛的诞生之路表明了以电子科技为物质基础的大众传播领域所发生的革命性的变化。

一、近代电子通信技术的发明

摩天大楼的建成，往往是在多人的通力合作下，一层一层地累加而成的。与此类似，广播也不是一个人发明的，它是众多无线电爱好者和专家共同研究的结果。

1. 莫尔斯电码与有线电话的发明

1832年，一艘满载旅客，从法国北部的勒阿弗尔港驶向纽约的，名叫“萨丽号”的邮船上，美国肖像画家莫尔斯在和一位物理学家的谈话中，聊起了电磁感应现象和电力通信的前景，启发了莫尔斯的灵感。1837年，莫尔斯在纽约大学的会议室里架起了518米长的导线，电报实验基本成功。1844年3月24日是世界电信史上光辉的一页，人类第一次借助电子科技的翅膀实现了远距离通信。莫尔斯在美国国会大厅里，亲自按动电报机按键。随着一连串嘀嘀嗒嗒声响起，电文通过电线很快传到了数十千米外的巴尔的摩。他的助手准确无误地把电文译了出来，电报内容是《圣经》里的一句话：“What hath God Wrought?”（上帝创造了什么？）莫尔斯电报的成功轰动了美国、英国和世界其他各国，他的电报很快风靡全球。随后，大大小小的电报公司纷纷建立。随着电报行业的兴起和迅速发展，欧美国家的大型电报公司迅速向全球扩张，抢占市场份额。

从技术的角度来说，莫尔斯的发明过于简单，存在着被别人轻而易举模仿的风险。因此，莫尔斯希望政府购买其专利，由政府统一经营电报事业。但由于美国存在着由私人来经营企业的商业传统，政府并没有对莫尔斯的发明产生很大的兴趣。1847年，莫尔斯获得了第一根电报专线，到1851年，穿越美国全境的电报线正式开通。

电报用海底电缆的铺设完成。1866年，横穿大西洋的海底电缆经过数次失败之后，最终铺设成功，美洲大陆开始与欧洲大陆建立更加紧密的联系。按今天的标准来看，从欧洲的爱尔兰到北美的纽芬兰，用海底电缆每分钟仅可传输6个词，这速度慢得惊人。可是，在当时的科技水平和社会发展的水平下，这样的速度仍然很有效地促进了商业、外交和军事等领域的信息传递与沟通。

电报是以有线电子信息传输为基础的，它的传递不受大雪、浓雾等恶劣气候的影响，只要保证电缆完好无损，就可以长距离地、很方便快捷地传递各种信息，极大地促进了社会经济的发展。电报的产生在促进商业发展的同时，也加剧了市场竞争，落后的信息传递方式慢慢地被取代。1860 年，美国曾在密苏里和加利福尼亚州之间建立了定期的邮政快递服务——“快马邮递”，电报网开通之后，仅仅存在了 16 个月的“快马邮递”便消亡了，并于 1861 年退出市场。

在当时的社会，能够远距离传输文字信息的电报的发明与运用，极大地促进了信息的传输与交流。但是，其传输的速度过慢，易出故障，而且必须由专业的人员进行操作，对部分人来说，使用起来仍然不是很方便。每次仅能传输几个词，对即时信息的反馈与交流也不顺畅，这样的信息传播方式还存在着不少令人遗憾的地方。

信息的迅速传递与反馈，对一个社会的发展极为重要。苏格兰裔的电话发明者贝尔 1870 年移居美国。他原本是一名从事聋哑教学的语言老师，精于发声现象。他在电机工程师华生（Thomas Watson）的帮助下，历经数次失败，终于完成了电传音的实验。1876 年 2 月 14 日，在费城举办的庆祝建国一百周年的博览会上，公开展示了他的电话系统，这天被认为是发明日，电传音的时代从此开始。1880 年，美国贝尔电报公司成立。1885 年，美国电话电报公司（AT&T）在贝尔公司的基础上成立。

2. 无线电通信的发现与发明

无线电的发现和发明是由众多科学家潜心探索、认真研究、接力发现的结果，是集众多科学家智慧于一身的伟大发明。最早领导无线电领域科技研究的科学家是苏格兰数学家克拉克·马克斯韦尔。1864 年，马克斯韦尔在研究电磁现象时，提出了电波存在的构想，并向英国皇家学会提交了论文《电磁场的动力理论》，阐述了电磁波传播的理论基础，其理论为后来的无线电技术的发明指明了道路，以他的理论为基础，后人相继发明了无线电和雷达。

理论的产生推动了技术和设备的发明。继马克斯韦尔之后，1887 年，德国著名物理学家海因里奇·鲁道夫·赫兹验证了马克斯韦尔关于电磁波发生和接收的理论，并于第二年以实验的方式测量了电磁波的速度和各种不同波长电磁波的参数，从而为电磁学的发展和无线电广播的应用奠定了实验基础。1965 年，为了纪念赫兹的这一功绩，人们将“赫兹”作为电磁波振动的频率的单位。

电磁波的检波仪器也得到发展和改良。1891 年，法国物理学家布兰利发明了金属屑检波器，这是一种里面填满金属碎屑的玻璃管，一旦接触到电波，金属碎屑就会聚集起来。由于这种早期的检波器较为粗陋，后来英国科学家洛奇对其加以改进产生的 1894 年的型号可以更好地“拾取”电磁波了。几年后的 1902 年，加拿大人费辛顿发明了电子检波器，不再使用金属屑，而是利用液体传导，减少了噪声。1906 年，美国人皮卡德和邓伍迪发明了更加便宜的晶体检波器。晶体材料的采用，引起了之后媒介科技的革命性变化。这些技术的发明和应用，将人类引至广播时代的前沿。

真正使无线电通信进入实际应用阶段的科学家是俄国的科学家亚历山大·斯捷潘诺维

奇·波波夫和意大利的发明家卡格列莫·马可尼。1895年，在俄国喀琅施塔得任教的物理学家波波夫制成了历史上第一个无线电接收装置。然而波波夫的研究领域专注在可以预告雷雨的检测装置，并非通信系统；其发明主要运用于沙皇俄国的海军的军事用途，非商业市场。加之沙皇俄国的腐败专制使波波夫的发明并未产生世界级的影响。因此在无线电的技术发明和设备的应用与推广方面，不及与其同年宣告无线电传送技术的意大利人马可尼。

马可尼出生在意大利的一个富有的商人家庭，在学校时功课不好，唯独对无线电通信技术有很大的兴趣。马可尼曾在父亲的菜园里做了一个实验，当他从家里的阁楼上发出无线电信号时，竖立在菜园中的一棵小树上的旗子便应声倒下。1895年，21岁的马可尼完成了无线电器材的发明，其发明的器材可以将信号传递至几英里的地方。马可尼向意大利政府建议开发无线电事业，但昏庸的意大利官员表示对此发明不感兴趣。由于马可尼的母亲是爱尔兰人，1896年，马可尼去了英国。英国是一个海上强国，其殖民地遍布全球，急需寻找加强联络的方法，以便加强对殖民地的控制，马可尼的开发无线电事业想法与英国官员的想法不谋而合。于是，不列颠邮局总工程师威廉·普利斯爵士和爱好无线电事业的英国邮政大臣支持了马可尼的事业。

无线电通信的原理经过了众多科学家的探索和验证，其应用实际已成为可能，在此之后，其技术日趋成熟，很快便在实际的操作运用中得到体现。1896年马可尼在英国取得了他的第一个专利权，获准到世界各地推广他的无线电报系统。他通过加高天线的方法，使无线电信号的传输距离越来越远。第二年，他在英国创办了一家无线电公司，从事无线电器材的制造。1899年3月28日，他成功地将一份电报从英国跨越英吉利海峡传到了法国；1901年12月，27岁的马可尼带着一个拴着无线电盒子的风筝，来到纽芬兰的圣约翰港口，试图将无线电信号横跨大西洋，但由于线断了，风筝消失在大海上，初次试验宣告失败。12月12日，马可尼再次进行了实验，将莫尔斯电码“S”越过大西洋，从英国的南端康沃尔市传到北美洲的东端，使在全球进行无线电通信的可能性得到证实。当时的欧美大陆，有线电报已经发展有数十年的时间了，新生的无线电通信尚无法在陆地通信领域取得一席之地。于是，马可尼将发展的重点转移到了航海领域。至1903年，马可尼协助欧洲一些国家建立近50座海岸电台。在1909年的“共和号”海难事件中，无线电通信充分表现出了自己的优势，这一年，年仅35岁且没有大学文凭的马可尼获得了诺贝尔物理学奖。

近代电子科技的发明以及近代电子通信事业的发展，为快速传递信息提供了方便，在此基础之上，世界的政治、经济、文化之间的联系得以进一步的加强，而电子技术从有线到无线的发明与进步也成为19世纪最重要的科学贡献之一。

二、广播技术的发展

相比于有线传输技术来说，无线电传输技术更加受人们的追捧，引起了大批的专业与非专业的无线电研究者浓厚的兴趣。当无线电技术进一步发展的时候，利用它来传递和接收声音成了科学家接下来的重要任务之一。为此，无线电专业人员和业余的无线电爱好者以极大的热情投入到了无线电传递声音的传输试验中，催生了许多重要的科技成果。

1. 雷金纳德·奥布里·费森登

无线电传音实验的成功。雷金纳德·奥布里·费森登（Reginald Aubrey Fessenden，1866—1932），美国物理学家，一生共获得500余项专利，仅次于爱迪生而居世界第二位。1890～1891年，费森登在西屋电气公司任首席电气技师。1892年以后，他先后在几所大学任教，开始研究无线电通信的问题，希望实现用无线电波传递声音的理想。1900年，他用一台火花发电机把人的声音传到大约一英里远，这是世界上用无线电传出的第一条声音信息。

1906年12月25日晚，费森登在马萨诸塞州的布兰特罗克镇的国家电器公司128米高的无线电塔上进行了一次广播实验。在进行此次实验之前，费森登在报纸上进行了预告，并发出无线电报，通告了在大西洋上行使的船只。当晚，行驶在大西洋上的一些船只的无线电报务员收到通知，他们将从船上由“国家信号公司”提供的设备上收到一条消息。晚9点，广播开始了，其主要的内容是朗读《圣经》上关于耶稣基督降生的一些故事、一首小提琴独奏曲《啊，神圣之夜》和一首德国作曲家韩德尔创作的《舒缓曲》片段的唱片声，并祝他们圣诞快乐。

在马可尼思想仍然很盛行的时代，费森登的这项发明在当时并没有得到足够的重视，直到20世纪20年代才被人们逐渐认可。这项发明对于费森登来说，是其一生最大的成就，然而，对于世界无线电事业的发展来说，却是一项很伟大的功绩。大西洋上的无线电实验，吹响的是广播时代的号角。1932年，费森登逝世，曾有美国人这样评价他：“这个时代最伟大的无线电发明家——比马可尼还伟大。”

费森登的无线电广播通信实验在当时是一项很了不起的成就，可是，其覆盖范围比较窄，只有附近的无线电广播通信台可以接收到信号，难以惠及普通的老百姓。因此，要能够真正地实现无线电广播的信息传播效果，就需要研制一种普通公众都能够拥有的、专门用于接收声音信号的无线电接收设备，在这样的前提下，收音机诞生了。

1916年，25岁的马可尼公司的职员戴维·萨尔诺夫提出了一个“无线电音乐盒”的计划，这就是后来人们所说的收音机，正是收音机的发明，使无线电广播进入了千家万户。

2. 李·德弗雷斯特

对早期的无线电广播而言，声音信号的接收条件差和技术的落后，成为其推广的不利因素，然而真空三极管这项技术的发明很快就改善了这一状况。

1904年，在马可尼公司工作的英国电气工程师弗莱明发明了具有检波作用的真空二极管（阴极和阳极）即直流检波器的消息传来后，1906年，美国人德弗雷斯特发现，把一根Z型导线装入真空管后，只要把一个微弱的变化电压加在它的身上，就能在金属屏板上接收到更大的变化电流。他在弗莱明和他先前实验的基础之上，加上了第三样东西——栅极，这样就可以将信号放大数倍，极大地改善声音传递的质量，之后，德弗雷斯特完成了真空三极管的发明，并于1907年向美国国家专利局申请了真空三极管的发明专利。真空三极管不仅可以用来检测无线电波，还可以增强和生成无线电波，当摇动三极管时，还可以产生连续的高频电磁波，用于声音和音乐的广播。三极管的发明，使声音的传递质量递增，此刻，德弗雷斯特意识到，他的发明对于无线电广播具有重大意义，他在日记中这样写道："我已经发现了一个看不见的空中帝国。"

为了展示他发明的真空三极管，1908年，德弗雷斯特从高达320米的埃菲尔铁塔上做了空中传音实验，并邀请歌唱家去他的实验室里唱歌和播放唱片，试验中，其广播出的唱片节目还被25英里外的法国军事电台收到。

1910年，他在纽约大都会实况播出了来自意大利的世界著名男高音歌唱家恩里克·卡罗索主演的歌剧。尽管受到一些信号的干扰，还是呈现给了许多观众一个清晰的节目。从1916年开始，他开始进行定期直播，并利用实验广播播送了威尔逊和休斯总统选举的得票数，这次广播被认为是美国的第一次新闻广播。后来他在自传中声称自己是美国第一位唱片骑士。

德弗雷斯特虽出生在一个牧师家庭，但他并没有继承父亲的衣钵，成为一名牧师，反而对发明感兴趣，终其一生，德弗雷斯特共有大约300项发明专利，他的最大的发明专利就是发明真空三极管。尽管拥有伟大的发明成就，德弗雷斯特的一生也存在着诸多的不幸，先是被马可尼公司指控其剽窃弗莱明的二极管研究成果，遭到逮捕，接受审讯，险些步入牢狱。随后在商业上的失败使他的研究资金链断裂，不得不以50 000美元的低价出售自己的专利技术，卖给了美国电话电报公司（American Telephone and Telegraph Corporation）。后者将他的技术投入市场，获利无数。

在经过了各种不顺之后的1961年，88岁的德弗雷斯特病逝于好莱坞的家中。

3. 晶体管诞生和调频广播的发明

20世纪初期是一个科技发明踊跃的时代，这一时期的科技发明继承了19世纪中后期以来科学家的研究精髓，不断地推动各项技术的革新与进步。广播科技成果也在科学家的努力之下，取得了优异的成绩。由于德弗雷斯特发明的真空三极管略显笨重和不省电，在1947年，他的发明被美国贝尔实验室的三名科学家所发明的晶体管所取代。

1947年12月23日，供职于美国贝尔实验室的三名美国科学家，威廉·布拉德福德·肖克莱、沃尔特·布莱顿和约翰·巴丁共同展示了他们的研究成果——一个半导体电子增幅器，即最初的晶体管。晶体管体积小、质量轻、耗电量小，效果也很不错，而且还具有抗电击的作用。其使用的是一种处于绝缘体与良导体之间的固态导体，可以在冷却状态下持续工作，它能放大微弱的电子信号，提升声音的传播质量。1948年，贝尔实验室正式宣布，晶体管研制成功。

晶体管的成功研制，弥补了真空三极管的不足，同时也开启了人类进入微电子革命大门，对之后的电子工业产生了很大的影响。晶体管代替了电子管，收音机也发展到了半导体阶段，广播才真正开始普及。时至今日，晶体管仍然在某些科技领域发挥着作用，可谓影响深远。为了表彰三位科学家的贡献，1956年，肖克莱和他的另外两名研究合伙人获得了当年的诺贝尔物理学奖。

无线电广播最早使用的载波调制方法都是调幅制（amplitude modulation，AM），并且在第二次世界大战之前大多数国家使用的无线电波多为中波和短波。中波调幅广播覆盖范围在方圆100千米的地区，它的优点是技术简单、传播信号稳定、接收效果良好。短波调幅广播最远的覆盖范围可达上千千米，它的优点在于消耗功率小、传播距离远。

虽然在技术及使用上有众多的优势，但由于广播事业在持续发展，电台的数量急剧增加，发射功率也在不断加大，调幅制下的音波传递受静电和空中的杂波干扰变大，音质欠佳。为了解决这些问题，1923 年，美国科学家阿姆斯特朗开始研究调频广播，并于 1934 年 6 月研制成功，发明了调频制（frequency modulation，FM）方法，这种方法的最大优势在于可以抗静电干扰，避免声音质量受损。其缺点是只能直线视距传播，传送距离近、范围狭窄。因此，不同的地区需要使用不同的波段来进行广播。1941 年，新的广播形态米波调频广播电台首先在美国创办，紧随其后，第二次世界大战结束后，欧美国家开始广泛发展和使用调频广播，中波技术逐渐退出市场调频广播开始成为国内广播的主要收听手段。20 世纪七八十年代，调频广播逐渐占据了广播业的主导地位，被世界各国所采用。

第二节 广播事业的诞生和发展

广播的诞生得益于无线电通信技术的发明和发展，同时也表明电子通信科技的物质基础为大众传播的发展带来了革命性的变化，这一技术的发展与进步，促使广播开始走出科学家的实验室，进入实际应用的轨道。近代以来，电子媒介是最引人注目的传播发明，人类最初是通过有线的形式认识电子媒介的，电报和有线电话的发明是广播的历史基础，无线电的发明与应用亦为广播诞生的史前期，在无线电的基础上又产生了音频广播，之后，无线电广播开始登上大众传播媒介的历史舞台。

一、广播事业的初创期（20 世纪 20 年代）

在马可尼时代，人们只使用“无线”一词，在 1912 年的“泰坦尼克号”悲剧发生之后，才开始使用“无线电”（radio）一词，这个词来源于拉丁语 radius，是射线的意思。“广播”（broadcasting）一词在第一次世界大战中开始使用，它最重要的概念是：这种传播的接受者是广泛的，不仅指一个人或少数人。

无线电广播登上大众传播媒介的历史舞台，最早是从美国开始的。美国第一座广播电台是由美国匹兹堡的西屋电器公司创办的。西屋电器公司的工程师弗兰克·康拉德是一个无线电迷，早在第一次世界大战前，他便在自家的汽车房里安装了一套小型的广播设备。1920 年 4 月，他采用原有电台的呼号 8XK 开始实验播放自制的节目，并经常同其他的无线电爱好者通过电台对讲，还邀请艺人进行表演和播放唱片，不断要求听众评论播音的质量，在此基础上，他开始自己制作节目，并定期播放节目，在无线电爱好者中积累了不少名气。

为了满足录制节目唱片的所需，康拉德开始和唱片店协商借用唱片，并在广播中提一下商店的名字作为报答，结果商店主人发现，播出的唱片销量都比未播出的唱片要高，就这样这种广播广告效应产生了，遗憾的是，这种很好地传递商品信息的“广告”方式在当时没有引起很大的重视。但是这在无形之中，扩大了康拉德广播的影响力。1920 年 9 月 29 日，一家百货商店的店主在报纸上刊登了一则广告，宣传康拉德广播，借机销售其店里用来听康拉德广播节目的大众化收音机——矿石收音机。百货商店的这一举动引起了康拉德供职的西屋电器公司的总经理戴维斯的注意，戴维斯意识到这是一个赚钱的好机会，公司完全可以通过建立一座广播电台，定期播出节目，把收音机从无线电爱好者及军队推向大众化的消费市场。因此西屋电器公司制造了一台功率更大更强的新发射机，并在此基础上建立了一座电台，作为维持收音机销售的一个先决条件。

1920 年 10 月 27 日，电台获得了美国商务部颁发的正式营业执照，并于 1920 年 11 月 2 日美国总统大选日在美国宾西法尼亚州的匹兹堡正式开播，呼号为 KDKA，通过这次对大选的播报，引起了很大的震动。KDKA 电台虽不是世界上最早的电台，但却是世界上第一家正式进行商业运营的广播电台，它标志着一个新时代的到来，同时也是美国乃至世界广播业的开端。因此，1920 年 11 月 2 日这一天被公认为广播事业的诞生日。

无线电广播电台的建立，进一步拉近了世界各国之间的距离。在当时的无线电研究领域，人才济济。可想而知，大家为了商业上的利益，不惜一切代价宣传自己的公司和产品。在当时，人们就能注意到无线电广播发展的广阔前景，即成为一个满足大众需求的大众传播媒介的可能。早在 1916 年，还是马可尼公司一名普通无线电发报员的戴维·萨尔诺夫就向公司的总经理提出了一份著名的《无线电音乐盒备忘录》，在计划中，萨尔诺夫提出研究一种无线电音乐盒的东西，向大众传递信息和娱乐，并利用此机会发展广告，获取利润。可惜当时他的意见并没有受到公司高层的重视。1920 年，KDKA 电台创办后，已成为美国无线电公司总经理的萨尔诺夫决定批量生产收音机，以满足巨大的市场需求。20 世纪 20 年代末，超过半数的美国家庭拥有了收音机，无线电广播开始在家庭普及开来。至 1922 年年底，美国的私营广播电台创办数量达到了 500 家之多。

继美国之后，世界其他国家也陆续开办了广播电台。1922 年夏，苏联在莫斯科建立了当时世界上功率最大的广播电台，并于当年的 11 月 7 日正式开播。苏联广播事业的发展得到了当时以列宁为首的布尔什维克党和苏维埃政权的大力支持。为了支持无产阶级的革命事业，列宁十分重视广播的发展，并把广播的发展作为宣传无产阶级革命思想的重要武器。

同在 1922 年，英国政府下令允许私人创立广播电台，向公众提供信息服务。10 月 8 日，英国史上的第一座广播电台——BBC（British Broadcasting Company）诞生了，电台所有者为英国广播公司，该公司由马可尼公司牵头的六家英国国内的无线电器材制造商联合成立。1927 年，私营的英国广播公司被英国政府改组为公营的 BBC（British Broadcasting Corporation）。

早在 1921 年 6 月，一家广播设备生产公司成立了法国第一座广播电台（CSF）。但直到 1922 年 2 月，法国邮电部才下令创办法国国家广播电台，并通过埃菲尔铁塔进行定时直播，该电台的创立标志着法国广播事业的开始。

相比于美国、英国、法国、苏联来说，德国、意大利、日本的广播事业起步较晚。1923 年，布莱窦博士创办了德国的第一座广播电台。1925 年，德国帝国广播公司成立。1924 年 12 月，意大利两家无线电公司联合组成了“意大利广播公司”（URA），并开始着手建立覆盖意大利全境的广播网络。东亚国家日本的广播事业开始于 1925 年。1924 年，在日本邮政省的监督支持下，日本成立了“中央放送局”，并于东京、大阪、名古屋建立广播电台，1925 年 3 月开播。1926 年以该台为基础，组建了日本广播协会（NHK），该协会在日本广播事业中处于垄断地位，并成了日本帝国主义的宣传工具。

除上述国家外，中国、澳大利亚、加拿大、印度、比利时、新西兰、挪威、芬兰、西班牙、瑞士、南非等国的广播电台相继问世。到1927年，广播电台已遍布欧洲、北美洲，同时开始在亚洲、非洲和南美洲扩张，在此基础之上，广播事业不再是少数国家所独有的新兴产业，它跨越国界的发展俨然成了一种世界性的产业。

20世纪20～30年代，广播业诞生短短的十年余间，便开始在世界各国风靡起来，它的诞生极大地推动了本国社会经济的发展，作为一种新兴的产业，它引起了人们的普遍关注。它的产生是社会发展的产物，也是时代进步的产物，是社会生产力发展的标志，从根本上说，它是为了迎合社会发展的需要，政治力量和经济的要求直接推动了广播业的诞生和发展。与此同时，作为一种大众传播媒介，广播开始在新闻界确立其牢固的地位。

二、广播事业的发展成熟时期（20世纪30～60年代）

历经十余年的迅猛发展后，世界各国的电台数量猛增，规模扩大、经济实力增强、媒介地位日益凸显、节目内容和形式也逐渐变得多样化，开始更加全面地反映社会生活的各种形态。20世纪30年代开始，广播开始进入其发展的黄金时期。

1. 广播网络的扩展

美国广播事业的大发展以及匹兹堡KDKA电台的创立，标志着美国广播业的发展进入了辉煌时代。短短的几年间，美国国内电台数目陡增，收音机销量也大幅上升，广播业的发展带动了其国内诸多行业的发展。至1927年，美国已拥有电台700座，收音机65多万台。在这一年，美国开始出现了全国性的广播网，至今仍享誉全球的全国广播公司（BNC，1926年）和哥伦比亚广播公司（CBS，1927年）就诞生于这个时期。第二次世界大战结束后，美国的广播业发展更为迅速，50年代后期，其电台规模达到3000座之多。

不止美国，其他国家的广播业的发展也成就喜人。1927年，英国已有广播电台21座，收音机270万台，1959年BBC已拥有国内电台78座，覆盖了英国99%的人口。1928年，苏联有广播电台65座，收音机33万台，至1940年，已有电台90座，收音机拥有量在110万台左右，50年代中后期至70年代初期，电台数从100座升至400多座，收音机数量发展到4300多万台。日本广播也在世界广播发展的大浪潮中起步并迅速发展，1935年，NHK开始对外广播。1940年，日本全国的收音机达到500万台，1944年增至750万台，至此广播在日本新闻传播领域的宣传地位基本得到确定。随后在20世纪50年代，经历了第二次世界大战后的日本经济开始从战争的创伤中恢复，其收音机数量突破了1000万台。

法国在1923年制定《广播法》，规定广播业为国家所有，私人无权设立电台，但直到第二次世界大战爆发，其广播事业体制仍是国营和私营电台并行发展，某些私人电台的设立得到了法国邮电部的允许。第二次世界大战后爆发后，1940年，巴黎被德国占领，法国开始沦为法西斯德国的附庸国，其广播业发展受到了极大的摧残，广播业变得奄奄一息。到1944年，戴高乐领导下的政府开始接管国内的电台网络，并实行了政府垄断制，将广播业置于政府的管控之下。

在电视风靡全球之前，广播作为最先出现的电子传媒，是当时社会上最普遍的大众传播媒介，是人们了解外部世界的一个重要窗口。广播网络的建立，在很大程度上实现了节目资源共享，减少了制作成本，是广播业持续发展的实力和规模的体现，更是为之后几十年广播事业的蓬勃发展奠定了坚实的基础。与此同时，广播在商业上的价值逐步被人们发现并得到了挖掘，广播网络的扩展不仅为广告主提供了大规模的全国性受众，并为广告商品创造了一个全国性的大众市场。除此之外，它也使得自身的实力得到了很大的提升，影响力逐渐覆盖国内各区域。

20 世纪 30 年代末，随着报业垄断的发展，广播事业也开始了垄断化的进程。1938 年，美国哥伦比亚广播公司与全国广播公司控制了美国广播事业的一大半，这种垄断行为开始受到人们的普遍关注。1941 年，美国联邦传播委员会制定了《广播联营条例》，开始规范广播市场，限制广播事业垄断，哥伦比亚广播公司和全国广播公司受到了冲击。1942 年，美国最高法院支持联邦传播委员会的管理条例，无奈之下，全国广播公司不得不出售其公司旗下的两个广播网（红色、蓝色）中的蓝色广播网，这个蓝色广播网后来被改组成了美国广播公司（ABC）。由此，美国形成了三大广播网三分天下的局面。为了抢夺国内的听众资源和广告市场份额，三大公司开始了激烈的市场竞争，有竞争便有发展，在此推动下，美国的广播事业持续发展。时至今日，三大公司仍然在美国广播事业网络中发挥着重要作用。

2. 广播新闻业务的成熟

起初，广播电台只播出一些不定时的节目。当收音机还是一个新鲜事物的时候，广播节目并不需要做得很有趣。它更多的是被当作一个提供娱乐的无线电音乐盒，节目大多是古典音乐，后来逐渐向乡村音乐发展。以美国为例，纽约的三家电台、芝加哥的一家电台和堪萨斯城的一家电台在 1925 年 2 月播出的节目中，音乐占 71.5%，新闻仅占 0.5%。但随着技术的发展和听众需求的增长，定时的广播节目及广播节目时间表也应运而生了。

为了寻求生存和发展，当时的报纸和广播进行了合作，实现了内容共享。报纸刊登广播的节目安排表，为宣传电台和电台明星造势，尽量吸引人们的关注。而广播则简要播报当天报纸的新闻内容，提醒听众购买当天的报纸以了解更多的详情。

然而广播和报纸合作共赢的局面并没有持续几年。1929 年 10 月，华尔街股票崩盘，20 年代的经济繁荣景象戛然而止。尽管经济大萧条波及了全球，但是在美国，广播的流行之势仍有增无减，并继续对人们的生活产生影响。广播的继续流行得益于经济衰退为其提供的一个社会环境。那时，人们的手头紧，用钱精打细算，没有闲钱出去娱乐，只有坐在收音机前消遣。同时，广播在经过近十年的发展之后，广播节目已经很成熟，广播网络模式、广告行为惯例和新闻报道活动也均得到了改进。

在如此的经济环境之下，广播事业发展不但不下滑反而继续上升，这让美国的报纸掌控者们有点坐不住了。广播电台的规模不断扩大，经济实力不断得到提升，听众资源也越来越丰富，更使报纸不安的是，广播的广告收入逐渐递增，而报纸的广告收入却在下降。这样，两者先前的合作共赢的模式被打破，报纸不得不把广播作为商业上的竞争劲敌来防范和遏制。报纸和广播的竞争加剧之后，广播没有了更加可靠的新闻来源，于是便开始独立地发展自己的新闻采编能力。美国哥伦比亚广播公司和全国广播公司分别建立了自己的新闻社，并不断发展自己的新闻采编队伍和新闻分析及评论员。到 30 年代末，广播新闻已成为一支独立的新闻播报力量。1933～1944 年，美国时任总统富兰克林·罗斯福通过广播发表的30次“炉边谈话”帮广播扩大了影响力。1938年10月的“火星人入侵地球事件”报道因使用了新闻报道的形式进行播报，在美国引起了极大的恐慌，再次证明了广播当时在社会上的巨大影响力。

与印刷媒介相比，广播的优势在于能够及时地把信息传递给听众，并且广播在新闻业务独立以后，催生出广播评论员这一职业，相比报纸死板的字眼，广播评论员从多个角度对问题发表的意见和看法更受听众的喜爱，对新闻背景的评论和深入分析成功地抓住了听众的注意力。尽管如此，广播和报业在商业上进行短暂的冲突之后，有过妥协，达成过相关的共识。例如，美国广播和报业领导者曾在纽约的巴尔的摩酒店进行了一次调解会议，并达成了“巴尔的摩共识”。几年后的1938年，“巴尔的摩共识”出现了严重的分歧，双方的合作再次中断。

第二次世界大战的爆发，更加体现了广播新闻在当时的重要性。为了及时向世界人民传递第二次世界大战的战争情况，广播电台继续努力地发展自己的新闻业务，电台利用技术条件，以最快的速度和独有的报道方式，将战况及时地传递给后方的听众。著名的英国广播记者爱德华·默罗所作的《这里是伦敦》的战地现场报道，轰动一时。1940年，希特勒猛烈空袭伦敦，默罗来到伦敦进行战争的现场报道，由于每次的报道都用“这里是伦敦”开头，人们就用这句话作为默罗这组战争报道的名称。为了尽可能全面地反映战争实况，默罗在伦敦组建了一个报道团队，收集欧洲的战争要闻，这个团队后来被命名为“默罗男孩”，除默罗外，还有一个名叫威廉·谢勒的德国人，后来写就了《第三帝国的兴亡》一书。默罗在现场报道战争实况，并用轰轰隆隆的爆炸声作为背景音乐，声音很富有感染力，并很具现场感，对听众产生了很大的影响。报纸的咄咄逼人促成了广播新闻业务的独立，并获得很大的发展。1937年，美国全国广播公司播音时间中，新闻只占总时间的2.8%，而到1944年却达到了26.44%。至此，广播新闻业务已走向成熟。

3. 对外广播的兴起

从19世纪开始，亚非拉国家陆续掀起了反殖民主义的斗争，殖民地的不安稳极大地威胁着宗主国的利益。因此，殖民主义国家极力寻找一种便捷的通信方式，以便维护对殖民地的控制，对其进行尽可能多的资源掠夺和倾销更多的廉价商品。广播发明以后，很多国家又增加了一条便捷的信息传播渠道。之后，短波广播技术的发明，使声音的传播距离越来越远，开通对外广播具备一个基本的技术条件。荷兰是一个殖民主义大国，在全球拥有大片的殖民地，国土面积的狭小以及资源的匮乏，使得荷兰对殖民地的依赖性很大。鉴于此，荷兰在1927年便向海外殖民地开通了广播，成为世界上第一个开通对外广播的国家。

最初，对外广播仅仅是宗主国用于加强本国和海外侨民的联系，为本国在海外扶植代理人、驻军和商人服务。后来，广播独特的优势，很快被各国政府意识到，他们认为这种传播工具可以成为宣传本国政治与外交政策、树立本国形象的有力工具，并且可以进一步加强对殖民地人民的思想控制。政府首脑开始利用广播对殖民地人民喊话。例如，1932年，英国广播公司开始利用英语对全世界广播，同年12月25日，英国国王乔治五世成为第一个向全球臣民发表讲话的君主。

荷兰之后，德国于1927年、苏联于1929年、法国于1931年、英国于1932年、日本于1934年相继开办了对外广播。第二次世界大战爆发后，许多国家陆续开通了对外广播。美国在1941年卷入战争后，也于1942年开始广播“美国之音”（VOA）。对外广播的出现，不仅标志着广播技术的成熟，同时使广播为政治服务的触角进一步延伸。1945年第二次世界大战结束时，已有55个国家开通了对外广播，随后，一些社会主义国家和第三世界国家也相继开通了对外广播。

三、广播的竞争、深化期（20世纪60年代至今）

曾经有一个发生在美国的反映广播处于发展黄金期的地位的小故事。在白宫记者中，原先报纸记者坐总统后面的第二辆车，电台记者坐第三辆，但是后来两者调换了位置。这引起了报纸记者对电台记者的嫉恨，时而还会发生互殴事件。对此，总统新闻秘书史蒂夫・厄尔利解释道：“这并不是因为我们偏心，广播的时代已经到来。”

从上面这个故事，我们可以看出，发展进入黄金时期的广播在一个国家信息传播系统中的位置有多重要。可进入20世纪60年代后期，或许电台记者又要和另一种媒介记者对调位置了。

1. 专业化和本土化

如同20世纪30年代广播对报纸的强烈冲击一样，电视在第二次世界大战结束后不久便成了广播在商业领域的强劲对手。在许多国家，广播的收视率开始出现下滑，广播电台的生存岌岌可危。广播在黄金时期所造就的超级明星、节目形式和积累的广告资源都慢慢地流向电视。在这样的冲击之下，许多广播电台网络终止了正在进行的广播改进实验。1949年，美国全国广播公司（NBC）的总裁奈尔斯・特拉梅尔预言：“三年之内，声音广播或者说无线电广播作为巨型传播网的地位将不复存在。”

特拉梅尔的预言很快便成为现实。尽管在第二次世界大战期间，电视行业的发展停滞了一段时间，但在战后，各国又恢复了对电视的研发和建设，美国广播网也纷纷进军电视行业。20世纪50年代，电视开始大举进入美国家庭，广播开始让位于电视。1960年，美国87%的家庭拥有电视机。1964年，原先价格昂贵的彩色电视机在美国普及开来。电视的诞生和迅速普及使广播受到了极大的冲击，电视图文并茂、生动形象，很快就将人们的注意力吸引过来了。

面对电视的冲击，广播没有坐以待毙，反而继续发挥自身的优势，在管理上、节目内容上继续创新。20世纪60年代开始，广播开始在变革中慢慢地清醒过来，实施了“专业化”和“本土化”的方针。不再以综合节目的形式去吸引听众，转而对栏目进行了专业分工，每个电台都开始打造自己特定的专业化节目，如从60年代开始成立至今的谈话类电台、宗教台、全天候新闻台、音乐台等专业化电台。尽管分类制作需要投入更多的人力、物力和财力，但不断提高的收听率逐渐带来了可观的广告收入。

同时，节目本土化是电台的又一个发展方向。发生在本地的事情是大家都很关心的，尤其是离自己的生活环境很近的地区性信息更是受到大家的广泛关注。美国电台为了迎合观众的这一心理需求，开始尝试广播的本土化策略，新闻、娱乐、社会活动等内容的选材都在本地区。这样的广播开通后在当地很受欢迎。

2. 汽车的恩惠——广播从低谷逐步走向复苏

广播对自身发展战略的调整，为广播电台的发展又开拓出了新的发展空间。19 世纪中后期，第二次工业革命开始后，美国、日本、英国、德国、法国等国家利用新兴科技发展自身的工业，尤其是美国，在工业革命后，其工业生产水平超过英国成为世界第一。强大的工业生产基础及生产能力促进了美国的汽车制造业的发展。在美国，20 世纪 50 年代起，美国的汽车生产厂商开始将收音机作为汽车的标准附件。受到电视的冲击之后，在汽车产业的发展之下，广播又找到了一片狭小的发展区域。

直到今天，全世界每年的汽车销量数以千万计，汽车保有量数以亿计，如此巨大的汽车市场为广播的生存和发展预留了很大的空间。可以说汽车行业的发展一定程度上挽救了处于倒闭边缘的广播行业。

尽管在与电视的竞争中，广播处于下风，但广播业已逐渐转变自身发展观念、改变经营策略，并在此基础之上开始了新的发展。在人们的眼里，广播生动活泼性不如电视、深刻性不如报纸、信息量不如网络，但广播仍然在人们的生活娱乐之中占有一席之地。其生产成本低、收音机便于携带、多语言的竞争还是增强了广播在社会上的适应性。当然广播的发展还需寻找新的空间，主动地去发挥它作为一种传播媒介的作用。

第三节　广播体制和传播类型

一、广播的体制概述

从社会特征来看，广播作为一种大众传播媒介，一种信息传递的工具，本身并不具有任何政治色彩与思想倾向。但作为一种社会机构，广播的诞生与发展与一个国家的政治、经济、文化的发展进程密切相关。这里所说的体制有两层意思：其一，就广播机构本身而言，指它的所有制和经营管理机制；其二，就整个国家而言，指全国广播电台格局以及国家进行法律和行政管理的方式。如何运用和管理这一媒介？这就涉及了一国的政治制度、思想性质和经济模式等内容。基于此，各国开始对这一媒介进行制度上的规范。目前，世界普遍采用的体制有以下几种。

1. 国营制

广播完全由国家控制，电台的所有财产均为国家所有，从人事调配、经费下拨和传播内容控制，均受国家有关部门的管理和控制。这种类型的广播电台是执政党、政府机构的宣传工具，没有得到相关部门的审批，不得从事商业性广告的播报，无论任何时候其对外口径与本国执政党、政府施政方针保持一致。施行这一广播制度的国家认为，广播应该作为一国掌权者的言论机构，在推行国家政令的同时，广播还担负着宣传民族教育思想和引导民众社会行为的功能。实行这种体制的国家以较为严格的意识形态尺度对广播事业具有直接并有力的政治控制与行政干预。

苏联是这一制度的典型代表。苏联的广播电台隶属于苏联国家电视和广播委员会，这个委员会直属苏联部长级会议，其职能和权限相当于部级单位。在国家的授权之下，广播电台可以外派记者及设立驻外记者，负责对外联络事宜。除执政党、政府外，任何个人、任何团体均无权干预广播事业的发展。其电台从业人员由国家授权苏联国家电视和广播委员会任免，广播所用财政拨款由国家划拨。

由于苏联在世界影响力甚大，第二次世界大战结束后，在苏联的影响下，世界许多国家的广播事业体制纷纷效仿苏联，尤其以东欧最甚。波兰、民主德国、捷克、保加利亚、罗马尼亚等国家均采用国营制。东亚的中国、朝鲜以及东南亚的越南等也采用这种制度。

2. 公共服务型

公共服务型广播体制是广播管理的一种特有现象。电台既不为国家所有，也不为私人财团控制，而是由国家特许的营利性公司负责经营。

这类制度的典型代表之一是英国。1922 年 12 月，英国广播公司（BBC）成立之初，其采取的经营模式是商营模式。BBC 在广播市场的影响力和获利能力逐渐增强，招致其他行业的嫉妒和不满，遂开始攻击 BBC 的行业垄断和政治控制。加之公众对私人商业独占广播事业的日益不满，反对之声此起彼伏。为了应对来自各方的压力，1926 年 12 月 31 日，英国政府将商营的 BBC 改组成公营的 BBC。1927 年，公营 BBC 开始广播，并在之后的数十年内垄断了英国的广播业。从此，“公共服务”成了 BBC 的指导原则。可以说，英国的公共服务的广播电视体制里，BBC 是一个优秀的代表。

另一个代表国家是德国。1945 年，第二次世界大战结束，德国战败，德国的广播事业在美苏两大阵营的主导下重建。各占领国分别在自己的占领区域内建立广播电台。不同的是，后来美国、英国和法国三国占领区域广播合并在一起，唯有苏联占领区效仿苏联本国实行社会主义的广播模式。

德国广播的体制在确立初期，各方所持意见不一致。后在美国、英国和法国的主导下，在联邦德国国内民主政治派别的参与下，德国废除了希特勒之前的魏玛共和国的广播体制。为了防止纳粹主义力量卷土重来，美国等国希望德国的广播事业应由民主力量来控制，成为联邦德国民主政治的喉舌。起初，这个决定并不被多数的西德民众所认可，后来在美国的高压之下，他们才一边抗议一边接受了盟国的安排。后来，以美国为首的西方盟国与德国的政治家达成共识，决定德国广播实行既不同于国营又不同于商营的公营体制。

1990 年 10 月 3 日，民主德国和联邦德国实现了统一，民主德国的广播体制向联邦德国转变。统一后的德国联邦重新修订了广播电视法规和政策，并在 1991 年 8 月 31 日，确定在德国实行公共广播电视与私营广播电视并存的二元广播电视体制。

除了英国和德国外，世界上实行这一制度的还有意大利、荷兰、丹麦、挪威、瑞典、比利时、奥地利、以色列等国家。

3. 私营商业制度

在世界上，任何一种产业在刚刚诞生的时候，都经过短暂的无政府状态时期。从 19 世纪开始，电报、电话和无线电的发明为广播提供了必要的技术条件。科学家在其发明问世之后，都向所在国申请专利保护，极力保护自己的研究成果。因为在他们的眼中，这不仅是一个名垂千古的功绩，也是一个获取巨大商业利益的机会。

广播诞生之后，其商业价值也随之被开发。广播业进入商业发展领域，还为当地政府带来丰厚的税收收入。因此，在有的国家，政府大力支持广播的商业化运营。就这样，私营商业制度的广播诞生了。所谓私营商业制指广播电台由个人或财团控制并用于商业开发，其运营的收入来源于广告，而广告收入的高低则要看节目的收听率。

这种制度最典型的代表国家是美国。美国的广播事业体制在全世界独树一帜，其广播事业的商业化在世界上是独一无二的。20 世纪 20 年代，广播事业刚刚在美国起步，广播多为公共广播，即大家都可以自由收听、使用的广播。这样的广播虽然得到大家的青睐，但没有固定资金确保它们继续为公众提供免费的广播服务。于是有的电台开始寻求商业化的路子。1922 年，美国电话电报公司在纽约市成立的 WEAF 电台进行的创造广告经济的尝试就是一个很好的例证。该电台提出一个广播理念：人人有权进入，付费便可进入，并率先就空中广播的时间收费。美国广播的商业化运营并不是一蹴而就的，商营和非商营的广播在美国也进行了一段时间的斗争。批评者认为，商营广播在利用公共资源追求个人私利，应该予以限制。进入 30 年代后，美国曾进行过广播的商营改革，但以失败告终。

除美国外，世界很多国家或地区推行商营广播制，如加拿大、日本、菲律宾、中国香港、澳大利亚、阿根廷、黎巴嫩等。

二、传播类型

“类型”一词对于广播电视节目的研究有很重要的意义。现代的人们在接触诸如广播这样的媒介的时候，是具有很强的选择性的，这样的选择性往往是根据广播所设定的节目来进行区分的。对节目的类型进行清晰的划分，并有明确的认识，是广播从业人员所必备的基本职业素质。面对电视和网络的竞争，广播必须开发更多适宜于今天这个社会人群的节目形式，加强与电视的合作，向互联网进军，多方面、多层次地发展，这样才能保证广播在今后有发展之地。

1. 广播的节目类型划分

当今的广播的节目类型和电视的节目类型有很大的相似之处。仅有的几项区别在于，广播没有用图像传播的方式去表情达意。根据广播的主题、内容、风格、传播地域等方面，可以将广播划分为不同的节目类型。

按节目的内容来划分，广播节目可以划分为新闻类节目、文艺类节目、服务性节目、言论类节目、教育类节目和公共服务类节目等。现在的广播电台广泛采用这样的分类方式，其节目的划分即播出内容倾向性方面的划分。例如，喜欢关注教育发展的听众会很容易地根据节目内容的划分来辨别收听的内容。

按传播地域划分，广播节目可以划分为对外广播、对内广播、全国性广播、地区性广播等。我国地域广袤，除了全国性的广播之外，地区性的广播多如牛毛。

按节目的播出形式划分，广播节目可以划分为现场直播类节目和实况转播节目等形式。例如，美国发动的伊拉克战争、阿富汗战争和国际性重大的会议等时效性强的一般采取现场音频直播的形式播出，而一般时效性要求不高的节目则可以推迟播出或以转播的形式播出。

以节目的播出时间为划分标准则可分为早间节目、午间节目、晚间节目，如中央广播电台的早间新闻栏目、午间新闻栏目等。

按选题范围来划分，广播节目可以分为综合类节目、时政类节目、经济类节目、体育类节目、军事节目等。

广播的节目类型划分标准各异，以上提到的均为比较普遍的划分方式，其他的划分方式在此便不再过多赘述。广播分类本身就是广播在其他媒介竞争压力之下的一种发展的思维方式，也是广播进行系统化、深入化发展的重要体现。

2. 广播节目的探索式进步

与广播的诞生相差20年左右的电视是广播最大的竞争对手之一。从传播的特点来说两者有很多的共同点：其一，具有直接感受性；其二，时效性强；其三，受众面广，卫星传递覆盖空间大，信息接收的障碍小（文盲亦可接收）；其四，将人际传播的因素导入大众传播——听（观）众、现场采访、报道、主持人方式等；其五，时序性的传播方式和可群体性的接收。而节目往往是广播开创在前，电视完善在后。

激烈的媒介竞争不断地蚕食着广播的生存空间。但是今天社会强大的工业生产能力不可小觑，广播在20世纪70年代的再次崛起，就是因为它找到了一种新的发展思路——车载广播，它无疑是广播事业开辟的一片新的蓝海。

20世纪60年代的美国处于经济高速发展的时期，其汽车工业的制造水平在当时遥遥领先世界其他的国家。广播在与电视的竞争中处于不利地位，聪明的汽车制造商为了增加汽车的销量，就开始在汽车上试验性地安装广播。没想到的是，这样一个简单的想法却推动了广播的复苏，广播最初就是从娱乐开始做起的，为汽车增添音乐气氛也恰恰符合了广大顾客的需求。

不断进步的技术更新导致全球各地区之间的联系日益紧密，信息传播网络交叉纵横，麦克卢汉地球村的预言离现实又更近了一步。广播在20世纪70年代开始伴随着卫星通信和网络科技的发展进入了另一个发展阶段。卫星的覆盖面广，与以往的广播借助短波进行国际广播，占据了不少的传播优势。广播卫星创造了一个全球的“即时世界”，也就从这个时候起，广播开始进入全球传播的时代。进入21世纪，网络科技的发展又给了广播一个新的发展机遇，网络的传输速度快、信息量大、条目多，极大地冲击了广播的新闻内容传输的及时性，为了跟上时代的步伐以及满足广大受众的信息需求，很多广播电台开通了网络广播，进一步提升了广播的全球化信息服务体系。

第四节 广播业的发展态势

广播电台应有步骤地加快实现广播发展的进程，在移动互联网和数字音频广播两个领域推进广播新媒体业务的运营。在目前的广播模式下，积极运用新技术，将其应用到日常的广播节目中，利用新的互动式技术平台进行节目的拓展，有条件地开展新广播盈利模式探索，并通过业务形态、节目内容、平台建设、技术服务模式等以下几个方面进行创新来推进未来广播业务的发展。

1. 业务形态的创新

通过对广播新媒体业务形态进行研究，广播的未来将完整实现节目内容跨平台差异化延伸播出的业务形态。即实现一档节目在传统广播和新媒体广播平台上的同步播出，并在新媒体平台上增加文字、图片、视频等差异化内容，最终实现节目内容在新媒体平台上的延展播出。同时，大力推动手机广播互动的常态化，形成在线互动和线下活动的栏目品牌效应。

2. 节目内容建设的创新

针对未来广播的新媒体业务形态，配合频率部门加强内容建设，不断丰富适合新媒体（手机、网站等）传播、满足新媒体受众需要的内容。最终，形成定位准确、内容丰富的广播节目资源。

3. 平台建设的创新

随着新媒体业务的启动以及内容建设的需要，广播需要建设相应的全媒体业务制播平台来实现内容资源整合和业务流程再造，更好地推进广播在新媒体领域的建设步伐，从而实现节目的多平台发布，提高整个广播行业的核心竞争力。

4. 技术服务模式的创新

通过业务模式的创新，技术部门将从原来单一的技术保障工作向外进行扩展，全面参与新媒体节目的策划以及业务运营工作。与频率共同打造整个新媒体广播产业链，从生产、发布、推广、衍生产品等各个环节完成对产业链上下游的整合工作。同时，在完成新媒体系统的部署及维护的工作以外，将通过引进和培养开发人员，建立自己的开发团队。该团队将掌握手机广播应用开发的核心技术，并能够自主完成手机应用的开发工作。自主研发团队的建设将便于对频率提出的新需求进行快速反应，也能有利于电台的开源节流，甚至通过对外技术开发服务实现盈利。

第九章　电子新闻：电视

电视在它那一时代所引起的兴奋和震撼，完全可以和我们这一时代的互联网所带来的变革相媲美，长期以来占据“第一媒体”的位置。

第一节　电视的诞生

一、电视技术的准备

19 世纪某些科学家发现光线照射在含硒的物体上会产生电子放射现象，由此而进行的对化学元素硒的光电效应研究，为人们提供了电视传播的基本原理。1884 年德国工程师保罗·尼普科发明了机械扫描圆盘，通过光电转换，人们可以在接收器上看到导线传送过来的图像。20 世纪初英国和俄国一些科学家提出了电子扫描原理。1923 年美籍俄裔工程师左瑞金发明了光电管，用电子束的自动扫描组合画面，为电视摄像机的设计做出了贡献。

二、实验性的电视播映

1926 年英国科学家贝尔德采用电视扫描盘，完成了电视画面的完整组合及播送，在伦敦公开表演，引起轰动。1928 年美国通用电气公司的纽约实验台播映了第一个电视剧。1929～1935 年，英国广播公司与贝尔德合作多次进行实验性电视广播，包括有声舞台剧的播映。1935 年德国柏林的实验电视台曾经播放过电视节目，但清晰度很差。1936 年 8 月奥运会在柏林举行，该台又曾向公众播送过几小时实况节目，扫描行数为 180 行，不久发射机烧毁，实验中断。

三、正式的电视播送

1936 年英国广播公司建立电视发射台，11 月 2 日起定时播出电视节目，扫描行数已达 240 行以上。一般认为这是世界电视事业的正式开端。苏联 1938 年在莫斯科和圣彼得堡相继建立电视台，第二年正式播送节目。美国 1939 年全国广播公司附属的电视台转播了纽约世界博览会盛况，1941 年第一批商业电视台获准开业。

第二节　电视技术的发展

电视事业诞生以后，经历了一些波折。由于第二次世界大战的爆发，多数国家无暇顾及电视开发。除了美国有6家电视台继续播映外，其他各国的电视研究、生产和播映全部中断。第二次世界大战结束后，英、法、苏、德等国电视事业才逐步恢复，随后日本、澳大利亚、加拿大等国也相继兴办。20世纪50年代以后，发达国家和拉美地区的电视发展十分迅速，随着电视机的广泛生产和销售，电视日益成为重要的大众传播媒介。60年代以后，许多亚非国家也开办了电视台，到20世纪末，电视业已普及整个世界。

随着技术的进步和更新，电视媒介不断从低级向高级、从单一向多样化发展。先后出现的电视传播样式有以下几种。

（1）彩色电视。电视媒介问世时都是播送黑白二色的画面，第二次世界大战后恢复阶段播送的依然是黑白电视。但是人们早就对彩色电视作过许多研究。1946年美国无线电公司推出了NTSC彩电制式（恩式），1953年获得政府批准正式生产。1954年美国全国广播公司率先采用这一制式播送彩电节目，其他公司相继跟上。以后日本（1960年）以及苏联、英国、法国、西德（均为1967年）也陆续开办了彩色电视，并且又出现了SECAM（塞康）、PAL（帕尔）两种不同制式。现在彩电已在许多国家普及。

（2）卫星传播。电视问世初期，它的信号只在地面依靠微波传送。1962年7月美国发射了“电星一号”通信卫星，第一次把电视信号送上卫星，借助卫星上的转发器进行了同西欧之间的越洋电视传播。1963年2月美国发射了第一颗同步通信卫星“辛康姆一号”，1964年通过“辛康姆三号”卫星转播了东京奥运会的实况。随后苏、英、法、西德、日、加等国的同步卫星相继升空，完善了各自的电视传播系统。1965年4月国际通信卫星组织发射了第一颗商用同步通信卫星“国际通信卫星一号”，以后又发射了几十颗通信卫星，分别置放在大西洋、印度洋、太平洋上空，担负着全球通信任务，并使国际间电视新闻交换经常化。从地面微波传送到卫星传送，这是个重大的飞跃。地面微波传送是一种接力方式的传播，每隔50千米左右就要设立一个中继站，因而传送环节多、建设费用昂贵。卫星传送比地面微波传送的环节少、覆盖面大、信号质量高、投资少，而且不受地形的限制，这极大地促进了电视的普及和国际化。

（3）卫星直播电视。通信卫星是多用途的，可供电视传输的信道有限，而且发射功率很小，只有技术设备很高的地面站才能接收到，然后依靠地面传输将电视图像传送到各地。为此，20世纪70年代起又有专门的广播卫星出现。广播卫星上的转发器功率大，普通的电视机用户安装简单的接收装置（包括小型碟式天线等）就能直接收看卫星传送来的节目，这便是卫星直播电视，也叫做直接入户电视。美国1974年运用这一方式向阿拉斯加等边远地区播放教育电视。苏联1976年起用广播卫星向西伯利亚地区播送电视，供农村俱乐部、公寓大楼或个人直接收看。1984年1月，日本发射实用广播卫星BS-2a后，日本广播协会专门创办卫星直播频道供全国收看。20世纪80年代以后，卫星直播电视广泛使用于跨越国界的电视传播，成为国际电视的重要传播和接收方式。

（4）有线电视，也称电缆电视。最早出现在20世纪40年代末的美国，当时为了提高偏远地区的收看效果，人们在山头竖起接收装置，将收到的电视信号用电缆传送到用户家中。20世纪70年代它被推广到城乡各地，众多的电缆电视系统将电视台传来的信号转送给用户。由于它图像清晰，抗干扰性强，频道多，因而很受观众欢迎。20 世纪 80 年代发达国家的有线电视订户已占全部电视机用户的一半以上，20 世纪 90 年代世界上多数国家和地区开办了有线电视，普及率最高的比利时已超过全国用户的 96%。现在这种电视通常同卫星传播结合起来，将卫星传送来的各种电视信号转送给用户。

(5) 数字电视。传统的电视是采用模拟的方式，处理、传输、接收和记录电视信号的。新兴的数字技术则把模拟电视信号转变为数字电视信号并进行处理、传输、接收和记录。数字技术能够大大压缩电视节目，使得原来传输一套节目的频道可以传输多套节目，从而大大增加受众可收看的节目数量。数字技术能够大大提高信号处理和传输的质量，从而极大地改进了接收效果，电视画面会比模拟电视清晰一倍以上（成为高清晰度电视），音响效果可以同电影院和剧场媲美。20 世纪 90 年代以来，欧美发达国家都在积极发展数字电视。

数字化涉及地面电视、有线电视和卫星电视三大领域，其中尤以地面电视的数字化难度最大，因而成为当前的主攻方向。1995 年 8 月英国发表了《关于数字地面电视的政府建议》，决定 1997 年正式开始数字电视广播，计划用 10～15 年时间实现从模拟电视到数字电视的转变。1997 年 4 月美国联邦通信委员会发布了数字电视实施进程表，计划到 2006 年淘汰模拟电视，全面转为数字电视。1997 年 3 月日本邮政省宣布要在 2000 年前开始地面电视的数字化。在卫星电视和有线电视领域，数字化进展更为显著。1996 年起欧洲卫星组织等机构发射了专供传输数字电视的卫星，法国新频道电视台 1996 年春季就开始通过卫星传送数字电视。美国、英国、日本、加拿大和其他西欧国家也都办起了一批数字卫星电视公司，一些著名的有线电视节目公司纷纷办起了数字频道。目前，数字电视机和能在现有电视机上收看数字电视的机顶盒（解码器）已经上市。人们认为，数字电视将是彩电问世以来电视领域的又一次重要变革。

(6) 网络电视，或称多媒体电视。20 世纪 90 年代以来，美国、西欧、日本等发达国家和部分发展中国家，积极推进信息基础结构建设，大力发展计算机信息网络，并且实现国际连接。这种以卫星和光缆、电缆为基本通道，以电子计算机和个人电脑为基本载体的网络传播具有多媒体的性能，集文字、语言、音响、图像、数据传播于一体，也为电视信号的传送开辟了新的天地。现在各国著名的广播电视台都已在因特网上建立了网站，传送自己的电视节目。随着数字技术、多媒体技术和网络技术的发展和推广应用，以及多媒体电脑和新型电视机的发展和相互兼容，人们将会越来越广泛地通过互联网络传输和接收电视节目，单向传播的电视，将会转变为传受双方互动的电脑网络电视。这种方兴未艾的趋势，将会带来电视发展史上一场意义重大的飞跃和革命。

第三节　电视影像的基本特性

一、电视新闻的传播符号

电视是声、画的艺术，电视新闻传播符号是电视新闻传播价值得以实现的重要手段之一。它由声音符号、文字语言、造型符号构成（图 9.1）。

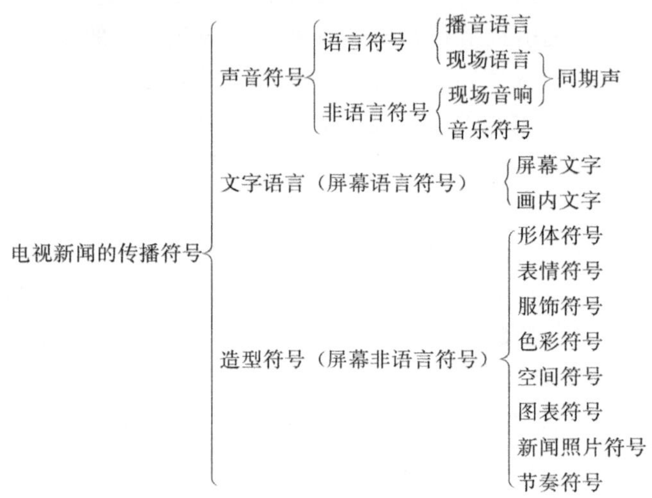

图 9.1　电视新闻传播符号的构成

资料来源：张骏德 . 2001. 当代广播电视新闻学 . 上海：复旦大学出版社 . 21 页 .

二、电视影像的基本特性

影像是电视传播的主要媒介之一。在显示屏幕上准确还原视频信号所形成的光的组合，都可称为影像，它包括活动画面、特技画面及图画照片等静止画面和符号、图表等一切诉诸视觉的影像。电视影像的基本特性有：

（1）再现性的本质特征；

（2）时空一体的动态存在方式；

（3）声像一体的信息形式；

（4）限定性显示空间；

（5）感性的符号形式；

（6）孤立影像含义的不确定性。

三、活动影像

1. 开放性事件现场直播

现场直播是与被传播对象现场实况信息的出现同步传播该信息的传播方式。现场直播是电子传播媒介特有的传播形态，也是使其具有不可动摇的优势地位的传播形态。就电视而言，由于其具有真实呈现动态声像的传播手段，现场直播更是其传播优势所在。就其本质而言，其信息编码的程序不是符号系统的编码规则，而是对被传播对象发出的信号的追踪再现。

在人类语义性质符号系统的传播过程中，传播者掌握着译码、释码和编码的三大权力，而在开放性事件现场直播过程中，由于被传播对象处于未完成状态，因而理论上传播者的译码和释码也处于未确定状态，或曰“试译、试释”状态，编码总过程则受对象自身进展的决定，追随其变化的信号，而不受人类语义性质符号系统的编码规则制约。

2. 纪录编码

纪录编码是对被传播对象真实状态的建立在音像纪录基础上的编码再现。由于“真实”与否是与人对对象的认识与把握相关的概念，而纪录编码又是建立在音响影像的录、播分离状态基础之上的，因而纪录编码的意义传达是受被传播对象的实际存在状态与传播者对其的理性把握的双重引导的。纪录编码受以被传播对象的变动进程为基本线索、传播者对其的观念把握及其传播编码为辅助的多重“编码法则”的制约。

录、播分离使摄录比直播在时间跨度上有了更大的自由性，可以纪录被传播对象更长时空跨度的变动过程，同时也对传播者提出了选择摄录时机的实践课题。拍什么，不拍什么，将直接影响到纪录的真实性和传达的准确性，因而，在纪录编码过程中，传播者理性因素的影响明显加大，摄录时机的选择往往依赖于传播者根据已纪录的事实对其发展的预测。因而纪录编码这种录、播分离的方式一经确定，便反过来对影像编码方式产生了影响。

3. 组合编码

组合编码是传播者为传播其观念与想象的需要而自由组合影像的编码方式。在组合编码中，影像只是传播者用以传播其观念与想象的工具，只是其传播系统中的一个个符号，其自身的源于客观事物的变化轨迹已经构不成对传播的编码过程的控制。

传播者对影像组合的控制包含以下三方面。

(1) 被传播对象依传播者传播目的的组合——表演。表演就其最宽泛的意义来说，是传播者对被传播对象的设计。它既包括演员的表演，也包括光线、色彩、影调、布景、服饰化妆、场面调度、音响效果，等等，它是通过对被传播对象的各构成要素的组合设计，传达传播者的意图，或者说是对摄录对象的控制与组合，它通过对摄录对象的编码传达传播者的意义。

(2) 影像依传播者传播目的的纪录——镜头设计。镜头构图是传播者在影像生成过程中对被传播对象的取舍及安排，它决定了镜头间及镜头内影像各传播要素的组合关系，包括拍摄角度、镜头运动、景别、时间长度、主体、前景、背景等。

(3) 影像、音响依传播者传播目的的组合——蒙太奇。蒙太奇 (montage)，法语音译词，原意为建筑学上的构成、装配之意，借用到影视领域中则是形式与内容组合、构成的总称。黄匡宇先生在《理论电视新闻学》中是这样表述蒙太奇的：

在各类影视摄制中，根据主题的需要、情节的铺陈、观众注意力和关心的程度，将全片所要表现的内容分解为不同的段落、场面、镜头，分别进行处理和拍摄。然后再根据原定的摄制构思，运用各种技巧，将这些镜头、场面、段落合乎逻辑地富于节奏地重新组合，使之通过形象间相辅相成和相反相成的关系，产生连贯、对比、呼应、联想、悬念等效果，构成一个连绵不断的有机整体——一个完整的反映生活、表达思想、传播信息、生动真实的影视片。这种构成一个完整影视片的独特的表现方法称为蒙太奇。

4. 影像配合编码

影像仅以“片断”的方式存在，其意义需在与其他符号的组合关系中确定，而不是在镜头间的组合关系中确定。

影像配合编码往往是避影像系统所短而采用的传播方法，或是因为影像素材不足，或是因为内容无法通过影像来表达，或是用影像系统传达太费时间……它既可以是各不同符号系统的“组合编码”，也可以是以某一非影像符号系统为基本架构的编码系统，由传播目的和条件决定对传播手段的使用及其取舍。

第三节 电视传播机构的体制

各国电视事业如同其他大众传播事业一样，因社会政治制度的不同而有不同的性质和特点。这便是它们的政治分野。一般地说，发达资本主义国家的电视，是为资产阶级特别是垄断资产阶级的政治和经济需要服务的，它同现代资本主义报业一样，具有高度商业化和垄断化的特征。社会主义国家的电视事业，是为社会主义和劳动人民的根本利益服务的。但是自从20世纪80年代末期起，苏联和东欧地区发生了重大政治变化，这些国家的电视事业已经离开了社会主义的轨道。发展中国家的广播电视，由于各国社会发展水平不同、政治经济制度的不同而显得千差万别，但是总体上都是为维护国家独立、经济发展以及满足本国人民的信息和娱乐需要运作的。

各国电视事业的体制有着很大的差异。这里所说的体制有两层意思：一是就电视机构本身而言，指它的所有制和经营管理机制；二是就整个国家而言，指全国电视的所有制格局以及国家进行法律和行政管理的方式。

从电视机构本身而言，目前主要有如下五种体制类型。

（1）国有国营。这是由国家拥有并直接经营的电视台。其主要特点是：资产为国家所有；政府直接领导和管理；领导成员由政府任命，业务方针由政府规定，业务活动受政府的监督；经费大部分靠国家拨款，有的辅之以受众缴纳的视听费及广告费。实行这一体制的有：社会主义国家，多数发展中国家，少数发达资本主义国家中的国营台。

（2）国有公营。这是国家所有但由公司在社会参与下经营管理的电视台。主要特点是：资产为国家所有，但电视台保持相对独立性，作为“特殊法人”存在和运作；根据法律规定，组成董事会或管理委员会进行领导管理，其成员来自社会各界并具有较为广泛的代表性；政府依法加以规范和监督，但具体业务由电视台自主进行；经费来自视听费、国家拨款，有的辅以广告收入。发达资本主义国家及发展中国家的许多公共台实行这一体制。

（3）社会公营。这是社会力量经办的电视台。具体来说又有两种：一种是社会各界联合筹办并经营管理的；另一种是某个社会团体经办并经营管理的。它们一般都是独立的法人单位，以服务社会为宗旨，在法制范围内独立地进行业务活动和经营管理，经费靠视听费或各界资助、政府补助，个别的辅以广告收入。国家依法在宏观上进行调控管理。发达资本主义国家和发展中国家的某些公共台实行这一体制。

（4）私有私营。这是私人独资、合资或组成股份公司经营的电视企业。其资产为私人所有；在法制范围内自主经营，自行决定业务方针，国家只在宏观上加以调控管理；通常以盈利为目的，实行商业化经营，广告为其主要经济来源。发达资本主义国家和发展中国家都有许多这样的私营电视台。

（5）公私合营。这是国家和私人合资或合办的电视机构。所谓合资，是指共同出资组成股份公司经营管理；所谓合办，通常是由国家兴建并经营广播电视设备，私人方制作节目而后租赁这些设备播送。经费一般来自广告收入。不论合资或合办，国家通常处于主导的地位。某些发达国家和发展中国家存在这种体制。

上述国有国营、国有公营、社会公营的机构，通常被称为公共广播电视；私有私营、公私合营机构，通常被称为商业广播电视。一般来说，公共广播电视比较重视社会效益，注重节目的教化功能和文化品位；但是经营管理缺乏活力，财源不旺，甚至常常出现经济困难。商业广播电视旨在谋求商业利润，在商业竞争过程中必然重视改进经营管理、提高经济效益，业务上重视贴近受众、提高视听率；但是普遍存在媚俗倾向，节目品位不高，色情、暴力及其他庸俗内容较多。

从整个国家来看，各类国家广播电视的所有制格局和管理方式也很不相同。

（1）社会主义国家实行的是单一的国有国营体制（前南斯拉夫例外，实行社会公营制），广播电视台是一种事业单位，政府对它们的管理是直接的、行政化的。

（2）发达资本主义国家有两种传统：美国一贯以私营的商业广播电视为主；西欧各国一直是公共广播电视的天下，许多国家长期不允许开办私营的商业台。但是20世纪80年代以来，情况有了重大变化，西欧各国纷纷开放商业广播电视，以扩大资金来源，引进竞争机制，满足社会多方面的需要。所以，现在发达资本主义国家大多为公私并存的格局。在这里政府的管理是宏观的、间接的。国家制定相应的法律法规，建立（或指定）相应的管理机构，负责颁发营业执照（经营许可证）、按照规定的标准监审节目或广告内容、处理违法违规行为、限制过度的兼并垄断等。

（3）发展中国家情况比较多样，有些实行单一的公有体制（如非洲及亚洲一些国家），有些实行公私并存的做法（如拉美及亚非另一些国家），管理的方式各有千秋，管理的宽严程度往往同社会发展水平特别是政治民主化程度相关。

第四节 电视业的发展态势

如今，智能电视已经成为信息产业一个不可逆转的浪潮，产品的销量也在逐步上升。据拓墣产业研究所数据披露，2012年全球智能电视出货量达到5113万台，Smart TV渗透率达到21.6%，且伴随着消费者接受度逐渐提高、供应端持续出货，预计至2015年年底，全球智能电视出货量将超过15 349万台，智能电视渗透率将达54.6%。在全球化的浪潮下，电视这个意义重大的“第三屏”，成了无数电子品牌争夺的市场。全球智能电视市场亦呈现出几个值得关注的发展态势。

一、传统彩电产业链被重新塑造

最近几年智能电视的发展步伐明显加速，呈现出快速普及趋势。各大彩电厂商也纷纷加大在智能电视领域的投入力度，争相推出各自的智能电视新品，并积极投身于软件应用市场的开发和整合，不长的时间内，智能电视产品已经铺天盖地。

然而随着谷歌、苹果、联想等IT巨头加入彩电业，打破了国际上传统以面板等硬件资源垄断的态势，彩电产业的传统巨头如三星、索尼、LG等品牌面临挑战。为了搭上智能电视发展的高速列车，各大彩电制造商也纷纷打破传统以画质为卖点的单一形式，陆续推出一系列主打智能体验的电视产品。例如，三星开展了以语音控制、手势控制、面部识别功能等为买点的智能电视产品；LG关注多屏互动，拥有CNTV平台；松下也推出了融入Smart TV概念的产品；澳大利亚市场领导性品牌SONIQ声光电视则通过全球率先研发智能电视的沉淀和不断完善的科技功能，聚焦高性价比的智能电视市场。

二、内容平台的建设成为重点

随着智能电视的发展日趋白热化，单纯依靠硬件功能的不断强化已经不足以满足消费者了。然而目前大多数企业并没有注重对电视专用智能应用及内容的研究，没有自己的内容及应用程序研发团队，甚至还存在将手机等智能终端设备上的应用程序拷贝，以此来填充智能电视的内容及应用程序的现象。就趋势而言，如果不掌握电视智能应用及内容，就无法取得当今智能电视产业的主导权。

澳大利亚品牌SONIQ为我们提供了借鉴。这个在全球率先研发了第一代安卓系统的智能电视的品牌，在关注智能电视领域初期，即重视其自身内容平台的搭建和研究。目前已经成功推出了Cinavision内容平台。该平台可以提供从儿童节目、喜剧、烹饪到体育等多种内容，还有来自中国、意大利、巴西等海外节目等。客户可以通过简单的操作，随时获得多角度的娱乐体验，Cinavision内容平台的成功搭建，使SONIQ从单纯的电视制造商向互联网电视综合运营商转变，进入内容提供和广告传媒运营领域。

三、重视用户体验多于功能

除了内容应用外，大多数消费者还很看重智能电视的操作体验，人机交互体验是他们选购产品的关键因素，简单易用、运行顺畅是消费者对智能电视的最终诉求。纵观目前的智能电视产业，“高大上”已经退出流行趋势，相比让人眼花缭乱的多功能，消费者常常感到手足无措。功能强大导致了操作复杂，而与手机和电脑不同，电视在人们日常生活中往往代表了家庭与舒适的生活，太过复杂的操作只会让更多的消费者止步不前。

目前各智能电视品牌也开始关注用户体验，很多品牌通过简化遥控器，搭建语言控制、手势控制等功能强化用户体验，操作简便成为智能电视的发展趋势。

除智能电视的发展值得关注外，欧美一些发达国家经过几十年的发展，尤其是近50年的商业运作，已经形成了一套非常成熟、科学的电视制播体系。

这个体系就是一个分工细致、高效运转的工业化流程，每个环节都环环相扣，每个人都在这个已经搭建好的平台上工作，不可缺少但不是不可替代，且没有丝毫偷工减料、投机取巧的余地。

在这个流程中，创意生产、详尽的受众调查、清晰定位与持之以恒、执著于经典的文化传统，是电视业永葆青春的秘诀。

第十章　电子新闻：网络

第一节　第四媒体

一、第四媒体释义

第四媒体即网络媒体。人们按照传播媒介的不同，把新闻媒体的发展划分为不同的阶段——以纸张为媒介的传统报纸、以无线电波为媒介的广播和基于电视图像传播的电视，它们分别被称为第一媒体、第二媒体和第三媒体。网络被称为第四媒体，是继报刊、广播、电视之后发展起来的并与传统大众媒体并存的新的媒体（媒介形态）。它包含了人类信息传播的两种基本的方式，即人际传播和大众传播，突破了大众传统传播的模式框架。

媒介一词从 20 世纪 20 年代开始使用，指使事物发生关系的中介体、手段、工具等[①]。

广义的媒介指人体的延伸，如麦克卢汉说衣服是皮肤的延伸，车轮是脚的延伸，电话是耳朵的延伸等。狭义的媒介指传播媒介，包括个人媒介、组织媒介和大众传播媒介等。

麦克卢汉认为，真正影响和改变人们的，不是传播媒介中的具体内容，而恰恰是媒介本身；媒介即信息，社会被媒介的性质而不是媒介的内容所影响。波兹曼认为，媒介塑造了我们对世界的理解。梅罗维茨认为，媒介形塑着人们的行为方式。

媒介是人类传播活动中，达到传播目标的重要工具；媒介是影响人们态度、情感、思维和行为的重要变量；个人形象的建构与发展，受媒介的影响和制约。

媒介有自己的偏好，对传播内容有深刻的影响，指导着我们看待和了解事物的方式。

每一次媒介技术的突破，都会带来信息传播方式的革命，从而推动社会生活的变革。信息传播技术和传播方式的变革，对人们的思考方式、行为方式、认知能力，以及社会结构、文化形态都会发生深刻的影响。

1998 年 5 月，联合国秘书长安南在联合国新闻委员会上提出，在加强传统的文字和声像传播手段的同时，应加强利用最先进的第四媒体——互联网（Internet）。自此，“第四媒体”的概念正式得到使用。

二、网络媒体的主要功能

一般认为，网络媒体作为大众媒介，其主要的功能为监视环境、决策参与、文化传承和教育，以及提供娱乐。

---

① 张国良．2001．新闻媒介与社会．上海：上海人民出版社．

（一）监视环境功能

即及时向社会成员提供社会内部和外部环境的重要事件和最新变化。一旦上了因特网，报纸不再受到版面和截稿时间的限制，突发事件发生时可以在第一时间发布信息。与此同时，因特网向公众提供了更为广泛的信息源，国际组织、政府机构和社会团体可以设立自己的网站发布自己的信息。

（二）决策参与

在传统的大众传播环境中，公众的知情权和告诉权是通过大众传媒来实现的。正如比尔·盖茨所说："传媒上的每一次进步，都对人民和政府之间的对话有着极为重要的影响。"传统媒介固然可以反映民意，但是公众的直接反馈却不及时或者很少，因特网作为自由的信息平台，公众意见能够得到迅速、及时和充分的反馈。

（三）文化传承和教育

比尔·盖茨认为，由于有了信息网络，每一个社会成员包括孩子都可以得到比今天任何人拥有的更多的信息，从而激发求知欲和想象力，网络时代给人们的教育观念和教育模式带来了极大的变化，使孔夫子两千多年前提出的"有教无类"得到实现。

（四）娱乐功能

随着宽带和流媒体技术的发展，传统大众传媒所能提供的各种娱乐形式都可以通过网络获得。对于许多网民来说，网络甚至成了他们主要的娱乐工具，他们通过网络在线或下载来欣赏音乐，通过网络在线阅读文学作品，通过流媒体观看动漫、电视剧甚至好莱坞大片。此外，其独特的交互功能给网民带来了全新的娱乐形式——网络游戏。

三、网络媒体的特征与危害

（一）主要特征

第一，网上信息极其丰富。世界有多大，网络就有多大；世界有多少信息，网络就有多少信息。第二，网络表现形式丰富多样。随着技术的不断发展，网络具有的高速度、数字化、宽屏化、多媒体化和智能化将得到进一步发挥。第三，跨越时空界限，迅速及时，无国界。第四，在信息传播过程中可以自由交互，接受者可以即时与信息的传播者对话，共同完成传播活动。第五，网络提供个性化服务，也就是尼葛洛庞帝所说的"我的日报""我的电视"。

（二）主要危害

因特网在给我们带来无限传播空间的同时也不可避免地滋长了噪声，且其在数量和危害程度上远远超过了其他传播方式。信息论创始人克劳德·艾尔伍德·香农（Claude Elwood Shannon）从工程技术的角度出发，提出了信息传播的"噪声（狭义）概念"，即由于技术故障和不完善所造成的制码器和解码器之间出现的解码的障碍。如今交流理论和信息理论术语“噪声”分为：①技术噪声，如电视上受干扰而出现的雪花点；②语义噪声，指由于文化或社会差异而带来的制码和解码的差别，从而导致信息不能得到准确解读。

将网络媒体称为“第四媒体”，是为了强调它同报纸、广播、电视等新闻媒介一样，是能够及时、广泛传递新闻信息的第四大新闻媒介。从广义上说，“第四媒体”通常就是指互联网，不过，互联网并非仅有传播信息的媒体功能，它还具有数字化、多媒体、实时性和交互性传递新闻信息的独特优势。因此，从狭义上说，“第四媒体”是指基于互联网这个传输平台来传播新闻和信息的网络。

“第四媒体”可以分为两部分：一是传统媒体的数字化，如《人民日报》的电子版；二是由于网络提供的便利条件而诞生的“新型媒体”，如新浪网、网易网、搜狐网等门户网站。

第二节 网络新闻

一、网络新闻的定义

关于网络新闻的界定，有广义和狭义之分。广义指的是互联网上综合性门户网站和各类专业性网站所发布的各种有传播价值的新信息，狭义则专指互联网上新闻类的信息，包括传统媒体所设网站、其他网站和个人主页、站点所发布的新闻信息。

目前国内最新的网络新闻定义是杜骏飞在《网络传播概论》中提出的：“网络新闻是指传受基于Internet的新闻信息——具体说来，它是任何传送者通过Internet发布或再发布，而任何接受者通过Internet视听、下载、交互或传播的新闻信息。”①

这个定义简明扼要地阐述了网络新闻的基本特征，即基于Internet（媒介）的新闻信息（传播内容），同时它也兼顾了网络新闻传播的另外两大要素，即传者和受者。这就表明，网络新闻一方面在技术上依赖互联网的发展水平，另一方面也依赖高质量的新闻传播者和信息接受者。

二、网络新闻的相关问题

（一）网络新闻的发展历程

1987年，世界上第一家网络报纸——美国的《圣何塞信使报》（San Jose Mercury News）创办，开创了网络媒体的新纪元。20世纪90年代中期万维网（World Wide Web，WWW）和浏览器的推出，推动了上网用户的增加。电子报刊以时效性强、跨国界传播、费用低廉、自主选择性强、打印方便、保存时间长等特点，提高了报刊上网的积极性。在美国，从《纽约时报》《华盛顿邮报》《华尔街日报》《洛杉矶时报》《芝加哥论坛报》《新闻周刊》等著名报刊到地方性小报，都掀起了一波又一波的上网浪潮。

① 杜骏飞.2010.网络传播概论.4版.福州：福建人民出版社.

相对美国，我国的网络新闻是网络新闻媒体出现5年后才引进和缓慢发展起来的。1993年年底，我国成立国家经济信息化联席会议，统一领导中国的信息化建设。1995年在北京和上海建立了国际节点，完成了与因特网的互联和与国内公用数据网（ChinaDDN）的互联。1995年5月17日邮电部宣布将ChinaNet向国内社会开放，提供所有因特网服务，这标志着中国的因特网进入商业化阶段。

1995年中国公用计算机因特网的开通和不断进步，为中国报刊的电子化、网络化提供了有力的技术条件和基础，使中国报刊进入互联网成为可能。

到1995年年底，中国第一批网络媒体总数达到七八家。1995年10月至1997年5月是中国网络媒体酝酿发展阶段，由于对网络技术的陌生，专业人员不足，设备条件的限制，特别是对网络信息传播意义、作用及规律在认识上的不足，中国网络新闻事业整体上看速度较迟缓，运作的水准也较低。

自1997年下半年起，网络新闻传播业呈现出加速发展的态势。中国互联网络信息中心（CNNIC）2015年2月3日发布第35次《中国互联网络发展状况统计报告》，报告显示，截至2014年12月，我国网民规模达6.49亿人，互联网普及率为47.9%，较2013年年底提升2.1%，手机网民规模达5.57亿人，较2013年年底增加5672万人。

网络新闻出现于20世纪90年代，互联网的成熟和迅速扩展，使网上新闻信息以涨潮般的速度发展，仅以www方式提供的信息平均每过53天就翻一番。这种新型的传播方式被人们用来承载各种信息，在新闻传播领域日益扩张。当前我国网络新闻业，正处在全力奔跑的路上，充满了无限发展的可能性。

我国网络新闻媒体现在除了人民网、新华网、中央人民广播电台等传统媒体，一些非传统媒体兴办的网络媒体也已经显露光芒。例如，国内著名门户网站“新浪”，目前新浪已经成为网民们最喜欢的新闻网站之一。另外还有网易新闻频道、搜狐新闻频道也吸引了大量网民。千龙新闻网与东方网的出现，为网络新闻网站进一步确立了独立地位。这些网站提供新闻数量之大、速度之快，已经使众多传统媒体以及它们的网站望尘莫及，尤其是当国内外发生突发事件时，这些新闻网站抢新闻的意识连传统媒体都相形见绌。网络技术的发展，使得网络媒体能够实现多种方式的播报新闻的方式，网络新闻的时效性、快捷性与传统媒体的竞争日益激烈。

（二）网络新闻的优势

网络新闻之所以能够在很短的时间内迅速发展，吸引如此多的受众，主要是因为具有以下这些优势。

1. 内容丰富，形态多样

传统报刊是视觉媒介，主要通过印刷在平面纸张上的文字、图片、色彩、版面设计等静态符号来传递新闻信息。网络新闻虽然仍以视觉信息为主导，却有了明显的不同。网络新闻也有版面的概念，但是却赋予了新的内涵，极大地丰富了新闻的表现形式。

首先是文字。传统报刊的新闻是静止不动的，而电子报刊的新闻，就可以设计为变幻字、运动字、渐变字等字体，从而更具视觉效果，使读者长时间地关注某一新闻，而不会转移注意力。

其次是网络新闻有了超文本的结构和超链接的表现形式，随时可以实现跳转阅读。在传统媒介传播信息的方式总是或多或少受到限制，网络则可实现以数据、文本、声音及各种图像在单一的、数字化环境中的一体化的信息传播。

所谓超文本，是“设计成模拟人类思维方式的文本，即在数据中又包含与其他数据的链接”。用户单击文本中加标注的一些特殊的关键单词和图像，就能打开另一个文本。超媒体又进一步扩展了超文本所链接的信息类型，用户不仅能从一个文本跳转到另一个文本，而且可以激活一段声音，显示一个图形，或播放一段视频图像。在超文本结构中，一个关键人名、地名、时间，甚至每一个词语、每一个句子都可以链接另一个声音文本、图画文本、动画文本或影视文本。读者通过结构，有声有色、图文并茂地以新闻事件和现实生活进行报道。网络以超文本、超媒体的连接方式组织新闻信息，使用户接受新闻内容时可方便地联想和跳转，大大方便了人民对某一新闻的深度探求。

另外，网络新闻在静态视觉信息中，增加了大量的动态信息，如博客和播客。由于越来越多的名人、明星、专家、机构正在将博客作为扩大传播影响力的平台，带动了博客用户的增长。截至2014年12月，我国博客用户规模为1.09亿人，较2013年年底增加2126万人，增长率为24.2%。网民中的使用率为16.8%，比2013年底增长了2.6个百分点。而随着国内社交网站的兴起，部分草根博客进入社交网站，并使用其中的日志功能来撰写博客。另外，微博以互动性强、使用门槛低、更新便捷的特性使用户对内容的更新比传统博客更为活跃。

2. 具有可储存性

网络新闻具有持久的特征。如果感兴趣的人想要搜索或浏览回顾以前的新闻，他可以利用网络的储存性功能，在某个新闻网站对这个事件的关键词进行搜索，通过网站的跟踪报道，或开办的这个新闻的专题，了解事件的背景，掌握事件的全过程。

3. 时效性和全时性

网络新闻传播具有时效性和全时化的优势。与传统媒介的生产发行手段相比，报纸出版周期长，广播电视虽然能现场直播，但还是要受播出时段的限制，网络新闻的制作与传播没有太多的中间环节，速度自然要快得多。对于一些时效性要求高的突发事件，完全可以通过网络在事件发生的时候立即将信息传播出去，同时根据事件的发展状况不断及时做出连续报道。

网络的另一大优势即信息的全时化播报。网络上的新闻信息始终处在动态的更新中，可以随时发布，同时，信息还可以在数据库中保留，而报纸和广电媒体则不可以，更何况大多数广电媒体还不能一天24小时滚动播出新闻，而网络恰恰可以整日全时播报。

4. 广泛性

回顾人类传播史，每一种新的媒介的诞生无一不在拓展传播范围上做出了巨大贡献。报纸的出现，使得新闻传播打破时空限制，将人类带到了大众传播时代。后来的广播电视因其具有迅速直接、真实生动、易于理解等特点而得以迅速普及。但是由于其物理特性和各国政策因素其报纸发行量、覆盖面毕竟有限。广播尽管有短波能穿透国境，但真正有影响的国际广播电台，也只有少数几个大国拥有，而且目前广播听众数量也逐年下降。电视在这方面的发展也并不显著，尽管许多国家的电视节目已经通过卫星传输到世界每个角落，但由于收视设备的昂贵以及各国政策和法律的限制，平民家庭收看外国电视节目的并不多。

网络的出现从根本上突破了地域限制，任何一台接入互联网的计算机都可以自由畅通地与全世界的计算机交换信息。网络将单个人真正推到了全世界媒介面前，实现了人的世界化和世界的个人化，人与人的地理距离概念由于信息自由高速的流通而变得模糊。

5. 互动性

互动性是作为大众传播媒介的网络的一个最突出的优势。互动性意味着使网络打破了过去由信息的传播者单向传送信息的格局，信息传播者与接受者之间的互动变得切实可行。人们从传统媒体获取新闻基本上是被动的，比如广播、电视新闻，打开某个频率就可以听视到，报刊新闻虽然具有一定选择性，但是需要花费许多精力和时间，处于“给什么，看什么”的状态。而网络新闻就不一样，越来越多的网站开始提供个性化服务，如Yahoo、Excite、AOL 等，网民不必每天到网上搜索和登记，只需把自己的需求告诉有定制服务的网站，就可以得到自己关心的新闻、天气、体育、股市信息、电视节目、影讯等最新消息。

传统的新闻媒体基本上都是单向传播的，为提高媒体质量，增加读者参与性，许多报刊开辟读者来信专栏，电台开办听众点播节目，电视台推出游戏节目、谈话节目等，但作用都比较有限。而网络新闻则使得人们的信息反馈更加通畅、快捷，通过 E-mail、BBS 和讨论组等方式，读者和网站可以及时沟通和交流。读者可以充分发表自己对新闻信息的意见，使得媒介可以迅速了解读者对网络新闻的反馈意见，为以后向人们提供更好的新闻服务提供可靠的保证。

网络媒体还可以对读者状况进行精确的定量分析与掌握。统计软件可以向网络新闻传播者提供读者在一天 24 小时中各个时段的访问流量，一个时间段的读者访问总量及读者所在国家和地区，对及时有效地调整传播方略具有极其重要的意义。

（三）我国网络新闻的传播模式

网络新闻传播主要指以数字化、多媒体、高技术支撑的因特网为物质载体和传播手段，传播文字、图像、声音等传播符号，实现交互性的现代传播方式。

我国目前的网络新闻传播大致可以分为四种模式：①新华网、人民网等以中央传统媒体为依托，拥有政府背景的网络版新闻传播模式；②南方网、大洋网等依靠地方媒体和地方政府背景的网络版新闻传播模式；③千龙网、东方网等依托地方性新闻媒体联合的网络版新闻传播模式；④新浪网、搜狐网等商业性网站上的网络新闻整合版块式传播模式。

网络媒体辐射广泛，以上四大模式都有清晰可见的目标受众群。传统媒体的新闻网站多吸引新闻业内人士，其权威性是新闻业内的线索源头。新浪网、搜狐网等新闻网站也以其快捷性、互动性的优势赢得普通上网者的青睐。而南方网和千龙网等二、三类新闻网站的发展，相对来说就不是很乐观了。因为缺乏自主性，没有自己的特点，在重复报道传统媒体的信息的过程中，没有充分利用互联网的特点，发挥出网络媒体的优势，使自己在传统媒体与网络媒体的竞争中处于下风。这就要求我们认清新网络媒体的独特传播特点，善加利用。

（四）我国网络新闻面临的问题

我国的网络新闻也存在不少隐忧之处，只有理智和清醒地认识到这些问题，才会有利于网络新闻的健康发展。

1. 网络新闻的真实性和可信度遭到质疑

真实是新闻的生命。网络新闻更要全面、准确、真实，但是在网络“争夺眼球”的竞争中，一些网络新闻媒体为了吸引受众，不惜用各种充满噱头的题目引起公众的注意，置正确的舆论导向于不顾。全国政协委员、著名主持人倪萍和同为政协委员的歌唱家郁钧剑都曾受到不实报道的骚扰。而以相声表演艺术家姜昆最为典型，曾有媒体绘声绘色地报道他带一个受资助的孩子出国，他女儿又如何经营着一家大型文化公司。这些网站将道听途说的消息编发上网，转发或引用虚假新闻和有害信息，这些虚假新闻误导公众，混淆视听，不仅损害了读者的利益，也败坏了网络新闻的名声。

2. 新闻与广告并存，受众对网络新闻失去信赖，同时传统新闻业标准面临挑战

一个媒体的运营离不开广告，网络新闻也不能例外。网络新闻媒体要维持正常运转须靠广告收益来平衡，这使得网络新闻广告化的现象日趋严重。许多网络媒体除了采取电子邮件及旗帜广告（banner）等常见的网络广告形式外，还将与新闻内容相关的广告放到与新闻临近的位置，甚至将广告嵌入新闻内部建立链接。这种版面编排，有时候连媒体本身都难以分辨“新闻”内容是新闻还是广告，更不要说一般受众了。

事实上要读者在网上辨别商业广告与新闻内容之间的界限远比在传统的印刷媒体上难。印刷媒体在长期发展过程中已经形成了视觉上区分二者的线索；而在网上，则还处于摸索阶段。这一现状的直接后果就是网民对网络新闻的信任度在逐步降低，因为他们无法分清所阅读的到底是公正平衡的专业新闻报道还是带有商业倾向的广告信息，这是网络新闻的健康发展的一大障碍。

3. 网络新闻在数量上占有绝对优势，但是普遍质量不高，同时多媒体性及全时观念欠缺

当前腾讯新闻等许多中文新闻站点普遍存在着内容简单空洞的现象。经常阅读网络新闻的读者会发现，不少网上新闻标题很大，内容却很少，有的甚至只有短短的一行字，缺乏实质内容，相关背景也交代得不清楚，使读者无法从新闻中获益，新闻价值不高。

网络新闻最大的优势就是其多媒体的特性，虽然很多网站已经开始增加视频和音频新闻的数量，但是目前中文网络新闻多数还是以文字为主，音频或视频材料很少。造成这一现象的原因一方面是因为网络技术还不太成熟，另一方面，制作和消费的高昂成本高也在很大程度上阻碍了多媒体网络新闻在中文网络市场的迅速普及和发展。

此外，全时观念的欠缺也削弱了网络新闻高时效和及时发布的特性，一些大型网络新闻站点如新浪网、人民网、中新网等基本上做到了全天 24 小时定期及时更新，而为数众多的中小站点因为技术原因或是编辑人手的限制，网络新闻的更新次数太少，导致部分网络新闻的发布迟于相应的纸质媒体。

4. 侵犯他人权力的法律问题增多，网络新闻缺乏法律规范

现行著作权法所保护的九类作品中，没有涵盖互联网上流通的数字作品。那么，互联网上的新闻作品到底有没有版权？如果有，如何行使它的权利？这些问题都亟待解决。

目前网络新闻传播中，不规范的转载行为十分严重，相关的法律纠纷不断发生，尤其是商业网站大多没有自己的记者队伍，其新闻来源主要是直接转载传统媒体的新闻。网络新闻还面临的一个问题是，由于网络新闻内容的海量性及监督功能减弱，一些关于隐私的话题会经常被侵犯。2008年的艳照门事件现在依然令人记忆犹新，网络传播的自由化和广泛性带给当事人的伤害仍然存在。由于网络新闻资料库的信息可长久储存并易于检索，若人们的隐私上了网络新闻就难免引发后患。

面对网络新闻发展中出现的种种问题，应加强对网络新闻传播的宏观管理。已经出台的《互联网站从事登载新闻业务管理暂行规定》，对我国网络新闻传播事业的健康发展起到了良好的保障作用，为网络新闻的有序操作提供了一个规范化管理的平台。当然，作为网络新闻运作主体的各新闻网站，应当加强网络新闻业界的行业自律和行业规范建设，同时，要大力加强对网络新闻传播规律的探究与掌握，以及对网络新闻人才的培养。只有如此，才能尽快提升网络新闻的品质，优化传播效果。

（五）网络新闻的发展趋势

网络新闻作为一个新生事物，有许多问题摆在新闻工作者的面前，各个方面需要大量研究。在激烈的市场竞争中，我国的网络新闻媒体应当发挥自身优势，进一步加强管理，营造良好的传播氛围，强化自身的新闻传播能力，不断拓展自己的信息服务内容和各类网络服务项目，开掘有特色的信息服务，从而能在将来的网络新闻大战中处于不败之地。目前，传统媒体与网络媒体是一个竞争与合作的局面，双方相互借鉴、相互学习、相互支持，同时又相互竞争，这种合作与竞争将不断升级与演变，在融合与碰撞中到达另一个发展层次，那时，网络读者将能够读到更高品质的网络新闻。

1. 网络新闻将进一步细化

网络新闻的专业化与网民需求的多样化是今后网络媒体必须认真考虑的问题。例如，打开人民网的首页，可以看到时政、国际、观点、经济、地方、IT、环保、军事、文娱、体育、生活、图片等十几个新闻版块，发布24小时滚动新闻，同时可以浏览人民日报报系所属的各家报刊的内容。人民网还有许多信息服务和其他服务栏目，包括“人民手机短信”“人民咨询”“人民导航”“人民书城”“资料中心”“海峡两岸”“网上调查”“人民健康”“股市指数”等，还有10专题分类的电子论坛，“情感时空”“地方发展”和“联谊会馆”组成的“强国社区”。网络新闻针对不同人的不同需求设置页面链接。

以前网络新闻媒体是综合门户时代，Yahoo、新浪、搜狐等是典型代表，它们的传播方式是水平、单线条的，而今后基于因特网被无限细分的情况下，网络新闻由无差异、大规模向个性化、集中化转变更是必然。

那些专业新闻网站由此走上网络舞台，比如Chinabyte等IT站点群对网络新闻传播起到补充的作用。专业化的新闻，即信息与服务围绕着特定的领域展开，结构呈现出纵向

与系统连贯性相结合的特点，把某个相关领域的信息做深、做透，背景、功能、前景等各个方面都涉及。在崇尚个性的信息时代，为那些有不同爱好的网民提供以其个人需求为出发点的个性信息，才能最终留住他们的“眼球”，这对于网站来说至关重要。专业网络新闻与门户网站提供的新闻最大的区别就是专业新闻拥有固定客户群体，可以集中精力为网民提供某一个领域全面的、个性的服务。这样，新闻的传播方向将不是单一的，而是多个去向、交叉的，垂直与水平并存的，人们可以根据自己的喜好选择阅读。

2. 网络新闻与传统媒体并存，并对其从传统媒体获取的信息进行深加工

网络新闻的发展是离不开传统媒体的，但是今后网络新闻将不是对传统媒体的翻版，也不是对传统媒体内容的简单堆积，而是对其从传统媒体获取的新闻进行深加工，对具有新闻价值的信息进一步深度挖掘。到今天，我国一批较为成功的新闻网站内容，都以远远超出其母体媒介的传统传播活动。

北京的千龙新闻网、上海的东方网、天津的北方网，它们是众多主流新闻媒体合力共建的大型新闻网站，它们采用的是大型网络信息传播平台或者说新闻门户网站的新模式，其内容范畴远远超出了合作经办的新闻单位的传统的传播内容。

以上海的东方网为例，它设有新闻、财经、体育、娱乐、男女、旅游、军事、图片多媒体等板块，新闻并分为专题、国内、国际、上海、港澳台、实用、体育、财经、文娱、社会、科教、参与、考试、独家、周末、图片十几个栏目类别，还有新闻评论。该网站上还提供独家联手创建该网站的各家传媒机构的内容。此外，东方网网页上还可以见到包括“东方社区”“东方视点”“东方商城”“数字生活”“公共服务”在内的一系列服务型栏目。

互联网的优势不仅仅能够获取取之不绝、用之不尽的信息和资料，重要的是对信息资源的深度发掘。简单的“大而全”或者面面俱到是行不通的，迟早要被受众淘汰。因为在信息时代，信息资源并不缺乏，这个网站没有，那个网站总会有的，如果谁能提供深层的、专业化的服务，谁就能够赢得网民青睐，网站应当根据网民日益专业化和多样化的需求建立相应的数据库，对新闻信息进行整理、分类等，为读者度身定做新闻。不久的将来，人们将通过电子邮件根据自己的喜好定制新闻。个性与特色将是今后网民关注新闻的特点之一。在新闻传播的自由度上，网络媒体已经超越传统媒体，并成为后者的巨大威胁。

3. 网络媒体与传统媒体优势互补，整合资源

网络媒体与传统媒体从来都是相互依存的。2000 年 1 月 10 日，美国在线与时代华纳宣布合并，组成世界上最大的传媒和网络公司。这消息之所以引起传媒的高度关注，是因为它标志着传媒的走势将出现革命性的进展，即网络媒体与传统媒体将更加紧密地结合在一起。中央电视台与新浪网、首都在线、国中网等多个网站合作，说明传统媒体与网络媒体之间已经产生出多种合作模式。把传统媒体与网络媒体的优势结合起来，比如把一些网络新闻在传统媒体上发表，共同营造一种健康向上的传播环境，一定会扩大影响，发挥更大作用。

目前，传统媒体与网络媒体是一个竞争与合作的局面，双方相互借鉴、相互学习、相互支持，同时又相互竞争，这种合作与竞争将不断升级与演变，在融合与碰撞中达到另一个发展层次，使网络读者能够读到更高品质的网络新闻。

4. 网络记者浮出水面

由于网络新闻的发展，网络记者也浮出水面。越来越多的传统媒体从业人员正在转型。使用电子邮件采访，将成为网络时代新闻记者的基本技能之一。新闻信息与计算机网络技术的高度融合，使得计算机网络技术不仅参与对新闻信息的外部包装，而且渗透到对新闻内容质量的开掘。

网络新闻记者，除了具备必要的新闻从业技能外，还需要具备一定的网络技术知识和操作能力，掌握英语，才能够轻松自如地收发电子邮件和上网获取信息，并熟悉处理文本、照片、图表、音频和视频等材料。网络记者将成为在从文字到信息网络技术等领域内交叉工作的复合型人才，使网络新闻质量得到质的飞跃。

5. 网络新闻的复杂性日趋加深

网络传播不可避免地带来一系列负面影响，如假新闻与假信息传播、色情泛滥、知识产权等。网络传播的虚拟性、无序性将在相当长的时期内存在。我们不能因噎废食，必须认识网络传播利大于弊。

（六）3G时代新闻网络传播

所谓3G是英语3rd-generation的缩写，G就是“代”，3G就是第三代，即“第三代移动通信技术”。3G时代，无线移动网与国际互联网互通，能传输图像、音乐、视频流等多种媒体形式，可浏览网页，进行电话会议、电子商务等。

3G最近几年在全球的发展风生水起，截至2013年12月末，3G网络已经覆盖到我国所有乡镇，用户总规模突破4亿户。在北京奥运会期间崭露头角的3G技术，已经作为一种新的通信技术标准“飞入寻常百姓家”，标志着我国正式进入3G时代。3G技术的出现，不仅引发了我国通信领域的革命，也将掀起网络传播的新一轮高潮，甚至极有可能改变现有的传播格局。

日本早稻田大学政治学研究科博士后赵新利先生在《从日本3G的发展看传播格局的改变》一文中，通过研究3G技术对日本传媒界的影响，得出如下结论：在互联网中，网民既发布信息，是信息生产者，也接受信息，是信息消费者。而3G服务将创造更多的网络信息生产者，同时也创造数量庞大的网络信息消费者。3G网络在中国的普及，不仅将改变全球的信息传播格局，而且互联网与手机的结合，将创造更大数量的网民。

3G时代的来临，手机媒体将具有网络媒体的许多特征，成为一种小巧的特殊电脑，并成为网络的延伸。有研究者提出：“3G时代的到来，将加快互联网与手机的融合，实现移动网络化和网络移动化。”由此可见，3G技术应用于网络领域，将促进网络传播的社会影响力。当前，全球4G（LTE）市场高速发展。截至2014年5月，已有104个国家和地区开通了288个LTE商用网络服务，比2013年增加100多个。移动互联网市场经过3G时代培育，已经进入爆发期，为LTE发展提供了充足的需求动力。“电脑网民”和“手机网民”将共同组成更加庞大的群体，将会对中国的网络新闻的传播产生巨大影响。

理解网络新闻的现状与发展趋势，以全面的、发展的眼光看待网络新闻的优势与存在的问题，对于我们研究网络新闻的发展趋势有很大的帮助。网络新闻作为新闻媒介的未来，它不会永远停留在“第四媒体”的位置上，未来的网络，将会是一个整合现有媒介的平台或者各种媒介的流通管道，未来的网络新闻会发展得更加完善。

三、网络传播

（一）什么是网络传播

网络传播是指在网络空间中展开的信息传播活动。网络传播中的信息，是以数字形式贮存在电子贮存介质中，通过互联网络快速传播的。网络传播以计算机网络为媒介进行信息传递、交流和利用，从而达到传播社会文化的目的。相比于基于传统媒介的传播活动，网络传播具有全球性、互动性、超文本链接、数字化、即时性、网络化等特性。

（二）网络传播学的学科性质

网络传播学是一门以网络传播活动为研究对象的科学，是传播学的一个分支。在本质上属于社会科学，因为网络传播活动在本质上是一种社会活动而不是单纯的技术活动。网络传播学是一门具有跨学科性的科学，与政治学、社会学、心理学、新闻学、经济学、管理学、人类学、信息科学等都密切相关。

（三）传播与传播类型

传播是一种社会性传递信息的行为，是个人之间、集体之间，以及个人与集体之间交换和传递新闻、事实、意见的信息过程。

1. 传播的历史

关于传播的历史，传播学者唐·彭伯说：“我们假定人类现代历史的 4 万年为一年，此时正值 12 月 31 日深夜，该年的最后一天。那么，机械印刷初现于 12 月 27 日，距今五天以前。报纸的前身新闻书诞生于 1610 年，或者说三天半前。广播和电影作为媒介现身于 20 世纪初，即今晨 6 点。电视于 20 世纪 30 年代首现美国，即今日下午 3 点。大众传播尽管存在时间不长，却已开始真正主宰我们今天的生活。”

1）传播发展三阶段①

部落时代：主要依赖声音，大部分传播通过言语或其他嗓音发生，听觉非常重要，但不限于听觉，生活在感觉平衡中。

印刷时代：文字的出现，改变了部落时代的感觉平衡，听觉、触觉、嗅觉、味觉等不再重要，眼睛成了处理信息的中心，人们以线性方式处理信息。

电子时代：回归于与部落时代相似的传播方式，电子媒介创造了“地球村”。重大事件的媒介报道，会让人们经历巨大的“集体情感”；缺少线性、缺乏逻辑、更为即时和接近部落祖先的思维方式重新兴起。

① 麦克卢汉．2000．理解媒介：论人的延伸．何道宽译．北京：商务印书馆．

2） 口头传播

口头传播：语言是传播的基本媒介，集体记忆是信息的唯一存储方式，信息传播和交流通过面对面的直接交流完成。在口头传播时期，信息资源无法实现全社会共享，而依赖于信息持有者的个体记忆和控制。

在口口相传的文化中，谚语和俗语在社会生活中具有重要的作用，吟唱、传说和史诗才得以存在。“如果印刷机存在，这世上是否还可能有《伊利亚特》?”“有了印刷机，那些吟唱、传说和思考难道还能继续吗？这些史诗存在的必备条件难道不会消失吗?”

3） 文字传播

文字的传播改变了信息的传播方式，扩展了信息的传播领域。文字使信息传播摆脱了对面面交流的依赖，促进了理性、逻辑思维的发展。

文字传播经历了两个时期。在手写文字阶段，使用文字是少数人的才能，参与信息传播的人数有限，社会中存在掌握文字又善于推理的少数权威。印刷机的发明和使用，促进了信息的广泛传播，推动了社会的共同体意识和民主意识（马丁·路德的宗教改革）发展。

波兹曼在《娱乐至死》第三章“印刷机统治下的美国”和第四章“印刷机统治下的思想”中，以18～19世纪的美国为例，详细分析了印刷机对思维、文化、思想、宗教等的影响。

4） 电子传播

电子传播拓展了传播的时间和空间。跨地域的即时传播成为现实。

电子传播经历了模拟信号和数字化信号两个阶段。

波兹曼在《娱乐至死》中，分析了电视推动美国社会进入了娱乐化时代，彻底改变了印刷机时代的思维和文化。

尼古拉·尼葛洛庞帝区分了“被动的旧媒介（广播电视）”和“互动的新媒介（互联网）”。广播电视网将要衰落，取而代之的是“窄播”和按需定制的分众媒介。大众媒介铁板一块的帝国将被拆分成许多家庭手工作坊。

2. 传播的类型

1） 人际传播

是指人与人之间面对面直接的信息交流，是个体之间的相互沟通。人际传播是信息在个人与个人之间的传播，其主要形式是面对面的传播，其主要特点包括：①在人际传播过程中，无论是传播者还是受传者均要用多种感官来传递和接收信息，如语言、动态体语、情感等，因此是全身心的传播。②它是以个体化信息为主。③在人际传播过程中，情感信息的交流占重要地位。④反馈及时。传播者可以及时了解受传者对信息的理解和接受程度，从而根据受传者的需求和特点及时调整传播的策略、交流的方式及内容。

2） 组织传播

是指组织之间、组织内部成员之间的信息交流活动。组织传播就是以组织为主体的信息传播活动。包括两方面，一是组织内传播，二是组织外传播。组织传播的功能：内部协调、指挥管理、决策应变、达成共识。

3）群体传播

是指组织以外的小群体（非组织群体）的传播活动。群体是由共同的利益、观念、目标、关心等因素相互联结，存在着相互关系的个人组成的集合体。群体传播主要是指群体内部或外部的信息传播活动。群体传播在形成群体意识和群体结构方面起着重要的作用。

群体传播的特点：①信息传播在群体成员之间进行，是一种双向直接传播。②群体传播在群体意识的形成中起重要作用。群体意识越强，群体的凝聚力就越强，越有利于群体目标的实现。③在群体交流中形成的一致性意见会产生一种群体压力，改变群体中个别人的不同意见，从而产生从众行为。④群体中的“舆论领袖”对人们的认知和行为改变具有引导作用，往往是开展健康传播的切入点。

4）大众传播

是指职业性传播机构通过广播、电视、电影、报刊、书籍等大众传播媒介向范围广泛、为数众多的社会人群传递信息的过程。

大众传播，就是专业化的媒介组织运用先进的传播技术和产业化手段，以社会上一般大众为对象而进行的大规模的信息生产和传播活动。

大众传播须符合以下特征：公开的（受众不为人际交往范围所囿）、利用科技发送手段、间接的（在发送者与受众之间存在时间空间距离）、单向的（在发送者与受众之间不发生角色互换）、面向分散的群体（受众是匿名的，无阶层和群组之分）。

（四）网络传播方式

1. 电子邮件

电子邮件（electronic mail，e-mail）标志为@，也被大家昵称为“伊妹儿”，又称电子信箱，它是一种用电子手段提供信息交换的通信方式，是因特网应用最广的服务。通过网络的电子邮件系统，用户可以用非常低廉的价格（不管发送到哪里，都只需负担电话费和网费即可），以非常快速的方式（几秒钟之内可以发送到世界上任何你指定的目的地），与世界上任何一个角落的网络用户联系，这些电子邮件可以是文字、图像、声音等各种方式。同时，用户可以得到大量免费的新闻、专题邮件，并实现轻松的信息搜索。

2. IM

IM是Instant Messaging（即时通信、实时传讯）的缩写，这是一种可以让使用者在网络上建立私人聊天室（chatroom）的即时通信服务。大部分即时通信服务提供了状态信息的特性——显示联络人名单、联络人是否在线及能否与联络人交谈。目前受欢迎的即时通信软件有QQ、百度Hi、Calling、UcSTAR、AOL Instant Messenger、Yahoo! Messenger、NET Messenger Service、Jabber、ICQ、飞信、Skype、新浪UC、网易泡泡、TM、Google Talk、阿里旺旺、mycool、商讯BB等。

3. QQ

1996年夏天，以色列的三个年轻人维斯格、瓦迪和楚游芬格聚决定开发一种能充分利用互联网即时交流特点，以实现人与人之间即时交流的软件即ICQ（I seek you，我找你），并且成立了一家小公司，向所有注册用户提供服务。

QQ的前身OICQ是在1999年推出的。OICQ模仿它在ICQ前加了一个字母O，意为opening I seek you，意思是“开放的ICQ”，因遭到侵权诉讼，于是腾讯把OICQ改名叫QQ，但QQ的标志仍一直是小企鹅。

QQ群是QQ的一种附加服务，是一个聚集一定数量QQ用户的长期稳定的公共聊天室。团体成员可以通过语音、文字、视频等方式互相交流信息。

4. BBS

BBS的全称是“电子公告板”（Bulletin Board System）。最早的BBS并没有文件传输功能，只是用来公布股市价格等信息的，与一般街头和校园内的公告板性质相同，只不过是通过电脑来传播消息而已。互联网普及后，BBS的功能得到了很大的扩充。目前，通过BBS可随时取得国际最新的软件及信息，与别人讨论各种各样有趣的话题，还可以利用BBS刊登“征友”“廉价转让”“公司产品”等启事。BBS是一个多元的舆论空间，具有话题自由开放、议题丰富、互动程度高等特点。

5. 博客

博客（Blog或Weblog）是指网络日志，是一种个人通过在网上发表和张贴文章传播自己思想的活动，带有知识集合链接的出版方式。博客是一个网页，通常由简短且经常更新的帖子构成，这些帖子一般按照年份和日期倒序排列。而博客的内容可以是个人想法和心得，如对时事新闻的个人看法，或者对一日三餐、服饰打扮的精心料理等，也可以是在基于某一主题的情况下或是在某一共同领域内由一群人集体创作的内容。

6. 微博

微博即微型博客，是Web 3.0新兴起的一类开放性互联网社交服务，国际上最知名的微博网站是Twitter，国内的微博网站包括：随心微博、饭否（关闭）、嘀咕（关闭）、火兔、叽歪（关闭）、蟹爪、微可、easytalk、做啥、相闻、爱唠叨、分享网、MySpace、新浪微博、我烧叨叨等。相比博客，微博简单易用，微博的内容可以只是简单的只言片语，草根性更强。

7. 社交网络

社交网络即SNS（Social Network Service）的中文翻译，中文意为社交网络服务。社交网络大体经历了这样一个发展过程：早期概念化阶段（Six Degrees）代表的六度空间理论；结交陌生人阶段（Friendster）帮你建立弱关系从而带来更高社会资本的理论；娱乐化阶段（My Space）创造的丰富的多媒体个性化空间吸引注意力的理论；社交图阶段（Facebook）复制线下真实人际网络到线上低成本管理的理论。SNS发展的过程，是循着人们逐渐将线下生活的更完整的信息流转移到线上进行低成本管理，从而让虚拟社交越来越与现实世界的社交出现交叉。

8. 门户网站

门户网站是指通向某类综合性互联网信息资源并提供有关信息服务的应用系统。门户网站最初提供搜索引擎、目录服务，后来由于市场竞争日益激烈，门户网站快速拓展各种新的业务类型，目前门户网站的业务包罗万象，成为网络世界的“百货商场”或“超级市场”。门户网站主要提供新闻、搜索引擎、网络接入、聊天室、电子公告牌、免费邮箱、影音资讯、电子商务、网络社区、网络游戏、免费网页空间等服务。我国典型的门户网站有新浪、网易和搜狐等。

9. 微信

微信（英文名：wechat）是腾讯公司于 2011 年 1 月 21 日推出的一个为智能终端提供即时通信服务的免费应用程序。微信支持跨通信运营商、跨操作系统平台通过网络快速发送免费（需消耗少量网络流量）语音短信、视频、图片和文字，同时，也可以使用通过共享流媒体内容的资料和基于位置的社交插件“摇一摇”“漂流瓶”“朋友圈”“公众平台”“语音记事本”等服务插件。

微信是 2011 年 1 月腾讯公司为手机终端用户打造的一款即时通信工具。它具有支持单人、多人语音对讲，具有零话费、跨平台沟通、显示实时输入状态等特点，微信的出现颠覆了传统的文字短信，变得更灵活、更智能且节省自费。它具有传播符号多元化、信息传播迅速、精准推送等特性。

10. APP

APP 也就是应用软件的意思，是英文 application 的简称，通常是指 iphone、安卓等手机应用，现在的 APP 多指智能手机的第三方应用程序。如今的社交类 APP，即时通信 APP 是未来移动应用发展的重要方向。目前市场上的即时通信类手机 APP 应用通常都有语音聊天、即时信息、好友动态等，让我们能随时关注到朋友近期的状态，还能轻松交谈、留言等。

APP 的优势包括：第一，APP 用户增长速度快、经济能力强，思维活跃；第二，APP 可整合 LBS、QR、AR 等新技术，带给用户前所未有的用户体验；第三，APP 基于手机的随时随身性、互动性特点，容易通过微博、SNS、微信等方式分享和传播，实现裂变式增长；第四，APP 的开发成本，相比传统营销手段成本更低；第五，通过新技术及数据分析，APP 可实现精准定位媒体的目标用户，使实现低成本快速增长成为可能；第六，用户手机安装 APP 以后，媒体即埋下一颗种子，可持续与用户保持联系。

（五）网络媒介的基本特征

1. 匿名

在日常生活中，身体的实际嵌入，是维持连贯的自我认同感的基本途径。而在网络空间，却可以不需要这种身体的实际在场，因此人们在网络空间的行为具有一种匿名感，从而无需像在现实交往中那样担心“规训权力”（福柯）对身体的伤害。在网络空间，人们能够根据自己的兴趣、爱好或动机，以一种更为开放、大胆的姿态介入到网络生活中去。

2. 互动

与传统媒介是单向传播媒介不同，网络媒介是一种可以进行双向互动甚至多向互动的媒介。网络传播具有很强的互动性。

互动性是两个或多个沟通参与者之间，沟通参与者与沟通媒介之间，沟通参与者与信息之间相互作用、相互影响的程度，以及这种相互作用、相互影响的同步性程度。

对互动性的研究主要有三类：研究互动过程及互动参与者在这一过程中的相互影响；研究互动媒介的结构，如BBS、QQ等；研究用户对互动的体验与感受。

3. 全球化

网络媒体是一个全球化媒体，其跨国传播成本低廉，除极少数国家和地区外，网络已经使全球连为一体，世界变成了地球村。

网络传播消除了时间与空间的界线，实现了信息传播的无障碍化，实现了信息的全球化和即时传播。网民可以低成本获得各种信息，这在客观上促进了社会的开放性和民主化。

4. 虚实交织

网络媒介是一个虚实交织的媒介。网络消除了想象与真实之间的界线，导致虚拟取代真实，甚至比真实更真实，这就是鲍德里亚所说的超真实（hyperreal）。网络媒介体现的正是这种拟像化现象，它使“虚拟”与“真实”之间的界线变得模糊，拟像取代真实而成为主导因素，甚至现实成为虚拟世界的一部分，与虚拟世界融为一体。

例如，网吧作为上网场所，是一个能快速通向虚拟世界的通道，其意义，恰恰在于能让物理地点消失。对于许多网吧沉迷者来说，网吧指向的，是一个能让他们逃避现实世界，重新塑造自我的空间场所。真实和虚拟在其中相互渗透、相互指涉、相互交织，想象、真实与虚构相互聚合成为一个虚实交织的世界。

5. 多媒体

多媒体是集合了文字、图片、声音、动力、音像等多种媒体表现形式的数字媒体。多媒体首先必须是数字媒体。网络媒介是一种多媒体。它可以借助文字、图片、声音、动力、音像等任何一种或几种媒体的组合来进行信息传播。

网络媒介因其强大的信息检索功能，使多媒体变得更加强大和实用。

6. 超文本

超文本是指一种非线性的信息组织方式。超文本是尼尔森（Theodore Holm Nelson）在1965年提出来的一个术语，用以指谓一种与传统印刷文本不同，并以比印刷文本更为灵活的方式进行的新型写作，即“用户自由运动的非顺序的写作方式”。与传统印刷文本相比，超文本的最大特点是其非连续性或者说非线性。

万维网使超文本的概念变成了现实，网络媒介的超文本链接，使受众能够根据自己的意愿，实现直觉的、联想的甚至是跳跃的新闻阅读和书写。在超文本世界中，人们能够凭借想象和链接，在超文本信息激流中随意航行。

（六）网络媒介特性研究理论

互联网络在其刚出现时，被视为一种沟通和传播工具，因此研究主要集中在传播学领域，研究焦点集中在互联网可以帮助人们做什么事情，以及利用互联网进行的沟通和传播，又会对人们的日常生活造成什么影响和后果。占主导地位的研究模式，是线索稀释或者说去线索取向，其基本假设是：网络传播稀释了面对面互动中的许多线索，会影响和改变人们的行为和沟通模式。例如，网络的匿名特征，会导致拘泥行为、恣意行为、放浪行为的产生。

20世纪90年代中期以后，随着互联网的迅速普及和网民数量的快速增长，互联网对人们的社会生活也呈现出越来越广泛、多样和深刻的影响。对互联网的研究也从传播学领域扩展到了社会学、社会心理学、心理学、人类学、民族学、政治学、经济学、管理学、文化研究等领域，研究议题也从网络媒介使用方式、人际传播、媒介效果扩展到了网络行为、虚拟社区、网络认同、网络语言、数字鸿沟、网络沉溺、网络文化、网络组织、网络社会结构、网络社会分层、网络经济、网络民主、网络社会运动等极为广泛的领域。

在研究方法上，对网络媒介的研究，有两种基本思路和策略：①强调网络作为新媒介具有与其他新媒介如电视一样的特性，因此可以用已有传播学理论和方法研究网络媒介。这一取向的优点是注重学科的积累和延续，不足之处是无法实现研究的突破。②强调网络媒介的新特性，需要提出新的概念、理论和假设研究网络媒介。这一取向的优点是较好地面对网络媒介的新特征，不足之处是简单化了网络媒介与传统媒介的关系。

韦伯斯特（F. Webster）把上述两种取向概括为“延伸说”和“崭新说”。前者认为信息化、网络化只不过是工业社会关系的延伸，后者则认为“信息社会”是一个全新的概念，浮现出了与以前所有社会不同的形态与特征。其中后者的理论取向包括四种类型：①后工业主义，如贝尔（Daniel Bell）；②后现代主义，如鲍德里亚、波斯特（Mark Poster）；③弹性专门化，如皮奥里（M. Piore）、沙贝尔（C. Sabel）；④发展的信息模式，如卡斯特。有关网络媒介特性的主流研究理论有以下几种。

1. 线索稀释理论

线索稀释或者说去线索、线索缺乏理论，包括社会临场理论、信息丰富理论和社会脉络理论。其共同假设是：不同的媒介会稀释不同的线索。网络媒介稀释了面对互动中的许多线索，网络媒介改变了传播的原有因素、结构和频宽，改变了信息的本质，以及人们对信息的解释。

2. 社会临场理论

舒特（J. Short）等在《电子传播的社会心理学》中提出了社会临场理论，认为媒介除靠文字传播信息外，非语文线索（这里是指区别于后文表情手势的语言文字线索）如表情、手势、衣着等也影响信息传播。非语文线索越完备，社会临场感越高，反之亦然。莱斯（R. E. Rice）等把这一理论应用到计算机媒介传播情景中，把媒介区分为高度社会临场感和低度社会临场感。低临场感媒介会导致传播的非人性化和低度社会化。

3. 信息丰富理论

信息丰富理论是由戴夫特（R. L. Deft）等学者提出的。他们比较了亲身接触、电话、电子邮件、私人信件、正式文件和计算机六种媒介，把媒介划分为富媒介和贫媒介。认为信息越丰富的媒介，越能保留传播关系，但传播成本也越高。因此，在例行事务和任务单一的传播上，贫媒介比富媒介更合适。

4. 社会脉络理论

社会脉络理论认为社会脉络会影响传播，主要学者有基斯勒（S. Kiesler）、史普劳（L. Sprull）等。他们把社会脉络分为三种：传播者之间的实际距离；传播成员彼此的社会地位；传播者的个人特质、传播主题、传播情境等情境因素。社会脉络越强，传播者受到的规范就越多。在匿名情境下，传播者不再受实体规范约束，行为会变得大胆。

5. 线索补偿理论

与去线索理论强调线索稀释会造成某些传播功能丧失不同，有学者发现某些线索被稀释后，传播者会把注意力转移到没有被稀释的线索上，发展出新的传播形式，这种现象被称为线索补偿。例如，采用一些特殊的图形、语言和符号，补偿非语文线索的缺少；科技的发展，创造出新的功能，如即时通信中的表情符号、留言（我正忙）等，让使用者能够控制其在线互动和沟通。

线索稀释假设对网络媒介的研究发现：信息传播以文字为主，缺乏非语文线索；社会临场感低，缺乏社会信息交换；传播活动的注意力集中在信息上，忽略了媒介背后的人；异步传播使传播超越时间和空间的限制；传播缺少完整的社会规范，降低了传播参与者的责任感。

网络媒介传播导致像战火一样的语言暴力的泛滥：匿名性导致人们受社会控制较低，容易出现放任行为；匿名性使人们对语言暴力的容忍度提高；在网络媒介中，同一信息会被不同意见的人看到，在群体效应作用下，人们更敢畅所欲言；（超文本）网络中混杂的文本论述，更容易造成情绪紧张和语言暴力。

6. 六度空间理论

六度空间理论（六度分隔理论）指出：你和任何一个陌生人之间所间隔的人不会超过六个，也就是说，最多通过六个人你就能够认识任何一个陌生人。这就是六度空间理论，也叫小世界理论。

20 世纪 60 年代，耶鲁大学的社会心理学家米尔格兰姆（Stanley Milgram）设计了一个连锁信实验。他将一套连锁信件随机寄给居住在内布拉斯加州奥马哈的 160 个人，信中放了一个波士顿股票经纪人的名字，信中要求每个收信人将这套信寄给自己认为是比较接近那个股票经纪人的朋友。朋友收信后照此办理。最终，大部分信在经过五六个步骤后抵达了该股票经纪人。

（七）网络传播与传播学

网络传播的模式融合了大众传播和人际传播的特征。

传统的人际传播是人与人之间的信息交流，其最大优势是互动性，最大局限是只限于面对互动，接受者的数量有限。

大众传播是传播媒体把众多信息传播给为数众多、地域分散的广大受众的过程，其最大优势是克服了人际传播的局限，缺点是没有特定的传播对象，信息传播缺少互动。

网络传播同时具有人际传播的互动性和大众传播的广泛性，是一种多对多的网状传播。网络传播的新特性主要是呈现在以下几个方面。

1. 传播者与受众

由于网络媒介的高度互动性，导致了传播者与受众融为一体，传播活动的参与者可以在瞬间完成角色转换。传统意义上的受众不再只是被动的信息接收者，而是可以主动地参与到信息传播活动之中，成为信息传播者。

学界提出网民一词，用来指称网络传播中的受众。网民一词是由米切尔·霍本（Michel Hauben）提出来的，用以指称那些不以地理区域为依据所形成的、具有社区意识的、相互发生行为联系的一群网络使用者。

2. 议程设置

大众传播具有一种为公众设置议事日程的功能。传播的新闻报道和信息传达活动赋予各种议题不同程度的显著性的方式，影响着人们对周围世界的大事及其重要性的判断。传媒基于一定的价值立场，根据对新闻的价值判断，通过有选择地报道新闻，来影响大众的注意力和社会关心。

在网络传播中，传统的传媒在进行议程设置时难度加大，有效性也大大降低。相反，网民在议程发展中的作用大大上升（搜索引擎在引领议题中的重要性正在日益增强）。

3. 社会控制的弱化

在网络传播中，传统新闻媒体作为新闻传播者的地位受到削弱，受众的主动权和选择权大大增加，传播权力向受众倾斜，网络舆论的社会控制难度增加。

网络传播同时造成了一系列新的社会问题，如著作权的界定和保护、网络信息的验证与网络谣言、网络法律与网络道德问题等，也增加了网络社会控制的难度。

4. 传播效果

网络传播的即时、互动等特性，极大地改变了媒介的传播效果。网络传播可以使网民跨越时间和空间进行即时（同步）或延时（异步）的传播。受众在传播过程中能及时发表意见，这种互动性强化了传播效果。网络传播的负面效果有导致人际疏离、造成网络成瘾、增加网络暴力等。

5. 传播边界模糊

网络传播导致了传统传播活动中一些社会边界的模糊甚至消失——新闻传播的区域界线的消失，网络传播在本质上是一种全球传播。网络新闻传播具有即时性特征，同时也可以任意延长传播时间，网络传播具有巨大的时间弹性。网络传播的多媒体特性，模糊了各种信息传播方式，如文字、声音、影像、图片等之间的界线。

第三节　新　媒　体

新媒体的迅猛发展掀起了传媒产业革命的新一轮浪潮，与传统媒体相比而言，新媒体具有个性化突出、受众选择性增多、表现形式多样、信息发布实时等新特点，具有交互性、全息化、数字化、网络化等优势。

未来新媒体产业发展的主要趋势是：新媒体产业将引领媒体产业潮流，部分传统的媒体行业将逐步走向衰微，适应市场需求的媒体行业将继续保持活力，文化内容将成为媒体产业的核心竞争力。

(一) 什么是新媒体?

对于新媒体的界定，学者们可谓众说纷纭，至今没有定论。一些传播学期刊上设有“新媒体”专栏，但所刊载文章的研究对象也不尽相同，有数字电视、移动电视、手机媒体、IPTV等，还有一些刊物把博客、播客等也列入新媒体专栏。那么，到底什么是新媒体?

新媒体（new media）是一个相对的概念，是报刊、广播、电视等传统媒体以后发展起来的新的媒体形态，包括网络媒体、手机媒体、数字电视等。新媒体亦是一个宽泛的概念，利用数字技术、网络技术，通过互联网、宽带局域网、无线通信网、卫星等渠道，以及电脑、手机、数字电视机等终端，向用户提供信息和娱乐服务的传播形态和媒体形态。严格地说，新媒体应该称为数字化新媒体。

新传媒产业联盟秘书长王斌认为:“新媒体是以数字信息技术为基础，以互动传播为特点、具有创新形态的媒体。”

美国《连线》杂志对新媒体的定义是:“所有人对所有人的传播。”

联合国教育、科学及文化组织对新媒体的定义是:“以数字技术为基础，以网络为载体进行信息传播的媒介。”

新媒体就是能对大众同时提供个性化的内容的媒体，是传播者和接受者融会成对等的交流者而无数的交流者相互间可以同时进行个性化交流的媒体。

新媒体的特征有交互性与即时性、海量性与共享性、多媒体与超文本、个性化与社群化。

(二) 新媒体的特点

1. 价值

就媒体本身意义而言，媒体是具备价值的信息载体。载体具备一定的受众，具备信息传递的时间，具备传递条件，以及具备传递受众的心理反应的空间条件。这些综合形成媒体的基本价值。这个载体本身具备其价值，加之所传递信息本身的价值，共同完成了媒体存在的价值。这个也就是媒体存在价值。即便是理念上和新形式上新科技进步也具备一定受众，但是媒体成本远高于受众所带来的商业效益，亦不能形成媒体的有效价值。

比如，近几年来由于媒体的发展，各类媒体风靡市场，但是经过市场考验后留下来的却少之又少。其中有一些就是因为它们没有深入调研媒体核心价值所在而盲目拷贝别人的理念导致失败的。或者是由于理念过于超前不能被市场认可，没有深度分析消费者形态而强加细分难以体现媒体的基本价值，或者基本价值与市场不协调导致失败的。原因诸多，不一一赘述。

2. 原创性

新媒体之所以称为新，就新在了原创性。新媒体应该具备基本的原创性。这里的原创性，区别于一般意义上个人或个别团体单独的原创性，而应该是一段特定的时间内时代所赋予的新的内容的创造，是区别于前面时代所具备的内容上、形式上、理念上的更革新的一种创新，更具备广泛意义的创新。比如，分众传媒就是一种新新媒体，具备原创性，它之所以可以称为原创是因为它把原有的媒体形式嫁接到特定的空间上，形式上是嫁接，理念上却是原创。但是那时的聚众或者当下更多家类似媒体，都是新媒体典范，他们或者是不谋而合或者是复制，这个原创是这个特定的时间内时代的原创，仍可称其为具备原创性的一面。这个原创是理念上创新的典范。

当时兴起的分众传媒、聚众传媒、框架传媒等细分受众的媒体都是在媒体理念上具有一定意义的原创性。以及后起细分到社区的安康，细分到医院的炎黄、互力等媒体，虽然复制了分众的细分概念，也不失为理念上创新应用成功的典范。

3. 效应

效应是在一定环境下，因素和结果而形成的一种因果现象。新媒体必须具备形成特定效应的特性。或者说，新媒体必须具备形成一种更新的效应的特性。也可以说，新媒体必须具备影响特定时间内特定区域内的人的视觉或听觉反应的因素，从而导致产生相应的结果。网络在20世纪90年代中期进入我国，属于一种新型的信息载体，而且形成了巨大的效应，在特定区域特定时间内几乎改变了人的生活方式。这种效应必然产生特定的结果。由于这个效应的变化发展，不排除新媒体可以发展成为主流媒体的可能，也就是新媒体在一定的时机也可以脱离新媒体概念限制。所有的概念都是随着发展而变化的。

关于效应的说法，举一个例子即可言明。分众无线，以手机信息为载体传播广告信息，这种应时代需要而诞生的媒体，是新媒体。虽然是手机屏幕上的广告，但是却形成了一定的效应，惊动了央视3·15，可见一斑。对于无线媒体，将来市场空间不可限量，虽然分众无线遭遇滑铁卢，那是具体执行上的原因而导致的，这样一种媒体形式不但不会消失反而会有更进一步的发展，而且会更绿色更健康地发展。

4. 生命力

新媒体作为媒体而存在，必须有一定的生命力。任何事物或长或短必须有其存在期间的价值体现，而这个价值体现的长短，就是生命周期。由于近几年我国媒体的发展迅速，新媒体的发展日新月异，各类细分性媒体在这种细分思维的影响下，各种形式的创意嫁接层出不穷。但是就其形式新技术的新并不能决定其存在的价值，在无情的市场面前，折戟沉沙的媒体商家数不胜数。究其原因就是他们没有把握住新媒体的核心价值是什么，而盲目生搬硬套，导致媒体不具备一定的生命力。因而这些在混乱中夭亡的媒体不能算是媒体，更不能称其为新媒体。

佐证此例也可以用分众无线的例子，分众无线虽然因种种原因告停，但是这种模式或者说这个概念将会无限延续并得到创新发展，所以人们可以称其为新媒体。

公共汽车视频媒体、地铁视频、超市卖场视频，有媒体效应也有媒体价值，在一定的时间范围内也具备一定的生命力，当属新媒体之列。至于个别企业能否长久发展，一是看其执行力，二是看企业的创新发展能力。

综上所述，可以得出结论：真正意义的新媒体可简言之为VOEL媒体，或者除却基本价值的概念，称其为 OEL 媒体[①]。

当然也许还有更多的因素左右着新媒体的存在与发展，但是就时下一般意义而言，“新媒体”的概念可以由四个核心内容而相对界定。新媒体就是必须具备 VOEL 四个必备要素，用以区别于狭义上的个别性新的媒体。这四个要素可以涵盖其理念上的革新、技术上的创新或者形式上的革新。至于是否运用到高科技，不是决定其新旧的关键，更不能决定其在一定时间内存在的价值。

也有一些不容易区分的概念，比如网络在中国 15 年的发展，已经渐渐影响了大多数人的生活，到一定的时候网络是可以脱离新媒体概念而形成独立存在的媒体概念。但是网络中一些具体的新颖的媒体形式，或者一些新兴的因网络而产生的信息通道，也是可以称为新媒体的。比如腾讯、开心网及个人博客这些具体项目的创新也是新媒体的典范，而且形成了一定的效应。类似的概念再比如电视购物，虽然电视是传统媒体，但是电视购物作为新兴起而且具备一定意义上理念的创新也具备相当的市场需求而产生，当属新媒体之列。

在这四个核心内容的基础上，尚可依据其理念或形式上的差别简单区分如下。

就其理念而言：可分为细分受众类的，如楼宇媒体、社区媒体、医院媒体、娱乐场所媒体、手机短信彩信、手机报媒体等；相对广众的，如公车视频、地铁视频、网络媒体、卖场视频、人口聚集处互动网络媒体终端机等。

就其形式上而言：有室外媒体，楼宇、社区、公车视频等均在此列；有无线形式的，如彩信类、手机报、网络等。

就其关注度区分：有强制性关注的，如楼宇、电梯、短信等；有选择性关注的，如网络博客、网络互动、电视购物等。

（三）新媒体的发展趋势

随着新技术的发展，新媒体的表现形式也日益丰富，公交车上的移动电视、医院视频、银行视频等遍布大街小巷，网络电视、数字化报纸、多功能手机等全方位出击，新媒体无孔不入的存在方式让被动接受的人们学会了主动，在不知不觉中影响着人们对事物的敏锐判断。由于高新技术这样一个强大的力量在推动，新媒体发展已初具规模，并呈现出几个趋，主要表现为：

（1）迎合人们休闲娱乐时间碎片化的需求。由于工作与生活节奏的加快，人们的休闲时间呈现出碎片化倾向，新媒体正是迎合了这种需求而生的。

（2）满足随时随地的互动性表达、娱乐与信息需要。以互联网为标志的第三代媒体在传播的诉求方面走向个性表达与交流阶段。对于网络电视和手机电视而言，消费者同时也是生产者。

（3）人们使用新媒体的目的性与选择的主动性更强。

---

① OEL，Organic Electro Luminescence，即有机电激光显示技术，是一种新兴的平面显示技术，OEL 媒体可理解为凭借 OEL 技术，通过包含但不限于新一代的电视、个人计算机、移动终端等设备接收的媒体；所谓 VOEL 媒体，意为 Valuable Organic Electro Luminescence Media，是指具有媒体价值的 OEL 媒体，即前文所指的新媒体。

（4）媒体使用与内容选择更具个性化，导致市场细分更加充分。

2013年6月25日，中国社会科学院新闻与传播研究所、社会科学文献出版社在北京联合发布了新媒体蓝皮书《中国新媒体发展报告（2013）》。

该书概括了当前中国新媒体发展的六大态势，盘点了移动互联网、微信、微博客、大数据与云计算、社交媒体、三网融合、宽带中国、智慧城市与物联网、移动应用APP、OTT TV（国际互联网运营商对互联网电视机顶盒业务的“昵称”）等十大热点，全面解析了中国新媒体传播的社会影响。该书提出，2012年以来，移动化和融合化成为中国新媒体发展与变革的主旋律。在移动互联网和网络融合大势的促推下，中国新媒体用户持续增长、普及程度进一步提高，新媒体应用不断推陈出新、产业日趋活跃，新媒体的社会化水平日益提升并频频引发热点。

第四节　媒体融合

由于互联网技术使信息传播成本大大降低，现代化的数字压缩技术使网络传输系统兼容了文字、图片、声音、影像等传统媒体传播手段，超强的加载能力使新旧媒体之间的融合成为未来传媒发展的主要趋势。广电媒体与互联网相互整合的过程，与其说是一种跨媒介的扩张，还不如说是行业联合的试探。横跨广电和电信两种业务的融合繁衍，开始结出媒体融合的果实。

媒体融合不仅仅是信息采集渠道和传播通道的多元化，更重要的是，媒体工作人员可以根据多媒体的原始素材，综合整理提炼、加工，通过不同媒介传播的特点，迅捷传达信息，表现事件背后的真实，还原新闻的全貌，从而提升新闻报道的质量和深度。

“媒体融合”（media convergence），最早由美国马萨诸塞州理工大学教授浦尔提出，原意是指各种媒介呈现多功能一体化的趋势。其概念应该包括狭义和广义两种。狭义的概念是指将不同的媒介形态“融合”在一起，产生“质变”，形成一种新的媒介形态，如电子杂志、博客新闻等。而广义的“媒介融合”则范围广阔，包括一切媒介及其有关要素的结合、汇聚甚至融合，不仅包括媒介形态的融合，还包括媒介功能、传播手段、所有权、组织结构等要素的融合。也就是说，“媒体融合”是信息传输通道的多元化下的新作业模式，是把报纸、电视台、电台等传统媒体，与互联网、手机、手持智能终端等新兴媒体传播通道有效结合起来，资源共享，集中处理，衍生出不同形式的信息产品，然后通过不同的平台传播给受众。

媒体融合是信息时代背景下一种媒介发展的理念，是在互联网的迅猛发展的基础上的传统媒体的有机整合，这种整合体现在两个方面：技术的融合和经营方式的融合。

通过针对传统媒体与新媒体的对比，可以发现：①网络媒体受众的增长速度远远超过传统媒体，特别是将网民的增速放到时间的纵轴上。以中国网民数量为例，短短十年间网民从百万级增长到数亿级，传统媒体实现同样的增长则走过了数十年甚至上百年的路程。②网民阅读习惯的改变。传统媒体殚精竭虑、耗费经年培养的忠实读者群似乎一夜之间都投向了网络媒体。③对未来用户市场的担忧。随着网络媒体的快速发展和普及，用户越来越趋于低龄化，传统媒体目前在争夺年轻用户、未来用户上还比较被动。

Web 2.0 作为2005年以来互联网的一个新应用，掀起了媒体融合发展的高潮。相比Web 1.0，Web 2.0最主要的贡献是将受众从信息的接收者变成了信息的提供者，它所具有的“众包”及“社交网络”特征，使受众真正成为网络媒体的主体（表10-1）。以此引发的媒体融合趋势，从媒介融合到传播融合，更强调传播方式的多元化和整合化，更反映用户的个性化和小众化，更突出新闻内容的定制化，更注重新闻舆论的传播效果。

表10-1 Web1.0与Web2.0时代的媒体融合趋势

Web 1.0时代	Web 2.0时代
整个互联网体现出传播融合	单个网络应用体现出传播融合
单一传播模式不能产生舆论强势	单一网络应用就能聚集网络能量
注重技术层面的媒介融合	注重用户层面的传播融合

第五节　新闻的未来

“新闻”（journalism）和“报道”（reporting）是不同的，后者从属于前者。未来，大的新闻机构会在很长一段时间里，主要负责突发性的新闻和事件报道。它们的主要职责是报道“what”，而非去解读“What does it mean?”。

大的新闻机构未来将主要扮演信息传递者的角色，这固然非常重要，但新闻的职能仅限于此。

那么，什么会担当起解读“What does it mean?”的职能呢？

未来会有一个角色叫做“知识分子”（knowledgeables），这一群人提供除了简单的“what”之外的信息，换句话说，未来的新闻，主要由两部分人负责：①事件报道者——负责报道“what”；②事件解读者——负责事件的解读“What does it mean?”。

这两者的分工未来会日益明确，且彼此互补形成完整的新闻，并不冲突。在这种情形之下，报道者负责事件报道，知识分子负责事件解读和分析，都从事自己最擅长的事情，读者也会因此受益。此种情形被称作“专业化”。

负责解读新闻事件的公司或者组织，在运作方式、团队规模和所扮演的职能上，同负责报道“what”的新闻机构有着本质的差异。前者会更小、更专注，同时为了确保长久的发展，他们不必为了追求最新、最全面的新闻事件而耗尽精力、人力和财力，只要照顾好自己的目标用户群即可。

一、未来新闻内容的生产与发布

1. 有特定需求的用户

大的新闻机构，求覆盖的大而全，是很横向的，这种方式会使得他们无法满足垂直类深度内容读者的需求。它们会覆盖“所有人间或关心的事”，而非“某一部分人持续关注的事”。我们所有人几乎都会持续关心某一领域或者某一门类的事情，而这些需求，此前并没有被很好地满足。可能现在已经有不少垂直的博客起来，但这一块，仍有不少潜力可控。

2. 专业化分工

目前主流的新闻机构无法承担“专业化”的费用，他们的编辑和记者们忙着追逐下一个大的新闻事件、丑闻，以飨不断猎奇、喜欢新鲜事物的读者，以此维持自己的点击、PV、杂志或报纸的销售量。主流媒体会持续地满足人们的好奇心，不断提供可吸引眼球的内容，同时保证其提供的内容尽可能大众化（如 19 岁和 50 岁都可以看）。

但有特定需求的用户，他们需要了解的内容，不仅限于“what”，这部分内容目前的新闻记者们还满足不了，而知识分子可以。一方面，后者并不需要尽己所能地去不断追赶永无止境的新的事物；另一方面，因为定位问题，他们并不用在追求尽可能多的新闻上花太多财力，因而能够承担起“专业化”的费用。

3. 团队化运作

有特定需求的读者，他们最重要的特质是：他们真的关心某一领域或者某一门类的事。他们不仅愿意花时间了解该领域的所有事情、能了解的所有信息；倘若信息能够加深他们对这一领域的理解，他们还愿意为这些信息付费。

主流的媒体，也希望能够获取这个门类的读者，只是这个群体，对于其成为一个大的媒体而言，带来的绝对价值太少了。而同样的一群人，对于一小群知识分子来说，可能就足以过活了。如果你有一个 500 人的团队，年收益是 200 万美元，情况就会很糟糕；而如果你只有 50 人的团队，年收益是 20 万美元的话，情况就完全不一样了。这也是目前能看到越来越多的垂直媒体甚至垂直社区能够发展起来的原因。

当你需要在第一时间，抓住所有人的需求时，你最终呈现出来的质量、深度会跟你的 HR 部门直接挂钩，你需要更多的人，同时你的费用不断攀升。而知识分子还有一个非常大的优势在于，他们并不用覆盖所有门类，不用是所有领域的专家，只需要了解特定领域，就能给其面向的读者质量够高的内容。

就新闻内容的发布角度而言，由于传统报业的衰落促使许多新闻提供商考虑建立网上付费模式——“付费墙”（pay walls），对在线内容实行付费阅读。

报纸具有传统媒体产品的所有缺陷：高昂的生产和发行成本，正在弱化的读者忠诚度以及被新技术和经济衰退破坏的广告基础。

不得不承认，生产在线新闻的成本和对环境造成的污染，远远低于“把墨水印到树上”的老的商业模式。由于经济衰退及广告业结构调整，广告收入不足以支持它们的新闻报道业务，从而有许多新闻提供商也在考虑对在线新闻设立“付费墙”。

建立付费墙的目的就在于将不订阅报纸的潜在读者挡在墙外，并且产生了质量更高的网上收益和更高的每千次点击（CPM）费率。

自 2009 年 5 月 12 日默多克宣布对报纸网站停止“免费午餐”以来，新闻集团旗下报纸包括《泰晤士报》《华尔街日报》《星期日泰晤士报》《世界新闻》等先后宣称都将设立“付费墙”，对在线内容实行付费阅读。

在所有面向手机平台的读报软件中，英国的《卫报》是第一家实施收费的。该报在 iPhone 和 iPod touch 的读报软件下载已超过 10 万次。自 2009 年 12 月 14 日起《卫报》开始向 iPhone 手机用户推出收费订报服务，每月收费 2.39 英镑。

在纽约长岛地区的一份名为 *Newsday* 的报纸，在 3 个月前安装了付费墙。但在随后的 3 个月里总共只有 35 人每周花 5 美元订阅了 *Newsday*。*Newsday* 是过去几年中建立起付费墙的头一批网站之一，付费墙建立之后，流量也开始下降。2009 年 12 月，*Newsday* 的独立访问量同比下降了 43%。

关于付费墙的争论有很多，有人认为新闻生产本身需要成本，采用付费墙的模式能够维持高质量的新闻内容生产，保证读者的阅读质量；也有人觉得，互联网时代的基本特点是低成本的信息交换，甚至是免费的信息共享，人们已经习惯了免费获取信息，付费墙的做法是逆势而行，难以长久。

二、大数据新闻学

大数据开启了时代转型之门，随着信息技术的发展，海量的数据影响着人们的工作和生活，对于新闻生产方式也产生了广泛的影响。由于数据和信息的庞杂，媒体对公众的可信度下降，而客观、公正的数据更易受到青睐，数据新闻应运而生。

1. 数据新闻发展现状

“数据新闻”，也称为“数据驱动新闻”，简而言之就是一种新闻生产方式，是对大量的数据和信息进行分析、处理，运用可视化和叙事化的手段，创作出一种新的新闻报道方式。目前国外有多家媒体机构都有数据新闻报道，如《卫报》《纽约时报》《华盛顿邮报》等。在 2012 年，由非政府、非盈利行业全球编辑网发起和组织设立了“数据新闻奖”，旨在鼓励新闻工作者打破传统的新闻创作理念和新闻创作方式，在一定程度上改变以往的新闻生产方式。在我国正值春运期间，央视利用百度大数据推出“据说春运”特别节目，播报国内春节人口迁徙情况，受到了广泛关注。

在大数据时代，人们的阅读方式正在发生质的变化，慢慢从传统媒体，如报纸、广播、电视等，转向网络及新媒体等，而数据新闻正是在电子媒体上才能呈现。目前“受众需要的是对信息更明晰的呈现、更准确的分析和更深层的解读”。数据新闻通过可视化的技术呈现出来，使得新闻有了新的讲故事的方法，也因它的私人订制化，使得新闻与个体紧密相连，受众可参与新闻创作，这是目前数据新闻与其他图文新闻所不一样的地方。数据新闻的独特之处体现在如下几个方面。

1）数据可视化

可视化是利用计算机图形学和图像处理技术，将数据转换成图形或图像在屏幕上显示出来，并进行交互处理的理论、方法和技术。它将符号或数据转换为直观的几何图形，便于研究人员观察其模拟和计算过程。数据可视化的优势在于：

其一，可视化促进受众参与。百度推出“春运期间人口迁徙图”后，央视晚间新闻便进行了持续报道，许多网友和观众参与其中，互动性增强，形成线上线下互动参与，可视化技术为受众提供了广阔的平台。可视化的技术手段促进了受众参与到新闻的制作和传播，因为展现的图文都是与老百姓密切相关的内容，更能引起共鸣。

其二，可视化增强互文性。可视化技术将时间与空间联系在一起，文本与图表联系在一起。在“百度迁徙”的地图中，受众随意移动鼠标，便可知何时何地人口流动最多，不仅如此，受众还可以从其中了解到中国在某一时间段最热门的人口迁徙城市，为明年春运时期出行提供数据参考。由于可视化的技术出现，记者通过图表，辅助简要的文字编辑出的数据新闻，使得受众一目了然、清晰明了。

2）数据叙事化

数据新闻运用大量的数据、可视化的叙事方式呈现出来，增强了可信度、趣味性，与传统新闻生产方式不同，如倒金字塔结构、时间顺序等，以往纯粹通过文本叙事，配上简单的事件照片，易读性弱，受众往往不能进行深入阅读。而如今通过可视化的技术创作的新闻，易读性增强、叙事方式简单明晰，更能得到受众青睐。根据英国《卫报》的报道，2012年美国总统大选中，通过对全球的用户进行调查，并最终将调查结果运用数据叙事的方式将“数据动态地图”呈现在读者面前，读者只要点击鼠标即可了解某一地区支持奥巴马的投票情况，通过利用简单清晰的数据地图与少许文字，一个好的故事即《奥巴马再次当选美国总统：全球民众的态度》制作出来，深受读者喜爱。

3）数据私人订制

数据新闻的出现，使得受众与世界的距离拉近了。传统的新闻报道，受众只是单纯地了解世界上新近发生的事情，而数据新闻的私人订制化，运用新的新闻叙事形式，搭建与受众之间的交流平台，引领受众思考社会问题，帮助受众了解事实的真相，使得受众可参与新闻创作，通过可视化手段了解自己感兴趣或者与自己密切相关的事情，也为新闻工作者提供重要的信息和资源，以便更好地为受众服务。正如“百度迁徙”，受众可通过可视化的地图，了解自己想要知道的讯息，以便于选择自己出行的时间和方式。

2. 数据新闻面临的困境

数据新闻是由精确新闻延伸而来的，作为一种新的新闻生产方式，数据新闻在我国刚起步，与国外相比仍有差距，并面临一些困境。

其一，数据收集困难。众所周知，数据新闻中“数据”是基础。新闻工作者在进行数据新闻报道之前，必须收集大量的数据，在中国，数据的来源一般是从政府部门、企业或机构等公开的数据库中获取，也可以是由媒体收集的数据。因为媒体的人力和资源有限，大部分的数据是从前者获取，且数据的精确程度较高，但需要高昂的资金。

其二，数据整合需大量人力。数据收集之后还要进行整合，删除无关的数据和信息，保留重要的、所需的数据，因为数据繁杂庞大，这项工作需要大量的工作人员进行整合。

其三，传统新闻工作者无法达到数据新闻创作要求。传统的新闻报道对工作者的要求是保证新闻的时效性以及新闻文本的写作。而数据新闻则是需要跨界的复合型人才，既具备传统记者的采写编评的专业技能，又要具有数据分析和可视化技术运用的能力，所以传统新闻工作者以目前的新闻生产水平无法达到数据新闻创作的要求。

3. 数据新闻解决对策

1）海量数据收集与整合

媒体工作者需要多渠道地收集数据，需要从公开的数据库或者是政府部门、企业、机构中获取数据，需要从这些海量信息中判断和选择有表现力的数据。当媒体工作者获取数据之后，便开始处理和整合数据。将与新闻报道无关的数据筛选、过滤后，剩下有用的数据进行整合汇编，形成新的报道内容。以“百度人口迁徙”为例，百度利用软件，将人们购票的时间、地点、性别、年龄，以及出发站、终点站进行统计，形成数据库，不仅可供新闻工作者使用，政府和企业等也可利用这些数据，创造出不同的价值。由此可见，海量数据的收集与整合对于数据新闻来说是一大挑战。新闻工作者通过数据的挖掘和分析，寻找出有价值的相关性，继而增加对相关事件发展趋势的预测性，新闻和数据相结合创作出精确和深度报道，成为大数据时代的新闻业务发展方向。

2）凸显“把关人”的重要性

截至 2014 年中国的网民规模高达 6.52 亿人，在信息碎片化的时代，相当多的网民在网上浏览新闻，因此数据新闻的把关尤为重要。数据新闻需要大量的数据、数据分析处理，不仅仅是要有技术水平，更需要一双慧眼，分得清“真数据”和“假数据”，而且还要选择重要的数据和信息进行报道，为受众提供更细致、精确的新闻。想要又快又准地报道新闻，数据新闻的把关在数据时代更为重要。

3）提高新闻工作者媒体素养

数据新闻学是一门交叉的学科，数据新闻的产生给传统的新闻工作者提出了挑战。传统的新闻创作理念和方式，要求新闻工作者具备采写编评等基本专业技能，但目前已无法满足大数据时代下数据新闻的创作。因此，当前的新闻工作者应具备以下媒体素养。

其一，熟练运用计算机能力。在如今信息爆炸的时代，互联网的地位不容忽视。互联网时代，尤其是社交网络、电子商务与移动通信把人类社会带入了一个以 PB（1024TB）为单位的结构与非结构数据信息的新时代。大量的数据和信息摆在新闻工作者面前，传统的计算机无法处理大量的、无规律的数据，需要云计算进行分析、处理、统计。因此，对于当今的新闻工作者提出了更高的要求，即必须熟练运用计算机，以便处理大量的数据和信息。

其二，分析处理数据能力。数据新闻与传统的文字图片新闻不一样，数据新闻需要大量的数据，新闻工作者可以通过数据发现问题、提出问题，也可以先有了问题之后，再去收集相关的数据。而拥有大量数据后，必须对其进行分析和处理，将不需要或不相关的数据过滤掉，剩下有价值的数据加以分析整合，供新闻编辑使用。德勤在美国华盛顿特区的研发创新团队招聘数据记者，其中最重要的要求就是要具备分析数据的能力，由此可见，数据新闻记者必须具备较强的数据分析和处理的能力，才能胜任此工作。

其三，可视化平面设计能力。数据新闻的可视化图片将不同的时间和空间联系在一起，将繁杂的数据简单化，便于受众理解，更有利于受众参与其中，满足不同受众的各方面需求。数据新闻的可视化是其一大特点，因此对于新闻工作者来说，应熟练掌握可视化技术，学会识图制图以及各种表格的制作。

大数据时代的到来，给人们带来了新的价值。在未来数据会被人们更多地利用到政治、经济、社会等各方面。无论是媒体还是新闻记者，都应该有敏锐的数据意识，学会用数据说话。对于新闻来说，数据新闻也会大量出现，并且会喷涌式地发展，但是数据新闻只是一种新的新闻生产方式，并不能替代以前的新闻写作形式。数据新闻的产生既有利又有弊，因此新闻工作者应该合理利用数据，不能盲目地信任各种数据，在保留原有传统的新闻写作方式上加以创新。

数据新闻通过收集大量的数据进行整合分析，运用可视化的手段呈现在受众面前，改变了以往传统的新闻生产方式，给新闻业注入了一股新鲜的血液。同时也给新闻工作者带来了极大的挑战，他们必须努力提高自身媒介素养，适应时代的发展，创作出更能反映民声、民意、民愿的优质新闻作品。

三、未来新闻学探究

新媒体尤其是微博等社交媒体的介入，给传统的新闻采集、传播、运营模式带来了全方位的、颠覆性的挑战。当传者与受者的界限逐渐模糊，媒体—受众—广告商业模式濒临崩溃时，新闻将以何种形式存在？这是全球新闻界及社会所需要面对的一个问题。

就此，新闻学的一些思想先锋们做出了大胆假设，他们将新闻学的未来寄希望于互联网与受众参与。他们批评传统新闻业是以记者为中心，而非以公众为中心；他们认为，现在是回答大规模业余化生产将带给传统媒体怎样的冲击这个问题的时候了……

对于这些理论假设和实践模式，《哥伦比亚新闻评论》助理总编辑迪恩·斯达克曼（Dean Starkman）将其统称为“未来新闻学”（future-of-news consensus，FON）。根据“未来新闻学”的观点，新闻将由受众生产，新闻机构再无存在的必要。但迪恩对此并不认同，他在批判“未来新闻学”理论的同时，提出了“新制度辐射型模式”（Neo-Institutional Hub-and-Spoke Model)，也就是由新闻机构发布信息，通过社会化媒体传播和评论。

“未来新闻学”的诸多倡导者中，最著名的是杰夫·贾维斯（传统媒体人成功转型的典范，代表作《Google将带来什么?》）、克雷·舍基（任教于纽约大学，代表作《未来是湿的：无组织的组织力量》）、杰伊·罗森（纽约大学新闻学教授、公共新闻运动领导者，代表作《记者的使命》）、丹·吉尔摩（亚利桑那州立大学新闻学教授，代表作《草根媒体》）等。迪恩认为，近年来崭露头角的这些“未来新闻学”支持者代表着一类新的公共知识分子：他们在新闻学界的名望既不因报道实践也不因学术而来；但是，他们适逢其会，用新奇的、浅易的、大篇幅的文章力图将新闻业与技术论联结起来。这些著作多发表于2008年和2009年，这正是美国新闻业最恐慌的时期，随着金融危机的爆发，美国报业出现了一波倒闭潮，连《纽约时报》也靠抵押总部大楼筹款，《基督教箴言报》等停止出版纸质版，转型网络版。

探究传统媒体为何会陷入这般窘境时，很多美国学者对报业及其报道提出尖锐批评，认为媒体已经官僚化。革新者们指出，未来的新闻将不再以传统的方式被采集和传播，新闻业将由互联网驱动，由见多识广的受众聚合、共享，甚至搜集。这些受众如此主动以至于“受众”（readership）一词将不再适用，而应称之为“使用者”（usership）或者“共同体”(community)。这是一个相互交织的世界，原本壁垒分明的传受关系消解为平等双方的对话，他们只是分工不同而已。

“未来新闻学”的领袖人物贾维斯和舍基都相信互联网的变革力量，不仅能改变新闻业而且还将改变世界，同时他们相信民众的智慧，信赖志愿主义（volunteerism）胜过专业主义（professionalism)，相信新闻应是交流而非传统的一对多的信息传播模式。“未来新闻学”认为，记者和编辑必须通过社交媒体与受众保持“高度黏合”，它赞成自我修正式新闻，即写点东西，放到网上，征求意见，修正错误，不断完善。而传统的新闻生产模式是，媒介组织在发表报道前先要核对事实，反复校对。在“未来新闻学”倡导者的眼中，新闻的传播方式也将随之发生改变。传统媒体要在网络时代谋求生存，正确的策略不是自我保护，拒绝向网络免费开放，而是要主动利用互联网推送新闻给用户。贾维斯在《Google将带来什么?》一书中建议，“新闻机构应该停止把自己视为目的地，要开始把自己视为服务部门，努力推出信息订阅源，为各网络联盟提供相关内容。总之，要把自己的新闻送到别人看的地方去。这是一种新的家庭发行方式，而互联网就是送报人”。

“未来新闻学”关于新闻生产方式的想法并非植根于新闻院校，而是源于经济学中的公众参与式生产（指个人自发组织起来生产共享的产品或服务，包括开放源代码、文件分享，以及网络销售中的买家评论等行为，也可称为同侪生产）。这种生产性行为，既没有企业、政府等机构来组织，也没有逐利的市场诱因，但却创造了可观的商业价值，也就是业余市民参与专业生产，创造价值。

参与式生产理论的倡导者经常将这种成功的开源合作方式比作Linux操作系统，将维基百科视作未来网络化工作的预兆。舍基写道：“通过社会化生产，陌生人正在改善你的生活，而且是免费的。”参与式生产本身是网络工作和社会化观念的一个子概念，它趋向于将网络社会视为一个完全不同的社会，更少等级、更多民主、更多合作、更自由，甚至更真实。

参与式生产的支持者和新闻专业主义者之间存在着文化鸿沟。新闻专业主义者想到“水门事件”时，参与式生产支持者却喜欢提及传统媒体集体“失语”的伊战前报道；记者们崇尚优雅的华尔街日报体，而“未来新闻学”的追随者则赞成自发的和非正式的叙事风格。

在“未来新闻学”看来，专业媒体在新闻传播系统中的作用将越来越小。它相信传统的新闻机构必须逐渐消失并为互联网传播让路。舍基表示，当合作和共享的成本如此低时，我们关于工作和奖励的传统观点在新时代将站不住脚。贾维斯更是以绝对确信的态度表示：“我们不再需要公司、机构或政府来组织我们，现在我们有了自我组织的工具。”他于2009年在博客中写道：“我想对媒体管理者们说，‘如今已经没时间了，太晚了。你们所能做的最好的事情就是滚开，为新一代的网络新手腾地方，后者明白新经济和社会，关心新闻并将重新发明它。这个巨大的机会是为他们而准备的’。”

迪恩认为，上述言论正好提醒我们，当提到“未来新闻学”时，我们面对的并不是一个经验分析的事物，而是处在信仰的王国，新闻人喜欢的事实、数据在这里什么都不是。事实上，在媒体内容或功能方面，“未来新闻学”所强调的重点也从事实收集和报道转到了其他事项，如协调、便利、心理慰藉。

参考文献

阿芒·马特拉．2001．世界传播与文化霸权：思想与战略的历史．孙五三译．北京：中央编译出版社．

埃默里等．2004．美国新闻史：大众传播媒介解释史．9版．展江译．北京：中国人民大学出版社．

鲍勃·富兰克林等．2008．新闻学关键概念．诸葛蔚东等译．北京：北京大学出版社．

本尼迪克特·安德森．2003．想象的共同体：民族主义的起源与散布．吴叡人译．上海：上海人民出版社．

彼·阿尔贝，费·泰鲁．1985．世界新闻简史．许崇山等译．北京：中国新闻出版社．

彼得斯．何道宽译．2003．交流的无奈：传播思想史．北京：华夏出版社．

陈昌凤．2009．中国新闻传播史——传媒社会学的视角．2版．北京：清华大学出版社．

陈力丹，王辰瑶．2008．外国新闻传播史纲要．北京：中国人民大学出版社．

陈力丹．2008．新闻理论十讲．上海：复旦大学出版社．

程曼丽．2007．外国新闻传播史导论．上海：复旦大学出版社．

达雅·屠苏．2004．国际传播：延续与变革．关鹏主译．北京：新华出版社．

大卫·斯隆．2010．美国传媒史．刘琛等译，戴江雯校译．上海：世纪出版集团（上海人民出版社）．

董天策．1995．传播学导论．成都：四川大学出版社．

杜骏飞．2001．网络新闻学．北京：中国广播电视出版社．

方汉奇．2000．中国新闻事业编史（上、中、下）．福州：福建人民出版社．

方汉奇．2009．中国新闻传播史．2版．北京：中国人民大学出版社．

戈公振．2003．中国报学史．上海：上海古籍出版社．

郭庆光．2011．传播学教程．2版．北京：中国人民大学出版社．

郭镇之．2005．中外广播电视史．上海：复旦大学出版社．

胡正荣．1997．传播学总论．北京：北京广播学院出版社．

黄瑚．2004．中国新闻事业发展史．上海：复旦大学出版社．

黄匡宇．1999．广播电视学概论．广州：暨南大学出版社．

江鸿．2007．跟总统较劲——美国总统与传媒．广州：南方日报出版社．

卡琳·沃尔-乔根森，托马斯·哈尼奇．2014．当代新闻学核心．张小娅译．北京：清华大学出版社．

卡瑞，辛顿．2005．英国新闻史．栾轶玫译．北京：清华大学出版社．

莱特尔等．2005．全能记者必备：新闻采集、写作和编辑的基本技能．7版．宋铁军译．北京：中国人民大学出版社．

莱文森．2011．软利器：信息革命的自然历史与未来．何道宽译．上海：复旦大学出版社．

李彬．2007．中国新闻社会史（1815—2005）．上海：上海交通大学出版社．

李彬．2009．全球新闻传播史（公元1500—2000年）．2版．北京：清华大学出版社．

李良荣．2013．新闻学概论．5版．上海：复旦大学出版社．

廖永亮．2003．舆论控制学——引导舆论与舆论引导的艺术．北京：新华出版社．

刘建华，杨青山，朱静雅．2011．一本书学会新闻采访．北京：人民日报出报社．

刘建明．2007．新闻学概论．北京：中国传媒大学出版社．

刘建勋．2007．新闻传播理论概要．北京：北京大学出版社．
刘九洲．2006．新闻理论基础．武汉：武汉大学出版社．
刘笑盈．2012．中外新闻传播史．北京：中国传媒大学出版社．
刘燕，陈欢．2007．传播技术发展与舆论战的嬗变．北京：军事科学出版社．
罗伯特·福特纳．2002．国际传播：全球都市的历史、冲突及控制．刘利群译．北京：华夏出版社．
罗杰斯．2002．传播学史：一种传记式的方法．殷晓蓉译．上海：上海译文出版社．
马克斯韦尔·麦库姆斯．2001．议程设置——大众媒介与舆论．郭镇之，徐培喜，译．北京：北京大学出版社．
米切尔·斯蒂芬斯．2014．新闻的历史．3版．陈继静译．北京：北京大学出版社．
尼尔·波兹曼．2009．娱乐至死·童年的消逝．章艳，吴燕莛，译．桂林：广西师范大学出版社．
庞锐峰．2008．财经新闻报道——对话美国顶尖财经媒体高层．广州：南方日报出版社．
沙莲香．1990．传播学：以人为主体的图象世界之谜．北京：中国人民大学出版社．
单晓红．2004．传播学：世界的与民族的（修订版）．昆明：云南大学出版社．
舒德森．2009．发掘新闻：美国报业的社会史．陈昌凤，常江，译．北京：北京大学出版社．
斯蒂文·小约翰．1999．传播理论．陈德民，叶晓辉译．北京：中国社会科学出版社．
斯托瓦尔．2008．新闻学教程（英文影印版）．北京：北京大学出版社．
田中初．2005．新闻实践与政治控制——以当代中国灾难新闻为视阈．济南：山东人民出版社．
童兵．2003．理论新闻传播学导论．北京：中国人民大学出版社．
童之侠．2007．中国国际新闻传播史．北京：中国传播大学出版社．
威尔伯·施拉姆、威廉·波特．1984．传播学概论．陈亮，周立方，李启，译．北京：新华出版社．
威廉·布隆代尔．2006．华尔街日报是如何讲故事的．徐扬译．北京：华夏出版社．
沃纳·赛佛林，小詹姆斯·坦卡德．传播理论：起源、方法与应用．郭镇之等译．北京：华夏出版社．
吴廷俊．2008．中国新闻史新修．北京：复旦大学出版社．
吴玉玲．2007．广播电视概论．北京：中国传媒大学出版社．
希伯特等．2007．传媒的四种理论．戴鑫译，展江校．北京：中国人民大学出版社．
许正林．2008．中国新闻史．上海：上海交通大学出版社．
杨保军．2009．新闻理论研究引论．北京：中国人民大学出版社．
叶海亚·伽摩利珀．2003．全球传播．尹宏毅译．北京：清华大学出版社．
伊尼斯．2003．传播与帝国．何道宽译．北京：中国人民大学出版社．
张国良．2003．20世纪传播学经典文本．上海：复旦大学出版社．
张巨岩．2004．权利的声音——美国的媒体和战争．上海：生活·读书·新知三联书店．
张昆．2008．中外新闻传播史．北京：高等教育出版社．
张宇丹，孙信茹．2004．应用电视学：理念与技能（修订版）．昆明：云南大学出版社．
张允若，高宁远．2002．外国新闻事业史新编．成都：四川人民出版社．
郑保卫．2007．新闻理论新编．北京：中国人民大学出版社．
郑思礼，郑宇．2005．现代新闻报道：理解与表达．2版．昆明：云南大学出版社．
郑思礼，郑宇．2009．现代新闻评论：分析与评价．昆明：云南大学出版社．
周勇．2005．广播电视概论．长沙：中南大学出版社．
左藤卓己．2004．现代传媒史．诸葛蔚东译．北京：北京大学出版社．

后　记

说来惭愧，本书稿是在云南财经大学传媒学院院长唐嘉庚教授的“逼迫式”催促下完成的。没有他三番五次、不厌其烦的督促，我想，这本书稿是无论如何也不能组织、完成的。

因2009年云南财经大学进行新闻学特色专业改革，压缩了大量传统新闻学的课程，《新闻学概论》和《中外新闻史》也便改成了《新闻史论》。为了方便教学和学生的学习，原本想沿着历史的经络出本小册子，谁想竟成了书稿。

在紧锣密鼓的组织、写稿过程中，云南财经大学传媒学院李晓霞副院长还提到她的担忧，认为在还没有相关尝试的情况下要“慎重”，着实让人心里没底。在郑重地与我的授业恩师郑思礼教授征询、讨论后，他给了我很多鼓励和帮助，认为“用历史的方法来写新闻学概论，较为新颖”，这虽然与当时的初衷有一定的出入，但还是坚持了下来。

书稿完成了，要感谢的人实在太多。首先感谢郑思礼、郑丹平两位教授，他们是我职业生涯的领路人，带给我亲人般的关怀！

感谢唐嘉庚院长、李晓霞副院长及诸位同事，在我混沌和“对什么都不上心”的这些年给予我无私的帮助！

感谢我的老师单晓红、张宇丹、罗大眉、郭建斌、曹云雯、敬蓉、孙信茹、杨星星……你们是我前行路上的“瞭望塔”！

感谢我的同学刘建华、蔡海龙、吴蓓、许丽华、陆双梅、周美蓉，以及师妹陈晓益、师弟吴琼，这些在高校新闻院系的朋友们，你们一直是我前行路上的榜样！

感谢我的学生十年来对我的包容，尤其是辛亚洁、黄丽、刘春媛、申参、杜群、翁亚欢、刘艾吉、杨文、周涛……他们给了我太多的支持和帮助！

书中大量参考了已有的相关文献，向学界和业界的先辈们深表敬意！

科学出版社热情、高效的任俊红编辑，给了我非常多的宝贵建议，这本书稿的完成也与她的努力和帮助分不开，在此一并致谢！

实际上，要感谢的人远不止这些，请原谅我的“挂一漏万”。

此外，本书得到云南财经大学新闻学特色专业建设项目的支持和资助。

诚如方汉奇教授所言：既有的许多教科书往往存在两个问题。一是史学理论及新闻史观的不足，而且经常不自觉地体现着萨义德所说的“东方学”意识。二是内容体系、篇章架构、材料使用等方面往往形同“一盘散沙”，既缺乏内在的思想逻辑，又忽略外在的历史关联，好似国别新闻史或地区新闻史的集成或集纳。由于本人才疏学浅，史论融合难度很大，虽努力尝试，但心有余而力不足，总感觉史多论少，书中难免有不足和遗漏之处，敬请学界前辈和读者朋友批评指正！

作　者

2015年3月